U0106780

人口創新力：
大國崛起的
機會與
陷阱

The Demographics
of Innovation

著
梁建章　黃文政

譯
李君偉

名家推薦

他在人口和創新方面的研究將對經濟與社會政策產生深遠的影響。

馬雲

阿里巴巴集團董事局前主席

梁建章等所著的《人口創新力》一書，對人口統計學這樣一個新穎的主題，特別是對人口規模、年齡結構與創新之間的聯繫，進行了卓有成效的研究。作者認為，在影響創新的各種因素中，人口結構和人口規模發揮了更大的作用。人口通過三個主要的渠道產生影響：規模效應、聚集效應和老齡化效應。規模效應的產生來自供應和需求兩個方面。正如與人口小國相比，人口眾多的國家贏得奧運獎牌的可能性更大，因為這樣的國家擁有更大規模的運動員群體。與此類似，在人口眾多的國家裏，也可能產生更多新的想法。此外，市場的作用非常重大。國家越大，市場就越大，創新獲利的機會也就越大。聚集意味著形成大型、集中的城市，這有助於提供使新思想迅速變成現實的供應鏈。人口稠密的國家往往有較大的城市。最後，老齡化社會將對年輕人獲得創業精神、創新技能的機會形成阻礙。

這本書涵蓋了很多方面的內容，討論了包括巨大的人口規模將會對工資甚至氣候變化在內的多個方面帶來的潛在負面影響。本書的最後一部分介紹了包括美國、歐洲、中國、日本和印度在內的主要經濟體，以及其他大型人口聚集地的具體實例。

這本書充滿了信息、事實和新的觀點，通俗易懂，引人入勝。

愛德華・拉齊爾（Edward Lazear）

史丹福大學經濟學教授、美國總統經濟顧問委員會前主席

隨著人們越來越富裕，城市化程度越來越高，人們的壽命也越來越長，生育的孩子數量也越來越少。因此，我們的社會正在變得越來越 "老"，特別是在日本、中國、美國、歐洲和印度。在這本重要的著作中，作者嚴肅地向讀者展示了人口老齡化是如何危害創新的。作者呼籲要促進生育、提升教育和放寬移民約束，這些國家的領導人應該認真地關注這一呼聲。

傑弗里 S. 雷曼（Jeffrey S. Lehman）

紐約大學上海分校副校長、康奈爾大學前校長

人口數量本來就不是能由人決定的。但是，在中國，人為因素和政策因素在塑造中國人口命運的過程中扮演了重要且具深遠歷史影響的角色。中國經濟奇跡般的增長、中國的獨生子女政策以及城

鄉發展不均衡，已經形成了一系列人口動態圖景，並將對現在和未來的經濟、社會和政治等方面產生巨大的影響。不幸的是，關於今天發生的情況、未來幾年將要發生的事情以及我們能做什麼（以及不能做什麼）的後果，卻存在種種迷思和困惑。在中國人口結構轉型的過程中，最具影響力的經濟學家和企業家之一的梁建章寫了一本絕對必讀的書。他以通俗易懂的語言向讀者描述了中國的人口結構及其對國家和人民的意義。他還把中國的變化放到了國際視野的背景中。作者在人口方面的觀點對於中國政府做出的終止獨生子女政策的決定有一定的積極作用。中國的政府官員如果讀了這本書，將有助於他們未來的管理工作，因為中國正面臨來自人口變化領域前所未有的壓力。

羅斯高（Scott Rozelle）

史丹福大學經濟學教授

作者簡介

梁建章

攜程旅行網聯合創始人兼董事局主席

北京大學光華管理學院經濟學研究教授

美國史丹福大學經濟學博士

梁建章是傑出的商業領袖和經濟學家。

他是攜程旅行網（股票代號：NASDAQ：CTRP）的聯合創始人兼執行董事局主席。在 2000-2006 年以及 2013-2016 年，梁建章曾先後兩次出任攜程旅行網首席執行官。目前，攜程旅行網是中國最大的在線旅遊公司之一，其交易量也位居前列。

在創立攜程旅行網之前，梁建章於 1991-1999 年分別在甲骨文公司的美國總部和中國分公司從事技術與管理工作；其中在 1997-1999 年擔任甲骨文中國分公司 ERP 諮詢部門總經理。就業之前，梁建章的學生生涯同樣輝煌，年僅 15 歲時已經就讀於復旦大學第一屆少年班，成為當時引起轟動的 "少年大學生"。之後他赴美留學，於佐治亞理工學院獲得學士及碩士學位。

在商場取得成功之後，梁建章近年來將大量精力用於學術研究。他於 2011 年獲得史丹福大學經濟學博士學位，目前兼任北京大學經濟學研究教授。他在頂級經濟學期刊，如《經濟學季刊》（QJE）和《政治經濟學雜誌》（JPE）上發表過關於人口、創新、創業和勞動生產力等主題的勞動經濟學論文，也撰寫了大量與人口和創新政策相關的文章。同時，梁建章還是《中國人可以多生！》一書的第一作者，這是當時內地公開出版的直接指出獨生子女政策存在不合理性的第一本書。

黃文政

北京某對沖基金合夥人與董事總經理

約翰‧霍普金斯大學生物統計學博士

中國與全球化智庫高級研究員

黃文政，上海交通大學系統工程碩士、約翰‧霍普金斯大學生物統計學博士，曾任中國科學技術大學管理科學系講師、哈佛大學生物統計系助理教授、紐約千禧年對沖基金策略師。現為北京某金融公司合夥人與董事總經理、財新網人口問題專欄作家、人文經濟學會特邀研究員。長期關注中國人口問題，為《人口與未來》網站發起人之一，與梁建章在《財新網》《華爾街日報》《金融時報》等刊物上發表 70 餘篇文章，從人口趨勢、資源、環境、經濟、科技、社會和文明興衰等各種角度論述，中國人口政策需要重大逆轉，只有真正的生育正常化才能緩解日益嚴重的空前的人口危機。

致　　謝

　　首先也是最重要的，我 ① 非常感謝我的導師 Edward Lazear，是他在史丹福大學引導我進入勞動經濟學領域。也向已故經濟學家、諾獎得主加里·貝克爾致以特別感謝，當我在芝加哥大學從事博士後研究期間，正是他指導和鼓勵我研究這個主題。我還從一起共事的國內學者黃文政和王輝那裏收穫頗豐，他們和我共同研討並撰寫了很多該主題的文章。同樣感謝我在學術和行政方面的助理——何亞福、方正宇、許筱萌和王欣欣，他們做了大量數據搜集、分析和文字的工作。

梁建章

---

① 本書中的"我"是指第一作者梁建章先生。

前　　言

　　自工業革命以來，人類社會已經發生了翻天覆地的變化。就經濟而言，人均收入增長了 10 倍以上，生活在發達國家的人們比 200 年前富裕了 100 倍。歷史上，創新一直是經濟發展的動力，而在最近的時代中，高科技公司已經真正成為創造財富的主要動力。2011 年，蘋果公司超過埃克森公司成為世界上最有價值的公司；到了 2015 年，在世界排名前 10 名的公司中，有 5 家是在過去的 40 年裏成立的科技公司。作為中國目前最有價值的公司之一，互聯網巨頭阿里巴巴的總市值已超過 2,500 億美元，僅排在美國五大科技公司之後。

　　與科技進步同樣引人矚目的，還有中國在過去 40 年中的崛起。中國已經從一個落後的國家一躍成為世界第二大經濟體和世界上最大的出口國。更令世人關注的是中國在創新領域中的迎頭趕上，其進步速度甚至比進出口領域的步伐更快。如圖 0-1 所示，中國在研發領域中的總支出每年以 15% 的速度增長，遠超其同期 GDP 的增長，而且投入金額已經超過了所有歐洲國家的總和，並將很快超過美國（到 2020 年，按購買力平價法計算）。

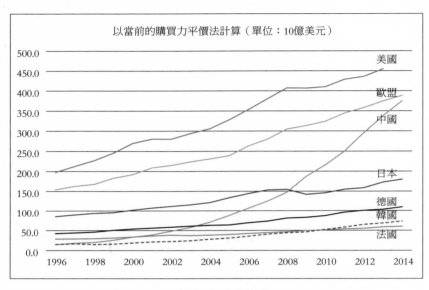

以當前的購買力平價法計算（單位：10億美元）

圖 0-1　在研發投入領域，美國仍然領先世界，但中國正在迅速追趕
資料來源：世界銀行，2015 年。

隨之而來的一個問題是：對於美國、日本和歐洲部分富裕國家來說，如何在 21 世紀與中國等新興國家的創新競爭中保持領先地位？對於高科技產業來說，成功的關鍵因素毫無疑問是人力資源。類似地，本書的觀點是：人口，才是決定創新能夠獲得成功的根本因素，具有任何其他因素都不能取代的地位。這一觀點對於公共政策具有很大的指導意義，這包括鼓勵生育、教育、移民等各方面的公共政策。

在過去的 100 年裏，人類社會變化最大的領域之一是人口。一方面，今天的人們壽命更長——在過去的 200 年中，發達國家的人均壽命從 40 歲增加到 80 歲，並且還在不斷延長；另一方面，近 50

年來出現了另一個劇烈變化，那就是家庭規模急劇變小，生育率持續下滑。世界平均總和生育率，已經從 20 世紀 50 年代的 4.9，下降到 21 世紀最初 10 年的 2.5 左右。

如圖 0-2 所示，生育率下降的現象，不僅發生在發達國家中，同樣也出現在中等收入國家和低收入國家中。大多數發達國家和東亞國家出現了在人類歷史上前所未有的低生育率現象，其生育率水平已經低於更替生育率。所謂更替生育率，是指為了讓每一代人的規模大致相仿，需要達到每名婦女平均生育 2.1 個孩子的生育率（這個數字略超過 2，因為有少數兒童可能會在成年以前死亡）。

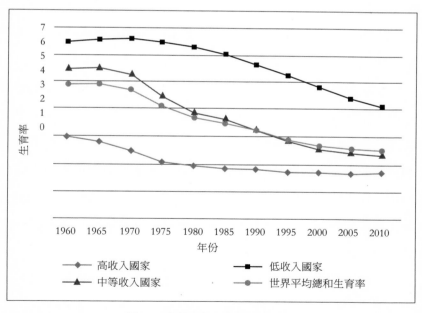

圖 0-2　各類國家不同時期的生育率

資料來源：世界銀行，2015 年。

儘管許多發展中國家的生育率仍然高於更替水平，但普遍也都處在迅速下降的過程中。只有少數貧窮的國家（比如非洲地區的一些國家）才會出現生育率居高不下的情況。所以，儘管人類的壽命比以前延長了不少，但世界人口的增長率已經從 1960-1965 年的 1.92% 大幅度下降到 2010-2015 年的 1.18%。

最早受到人口劇變影響的國家是日本。在過去的 40 年裏，日本的生育率一直低於更替水平，當前保持在 1.4 左右。從 2005 年開始，日本成為人口出現自然負增長的國家。在歐洲，生育率約為 1.6，略高於日本。自 1972 年以來，德國人口自然增長率一直是負數，但由於有外來移民，近年來，德國人口開始出現正增長。在中國，自 20 世紀 90 年代以來，生育率已經下降到更替水平以下，現在只有 1.4。在接下來的 20 年裏，中國將出現人口的負增長和急速的老齡化。據估計，在未來 10 年內，印度將取代中國，成為世界上人口最多的國家。即使如此，印度的生育率也在下降，其生育率已經由 1970 年的 5.49 下降到 2013 年的 2.48。包括德里在內，印度某些城市的生育率已經低於更替水平。總體而言，世界人口將迅速老齡化，許多國家將經歷人口負增長。這是全世界都正在面臨的一個全新挑戰。對於世界經濟發展尤其是創新領域中的競爭，它必定會產生深遠的影響。

人口增長趨勢的如此逆轉，出乎很多人的意料。200 年以前，托馬斯·羅伯特·馬爾薩斯發表了一篇關於人口和經濟學的文章，其觀點曾經廣為流傳。根據馬爾薩斯的理論，生產力提高必然導致人口出現指數級別的增長，因為當人們擁有更多食物的時候，他們將會養育更多的孩子。隨之而來的是過多的人口將會全部消耗掉社會的生產力，導致饑荒、戰爭和其他各種災難。因此，生產力提高的最終結果，只是導致人口增長，而不能提升人均收入。這套理論始終不乏忠實信徒，1972 年，羅馬俱樂部一份標題為“增長的極限”的報告做出預測：在隨後的幾十年裏，人口爆炸將會導致能源耗盡和資源枯竭。

事實已經證明，這些預測都是錯誤的。在過去的 200 年裏，人類的生產力和人口數量都有所增加。然而，由於替代資源和能源的開發，自然資源並沒有被消耗殆盡。事實上，自然資源的價格一直保持著相對穩定。相對於其他資產的價格，自然資源的價格實際上迅速下降了。此外，大多數發達國家在完成工業化的初期階段之後，已經基本解決了環境污染問題。

更出人意料的是，人類社會遇到了與馬爾薩斯主義經濟學家們的預測完全相反的情況。近幾十年來，隨著城市化和工業化的發展，人們已經開始少生孩子了。這種新的人口形勢，導致一系列新的社會問題，例如勞動力短缺、老齡化和經濟活力下降等。

有很多原因致使人們普遍選擇少生孩子，主要的原因包括：婦女受教育水平提高和勞動參與率增加，撫養孩子的成本上升，老年人對子女贍養的需求降低，以及現代生活方式擠壓了養育孩子的時間等。本書第一章將詳細闡述這些原因。

這種前所未有的人口發展態勢將如何影響經濟和社會呢？關於

人口減少和老齡化所產生的影響的研究非常有限，畢竟這是人類歷史上的新現象。主流經濟學觀點認為，老齡化主要是一個公共財政問題，因為大量的老年人口將會給公共養老制度帶來沉重的負擔。相對來說，在一個老齡化的社會中，勞動人口將不得不奉養更多的退休人員，每個勞動者承擔的養老支出將不得不增加。這些增加的支出將以對當前勞動力課以更高的稅率或推遲其退休年齡的方式來籌集資金。此外，老年人的消費方式與年輕人不同。老年人較少將開支用於購買住房和汽車，而較多用在醫療服務和旅行方面。因此，整個社會行業和經濟結構的變化是不可避免的。最後，由於老年人口的收入低而消費高（即負儲蓄率），因此會對資本市場產生顯著影響。總而言之，老齡化對許多行業和宏觀經濟整體都產生了深遠的影響。

本書的觀點是，老齡化對養老的負面影響將是溫和且可控的。例如，在一個老齡化國家中，延長退休年齡可以在很大程度上緩解公共養老金負擔的問題。當今的老年人壽命更長，而且目前大多數工作崗位的勞動強度並不太大，所以逐漸提高退休年齡不會成為一個大問題。

然而，老齡化還存在一個最根本也最不可彌補的弊端，那就是導致整個社會創業精神和創新活力的減弱。除了那些比較依賴體力勞動的工作，一個 50 歲的人在許多心智技能方面都和一個 30 歲的人無甚差別。但就學習新技術或者創辦新公司的能力而言，還是 30 歲的人更有創造力。雖然醫學進步已經可以使人們的壽命更長，但是人類在其 20 多歲時仍然是身體最健壯的階段，而最具創新精神和精力最旺盛的階段則是在他們 30 歲的時候。發明家和科學家在 30 多歲時是最具創造力的階段。大多數企業家也是在 30 多歲時開始創辦公司的。

我們的研究表明，老齡化對創新和創業的負面影響可能是巨大的。在一個老齡化的社會中，年輕人的數量下降了，年輕人特有的活力也就減少了。這主要是因為，在老齡化社會中，年輕人的晉升機會被老年人擋住了。在老齡化社會中，年輕的勞動者在組織中佔有較低層級的職位，他們所擁有的社會話語權和政治權力較少，掌握的勞動技能較低，可以支配的經濟資源也有限。因此，伴隨著年輕人數量的減少，創新精神和創業活力都會遭到削弱。通過分析日本和其他發達經濟體的數據，我們發現，在人口老齡化的國家中，創業活動要稀少得多。例如，自 20 世紀 90 年代以來，日本的人口老齡化極速加劇，其創業精神和創新能力急劇下降，導致其過去 25 年經濟長期衰退。

未來，處於引領地位國家之間的經濟競爭，大多將會在異常激烈的創新領域中展開。如何促進創新和創業是每一個國家所面臨的最重要的問題。本書的目的就在於，和讀者一起分享我們關於人口變化對創新和經濟的影響的觀察與思考。

本書的結構如下：在第一章簡要回顧全球人口發展趨勢後，第二章將闡述人口因素是創新能力最重要的驅動因素。在這一章中，將會分析人口影響創新的三個最重要的渠道。除了老齡化，人口的規模和人口的地理分佈，也會對創新產生根本性的影響。相對來說，大國和大城市容易獲得規模龐大的市場和人才儲備，從而在創新方面具有得天獨厚的優勢。

　　第三章將討論人口如何影響經濟的其他方面，如公共財政、失業和通貨膨脹等。第四章將澄清人們對人口、經濟，特別是對資源和環境等領域產生的誤解。第五章將討論增強創新力的各種政策選擇，包括鼓勵生育政策、教育政策和移民政策等。

　　本書的第二部分（從第六章至第十章）將探討未來世界上的幾大主要經濟體之間的經濟競爭前景，所涉國家包括日本、中國、美國、歐洲各國和印度等。人口及與其相關的政策選擇，是決定各國在競爭中能否取勝的關鍵因素。

目　　錄

第一部分

理論與政策

本書的第一部分主要從全球角度分析了人口的最新趨勢。幾十年後，基於對未來生育率的預測，世界人口將會呈現下降趨勢，對於經濟發展是明顯不利的。影響創新的最重要的因素是人口，同樣創新的最終決定因素是人口，在第二章中，我將詳細討論這一點。除了創新，人口數量會在許多方面（包括養老、就業、貧富差距等）對經濟造成影響。另外，環境與人口的平衡也是一直備受關注的問題，但實際上在現代經濟史上，還沒有國家因資源瓶頸的約束而限制經濟發展。除了以上提到的因素，國家的生育、財政、教育、移民和城市規劃等政策，都會對人口造成影響。

第一章

全球人口發展趨勢

在本章中，筆者將介紹全球人口的發展趨勢，包括發達國家、中等收入國家和最不發達國家中的人口趨勢。

首先，我們來定義一些常用術語。出生率是每一千人中的出生人口數量；總和生育率是每個婦女平均生育的子女數量，指在一個國家或地區，所有年齡組每個婦女生育的子女數量的總和。

在工業革命之前，所有國家的人口發展都呈現出低增長率、高死亡率和高出生率的特點。這是農業社會中高嬰兒死亡率與低預期壽命等特有現象所導致的後果。父母需要生育盡可能多的後代，以確保至少有一個孩子可以活到成年。

在工業革命和技術革命完成以後的最近 200 年中，世界經濟的增長規模非常驚人。世界人均收入從幾百美元增長到幾千美元。伴隨著財富的增多，人們擁有更多的資源和手段來降低嬰兒的死亡率，並提升後代的健康程度，人們的預期壽命也隨之延長。這些都帶來了迅速的人口增長。經過一段時期之後，人們逐漸意識到，隨著健康水平的提高和嬰兒死亡率的降低，不再需要生育很多孩子以確保其中有人能活到成年了。接下來出現的情形是，隨著人們變得更加富裕，人們的生育率也下降了。這種現象是經濟學家和社會學家意料之外的。

　　然而，在嬰兒死亡率下降和生育意願下降之間，通常會有一代人的時間差。因此，當一個國家開始繁榮的時候，低嬰兒死亡率和高生育率的疊加，就會形成一個人口爆炸。只有過了三四十年（大約一代人）以後，生育率才會開始下降。即使此時的生育率低於更替水平，總人口往往也還會繼續增長一至兩代人，這是因為人們的壽命比以前更長了。在大多數中高收入國家中，雖然生育率已經低於更替水平，但總人口仍在緩慢增長。然而，只要生育率水平長期維持在更替水平以下，那麼人口規模最終會減小。同時，隨著新生兒數目的減少和平均壽命的延長，大多數國家的人口將迅速老齡化。

　　在一個國家完成工業化以後，上述人口特徵轉變的模式會非常典型。例如，在 20 世紀五六十年代的時候，歐洲國家擁有很高的生育率，人口的增長也十分迅速；然而，到了 20 世紀 90 年代，這些國家的生育率下降到了更替水平以下。預計到 2020 年的時候，這些國家的人口將會減少（不包括移民數量）。在俄羅斯以及東歐和南歐，總和生育率已經降到了 1.4 以下，這就意味著 0-4 歲組的人口比例比 31-34 歲組的人口比例少 30%。日本的情況更差，其生育率早在 20 世紀 70 年代就低於更替水平了，最近只有 1.3-1.4。日本是世界上第一個人口總量自然減少的大國。20 世紀七八十年代，中國也曾經出現過一個人口爆炸的時代。然而，部分由於計劃生育政策的影響，中國現在的生育率極低，同樣降到了 1.3-1.4。預計到 2030 年之前，中國的人口也將開始負增長。

　　隨著工業化和城市化的進展，越來越多的國家正在經歷低生育率並且該生育率將更進一步下降。印度當前的生育率為 2.5，遠低於 10 年前，並且這一數值仍在下降。少數的例外出現在最不發達的那些國家（如尼日利亞），它們的發展階段距離人口周期發生轉變還很遠。整體而言，當今世界上有超過一半的人口都生活在生育率低於更替水平的國家中。

圖 1-1 預測了世界人口的發展。今天世界的人口總數是 75 億。然而，在接下來的幾十年裏，許多國家包括中國在內的人口高峰期將成為過去時，世界人口將會呈現下降趨勢。即使是不久以後將超過中國成為世界上人口最多國家的印度，在 20 年之內也將出現低於更替水平的生育率。印度人口峰值將會出現在 2090 年。到那個時候，世界人口將可能達到 100 億左右的峰值，之後，將會停止增長甚至下降。

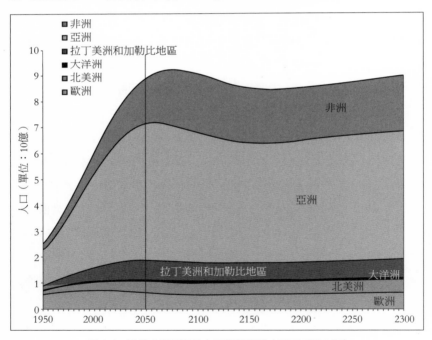

圖 1-1　世界主要地區的人口數量預測（1950-2300 年）

資料來源：United Nations, Department of Economic and Social Affairs, Population Division (2004). World Population to 2300.

　　這些對人口數量的預測，建立在對未來生育率預測的基礎之上。如果每個婦女生育的孩子數量比預測值少（或者多）0.2 個，那麼世界人口的預測峰值將會相應地減少（或者多出）約 10 億人。生育率的下降有時會相當驚人，例如，在 1970 年的時候，沒有任何一個人能夠預測到，中國的生育率會從那時的 5.8 迅速下降到 2010 年的 1.3。

　　人均收入與總和生育率之間的負相關關係，看起來是相當緊密和普遍的（見圖 1-2）。

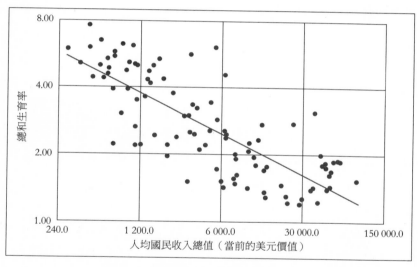

圖 1-2　選定國家中生育率與人均收入的關係
資料來源：U.S. Census Bureau and the World Bank, 2015.

　　前面已經提到，家庭規模下降的原因之一是嬰兒死亡率的下降。另一個原因是現代避孕措施的普及。這是中等收入國家生育率下降的兩個主要因素。然而，在嬰兒死亡率和獲得避孕藥具兩個方面，高收入國家和中等收入國家之間並沒有太大的差別。因此，人們會認為，當一個國家從中等收入國家發展到高收入國家的時候，其生育率應該會穩定下來。然而,令人驚訝的是,當中等收入國家爬過經濟階梯成為高收入國家之後,其生育率通常會繼續下降。

一些高收入國家(以及中國)的生育率水平低於 1.5,這是一個超低的水平。1.5 的生育率,意味著每一代都將比上一代人減少 25%。超低生育率,在很多國家已經成為一個非常令人擔憂的社會問題,涉及歐洲南部和東部的國家,以及日本、中國和韓國等東亞國家。

超低生育率背後的因素

首先,在高收入國家中,教育是受到高度重視的,其成本也是很高的。因此,培養高學歷後代的支出越來越大。根據《華爾街日報》2010 年的一份報告,在美國,撫養一個孩子到 18 歲的費用是 222,360 美元,是美國人均年收入的 4 倍,而且這一數字還不包括大學學費。在富裕的亞洲國家,父母通常更加關心子女的教育問題,在教育上的開支甚至更高,因為父母通常不僅需要支付孩子的大學學費,而且還要投入不菲的資金上補習班來幫助他們的孩子考上名牌大學。

其次,隨著經濟更多地轉向服務導向型和創新驅動型,女性的受教育程度和勞動力參與率都在穩步上升(見圖 1-3、圖 1-4)。在許多國家中,女性的大學入學率與男性不相上下,甚至還高於男性。在美國和英國,女大學畢業生的人數幾乎比男性高出 40%。中國雖然仍是一個中等收入國家,但是女大學畢業生的數量也已經多於男生。此外,中國城市的女性勞動參與率為 70%,在世界範圍內,這是非常高的。很自然地,女性在教育和事業發展方面投入的時間越長,她們可以用於養育子女或者投入在自己身上的時間就越少。

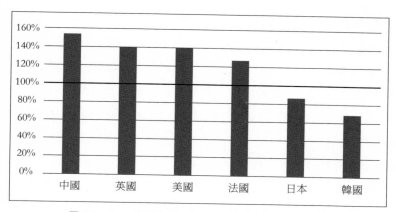

圖 1-3　2008 年選定國家中女大學生與男大學生的比例

資料來源：World Bank, 2015.

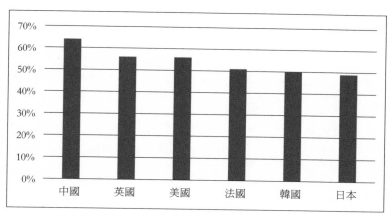

圖 1-4　2014 年選定國家中的女性勞動力參與率

（15 歲以上的女性人口佔比，%）

資料來源：World Bank, 2015.

　　在以農業為基礎的經濟體中，養老是養育子女的主要原因之一。在高收入國家中，老年人主要依靠自己的儲蓄和公共養老金生活。儘管撫養孩子的費用越來越高，孩子對贍養父母卻沒有提供多大的幫助。因此，僅僅從財務角度來看，在現代社會中養育孩子是賠錢的。當高收入國家能提供很好的養老福利時，人們往往會傾向於養育更少的孩子。

最後，現代城市給人們提供了許多娛樂和休閒的生活方式，使得人們用來養育孩子的時間更少了。也正因為如此，城市中的年輕人不斷地推遲結婚的時間，晚婚已成為大勢所趨。有些人會選擇不生孩子，甚至寧可過單身生活。與此同時，在高收入國家尤其在大城市中的離婚率變得更高，這也會導致生育率下降。

對各國的人口預測

聯合國和美國的人口調查機構以及世界銀行，都發表過各種人口預測。雖然各個機構的假定和預測數值各有不同，但對人口發展模式和趨勢的預測結果則是相似的。聯合國預測，世界人口雖然將繼續增長，但相對於過去的最近幾十年，增長率將會下降。10 年前，世界人口以每年 1.24% 的速度不斷增長。現在，世界人口的增長速度是每年 1.18%，大約每年增長 8,300 萬人。

大多數報告都預測，世界人口總數在 2030 年將超過 80 億，到 2050 年時將達到 90 億，大約在 21 世紀末將達到 100 億的峰值。以人口數量為指標的國家排名將發生變化。印度和中國仍將繼續是世界上人口最多的兩個國家（每個國家的人口數量大約佔世界人口總數的 18%-20%）。然而，印度的人口將有望在未來 5 年內超過中國。在世界人口數量排名前 10 的國家中，有 5 個國家位於亞洲（孟加拉國、印度、中國、印度尼西亞和巴基斯坦），有兩個國家位於拉丁美洲（巴西和墨西哥），有一個國家地處非洲（尼日利亞），其他兩個國家，一個位於北美洲（美國），另一個位於歐洲（俄羅斯）。在這 10 個國家中，尼日利亞擁有最高的人口增長率，到 2050 年時，其人口數量將超過美國，成為世界上排名第三的人口大國。有 6 個國家的人口數量，有望在 2050 年的時候，超過 3 億：它們是印度、中國、尼日利亞、美國、巴基斯坦和印度尼西亞。

1. 最不發達國家和非洲

根據聯合國《世界人口展望：2015 年版》的報告，48 個最不發達國家（LDC）從整體上來說仍有較高的總和生育率（在 2010-2015 年，每個婦女平均生育 4.3 個孩子），其總人口數量以每年 2.4% 的速度快速增長。儘管這一增長率預計在未來 10 年內會明顯放緩，最不發達國家的總人口數量（2015 年總人口為 9.54 億），在 2015-2030 年預計將會增加 39%，到 21 世紀中葉的時候，將達到 19 億。

非洲共有 54 個國家，其中有 6 個國家的人口數量超過了 5,000 萬（尼日利亞：1.82 億；埃塞俄比亞：1 億；埃及：9,200 萬；剛果：7,700 萬；坦桑尼亞：5,300 萬；南非：5,400 萬）。在世界上最不發達的國家中，生育率最高的國家位於非洲。

部分主要國家在 2014 年的生育率分別如下：

國家	生育率	國家	生育率
安哥拉	6.1	馬里	6.2
布隆迪	5.9	馬拉維	5.1
布基納法索	5.5	莫桑比克	5.4
乍得	6.2	尼日利亞	5.7
剛果（金）	6.0	尼日爾	7.6
埃及	3.3	索馬里	6.5
岡比亞	5.7	贊比亞	5.4

雖然當前非洲人口僅佔世界總人口的 1/7，但是由於其極高的生育率，非洲大陸的人口規模及其在世界總人口中佔比的增長速度都非

常快。2010-2015 年，非洲人口每年以 2.5% 的速度增長。不僅如此，2015-2050 年，預計世界人口增長中的一半以上都會分佈在非洲。在此期間，非洲有 28 個國家的人口預計都將增加一倍以上。此外，到 2100 年，包括尼日利亞在內的許多非洲國家，其人口數量將是當前規模的 5 倍。與此同時，非洲的人口是世界上最年輕的。2015 年，15 歲以下的兒童佔 41%，15-24 歲的人口佔 19%。

到 2050 年，非洲人口將佔世界人口的 25%（目前只有 14%）。到 2100 年，非洲的人口將佔世界人口的 40%，超過 40 億。然而，並非所有非洲國家的生育率都很高，更富裕一些的非洲南部的國家，如南非，其生育率為 2.3，僅略高於更替水平。

2. 其他發展中國家

第二次世界大戰後，發展中國家的人口經歷了高速的增長。從 20 世紀 50 年代到 80 年代，發展中國家的人口增長了 95%。而在同一時期，發達國家的人口僅增長了 36%。這一時期發展中國家的人口快速增長，是死亡率下降和高生育率維持共同作用的結果。

第二次世界大戰後，得益於醫療保健技術的進步，尤其是現代免疫技術消除了許多傳染病以後，死亡率急劇下降。到了 1960 年，發展中國家的死亡率下降到了 17‰；到了 1970 年年末，這一數字更進一步降到了 12‰。

同時，出生率開始下降。20 世紀 60 年代中期，發展中國家的出生率還高達 40‰。可是從 20 世紀 60 年代末開始，這些國家的出生率呈現下降趨勢。從 20 世紀 70 年代到 90 年代，出生率從 37‰ 下降到了 30‰。這種下降的態勢一直持續到今天。大多數發展中國家的總和生育率在 2-3，一些國家如巴西、越南、伊朗和泰國，其生育率都已經低於更替水平。

以下是 2014 年部分主要國家的生育率：

國家	生育率	國家	生育率
土耳其	2.1	孟加拉國	2.2
巴西	1.8	印度尼西亞	2.5
阿根廷	2.3	越南	2.0
墨西哥	2.2	菲律賓	3.0
伊朗	1.7	泰國	1.5
巴基斯坦	3.6		

3. 新興國家

新興國家的概念，是指遠不如發達國家富裕卻保持相當快速增長的國家。過去，亞洲四小龍——韓國、新加坡，以及中國的香港和台灣地區，在經濟方面曾經有過非常快的發展。今天，這些國家或者地區已經加入發達國家（地區）俱樂部。隨之而來的是這些國家或者地區都出現了超低的總和生育率（低於 1.5）。

21 世紀初，當時商品價格高企，人們把許多資源豐富的國家，包括中國和印度合在一起，稱為 "新興國家"。其中最大的幾個新興國家——巴西、俄羅斯、印度和中國，被稱為 "金磚四國"。"金磚四國" 中各國的生育率如下：

國家	生育率	國家	生育率
中國	1.3	巴西	1.8
俄羅斯	1.7	印度	2.5

收入與生育率之間的負相關關係仍然普遍存在。在這四個國家中，印度經濟最不發達，生育率卻最高。然而，其生育率也已經從 10

年前開始大幅下降。中國的生育率最低，部分原因在於"獨生子女"政策。我們將在第十章中對這一問題展開詳細討論。

"金磚四國"的特點各不相同。俄羅斯和巴西，雖然資源豐富，但是在 21 世紀最初 10 年的中期大宗商品價格暴跌後，遭受重創。當前只有印度和中國的經濟增長仍然保持良好的態勢。2016 年，印度的經濟增長率為 9%，很可能是世界上增長最快的主要經濟體。正因為如此，預計其生育率將會繼續下降。

4. 發達國家

第二次世界大戰以後，大多數發達國家都經歷了一次人口快速增長的"嬰兒潮"。然而，不久之後，生育率就開始下降。美國經歷的嬰兒潮，出生人口最多，持續的時間也最長，從 1945 年一直到 1965 年。歐洲的嬰兒潮規模比美國小，時間也更短，而日本的嬰兒潮時間最短，幾乎戰爭結束後，就開始了生育率下降的進程。到了 1980 年，所有的發達國家都進入了人口增長緩慢的時期。近幾年，個別發達國家，例如日本，其總人口規模已經開始下降。

當前，在主要發達國家中，沒有一個國家的生育率高於 2.1 的更替水平。生育率最高的國家是法國、英國、澳大利亞和美國，它們的生育率略低於更替水平。以下是主要發達國家的生育率：

國家	生育率	國家	生育率
法國	2.01	意大利	1.43
英國	1.92	日本	1.43
澳大利亞	1.92	德國	1.38
美國	1.87	韓國	1.19
加拿大	1.61		

　　大多數發達國家已經意識到了低生育率對經濟發展不利，並且已經採取了程度不同的各種鼓勵生育政策。南歐和東亞的一些國家似乎陷入了超低生育率的陷阱。因此，它們的經濟很有可能在不久的將來遭遇挫折。

文化、宗教與生育率

　　文化和宗教也會對生育率產生影響。圖 1-5 顯示了生育率、收入和文化之間的關係，證明了生育率和收入之間的負相關關係非常緊密，因為三個回歸線全都是向下傾斜的。此外，伊斯蘭國家的回歸線比其他國家的回歸線更高。與之相反，東亞國家，如韓國、日本、中國和越南，其回歸線要比其他國家低得多。簡而言之，在同樣的收入水平下，不同國家的生育率受到文化和宗教的影響。伊斯蘭國家的生

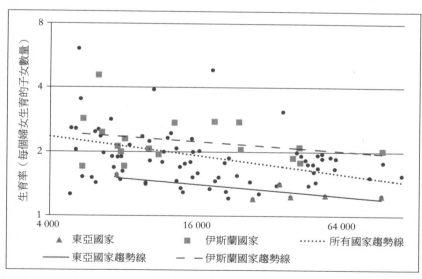

圖 1-5　文化與生育率的關係

資料來源：World Bank, 2015.

育率高於其他國家（包括東亞文化的國家）。平均而言，考察處於同一收入水平的地域的生育率時發現，伊斯蘭婦女要比平均多生育 0.5 個嬰兒，而東亞婦女則比平均少生育 0.5 個。如果這種狀況持續幾代人，將對世界文化的長期構成產生巨大的影響。

東亞文化圈國家

東亞文化圈中的國家，包括日本、韓國、中國以及新加坡。從古至今，東亞文化圈主要採用孔子哲學以及漢語書面語。東亞地區之所以會出現超低生育率，源自儒家重視教育的文化傳統。有一本暢銷書的作者"虎媽"蔡美兒（Amy Lynn Chua），是一位美籍華人，她以用中國傳統方式撫養孩子而聞名於世。像她一樣，有許多亞裔父母為了讓孩子能夠進入一流的大學，不惜花費大量的時間和精力。這種育兒方式使得他們難以有足夠的精力撫養多個孩子。因此，在美國少數族裔中，亞裔美國人的生育率最低。與之相似，東亞國家例如韓國、日本和中國的高考競爭都十分激烈。生活在這些國家中的父母，不僅需要花費很多精力輔導孩子的家庭作業，而且需要在補習班方面支付很多金錢。數量巨大的培訓機構已經在這些國家形成了相當龐大的產業。東亞的父母似乎更關心孩子的質量而不是數量。由此，東亞國家出現了世界上最低的生育率。

幾個東亞國家或地區的生育率如下：

國家或地區	生育率	國家或地區	生育率
中國大陸	1.24	日本	1.43
中國台灣地區	1.07	新加坡	1.19
中國香港地區	1.12	韓國	1.19

注：中國大陸的數據來自中國國家統計局；中國台灣地區的數據來自台灣"內政部"；其他國家和地區的數據來自世界銀行。

非婚生育

在東亞的大多數國家中，非婚生子女仍然是社會禁忌。在日本和韓國，非婚生子女的比例只有 2% 和 2.1%；在歐洲國家裏，非婚生子女的比例則在 20% 以上；在北歐國家和法國，非婚生子女的比例約佔 50%。總之，東亞國家的單身婦女一般不生小孩。倘若幾乎所有女人都結婚，那麼東亞國家極低的非婚生育率就不會成為一個問題了。但近幾十年來，許多女性選擇不結婚。例如，在日本，30 歲以下的女性中有 60% 的女性不結婚，而在 30-34 歲不結婚的女性比例高達 32%。假設在一個社會中，有 20% 的女性在一生中保持非婚狀態，並且沒有子女，每個已婚婦女平均生育兩個孩子，那麼，這個社會的總和生育率只有 1.6 ［=（1-20%）×2］。

東亞國家的低生育率，將導致這些國家的人口數量在世界人口總量中的佔比迅速下降。儘管東亞文化（主要是華人）是過去幾千年來影響所及人數最多的文化，但在未來幾十年內，它很快就會被基督教、伊斯蘭教和印度教文化所超越。

基督教文化與西方世界

基督教國家包括歐洲和美洲的大多數國家，如美國、巴西和墨西哥等人口大國。西方世界是指歐洲國家和富饒的新大陸國家，包括美國、加拿大和澳大利亞等。西方世界是工業化和現代化的先驅。在過去的 100 年裏，這些國家是人口迅速增長的高收入國家，其人口在 19 世紀和 20 世紀之交超過了中國。然而，在 20 世紀 70 年代，當中國經歷了人口爆炸之後，中國的人口總量略微超過了這些國家。當前，無論是西方世界還是中國，其生育率都非常低。到 21 世紀末，這些國家所擁有的人口數量，都將被擁有印度文化和伊斯蘭文化的國家所超過（見圖 1-6）。

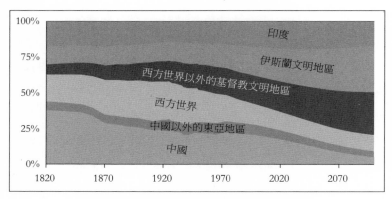

圖 1-6　世界主要文化影響所及的相對人口比例

資料來源：黃文政，《中國人口問題的深入分析》，載於《人口和文明的興衰》（第 20 章）。

基督教文化，包括西方和非西方的基督教文化區域（非西方的區域主要是拉丁美洲地區），是迄今為止影響最為廣泛的文化和宗教。根據 2015 年 4 月美國皮尤研究中心（the Pew Research Center）發佈的一份報告，在 2010 年，基督教大約擁有 22 億名信徒，佔全球總人口——69 億人的近 1/3（31%）。伊斯蘭教是世界第二大宗教，有 16 億信徒，佔全球總人口的 23%。

伊斯蘭文化

伊斯蘭國家由 50 多個國家組成。一般來說，這些國家經濟相對落後，其生育率高於處在同一經濟發展水平的其他國家。原因是，與其他國家相比，伊斯蘭國家中婦女的受教育水平和勞動力參與率都比較低。因此，穆斯林人口的增長速度遠遠超過世界人口增長的平均速度。

　　2010-2050 年，世界總人口預計將上升到 90 億，比現在的數量增加 30%。而在同一時期，由於擁有相對年輕的人口，並且保持著較高的生育率，穆斯林人口預計將會增長 70%。與之相比，基督徒的數量預計將增加 30%。如果保持這樣的趨勢，到 21 世紀末期的時候，穆斯林人口將會和基督教人口一樣多。

　　一般來說，伊斯蘭國家的生育率很高，但伊朗是個例外。像其他許多發展中國家一樣，在 20 世紀 50 年代到 80 年代之間，伊朗保持了高生育率。然而到了 20 世紀 90 年代，隨著國家逐漸變得富裕，伊朗的生育率也開始迅速下降。到了 2000 年，伊朗的生育率下降到了更替水平以下。最近，伊朗已經開始實施鼓勵生育的政策。

　　近年來，越來越多的穆斯林人口移民到歐洲。以法國為例，有相當大數量的穆斯林人口來自前法屬殖民地。還有人數眾多的穆斯林移民前往德國，他們大部分來自土耳其。

　　根據不同的估計，當前生活在法國和德國的穆斯林人口，大約佔這兩個國家總人口的 5%-10%。穆斯林移民的生育率遠遠高於非穆斯林移民。例如，在法國，穆斯林的生育率（2.8）比非穆斯林的生育率（1.9）高出 47%。不同族群在生育率上出現的差異，意味著法國的穆斯林人口比例將會在兩代之內增加一倍，這就引發了有關歐洲伊斯蘭化的許多討論。正如人們所討論的那樣，穆斯林之所以能保持高生育率，是因為其婦女的受教育水平和勞動參與率都比較低。一個很大的疑問是，生活在歐洲（以及世界其他地區）的穆斯林女性，有沒有可能像其他文化中的女性一樣，把更多的精力投入到接受教育和工作中，而不是更多地把精力放在養育孩子上面？我們將在第九章中詳細闡述這一問題。

　　如果我們比較世界上主要的宗教和文化，那麼到 2100 年的時候，全世界伊斯蘭文化的人口數量將可能會是最多的，如圖 1-6 所示。

老齡化趨勢

由於低生育率和高預期壽命兩種因素的疊加影響，世界人口正在逐漸呈現老齡化的趨勢。美國人口老齡化調查報告指出，2015 年，老年人口（大於 60 歲）佔世界總人口的 8.5%；到 2030 年，預計這一數字將增長 50%，達到 12%；到 2050 年，這一比例將超過 15%，並將繼續保持增加的態勢。到 2050 年的時候，日本和韓國將是世界上最年老的國家，國民的平均年齡為 53 歲；在歐洲一些超低生育率的國家中，德國、意大利和西班牙等的國民平均年齡將超過 50 歲，比 2010 年時增加了 7-10 歲；中國國民的平均年齡將達到 46 歲，比現在的平均年齡大 9 歲（見圖 1-7）。

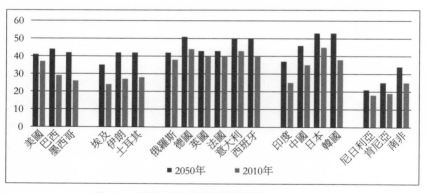

圖 1-7　各國年齡中位數值的預測（2010-2050 年）

資料來源：United Nations, Department of Economic and Social Affairs, Population Division (2014). World Population Prospects: The 2012 Revision, Methodology of the United Nations Population Estimates and Projections, Working Paper No. ESA/P/WP.235.

"老年撫養比"這一概念衡量了人口中非勞動年齡人口中老年部

分（65 歲以上）與勞動年齡人口（年齡在 16-64 歲）之比，用以表明
每 100 名勞動年齡人口要負擔多少名老年人。日本的老年撫養比率由
2010 年的 36%，將會上升至 2050 年的 72%。它將是世界上老年撫養
比最高的國家。到 2050 年，韓國的老年撫養比將會達到 66%，是其
2010 年這一數值的四倍多；德國、意大利和西班牙三國的老年撫養比
也將超過 60%；中國的老年撫養比將超過 40%，是當前中國這一數值
的三倍多（見圖 1-8）。

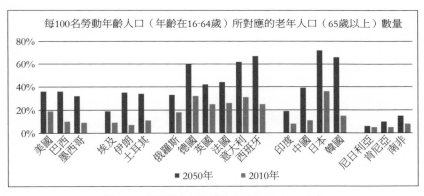

圖 1-8　各國的老年撫養比率（2010-2050 年）

資料來源：United Nations, Department of Economic and Social Affairs, Population
　　　　Division (2014). World Population Prospects: The 2012 Revision,
　　　　Methodology of the United Nations Population Estimates and
　　　　Projections, Working Paper No. ESA/P/WP.235.

人口老齡化和低生育率的國家，例如日本、韓國、中國、德國、
意大利和西班牙等，經濟發展將面臨挑戰。筆者將在之後的各章節中
詳細分析人口老齡化的影響。

城市化

世界人口的另一個主要趨勢是，隨著經濟的發展，越來越多的人

生活在城市。2008 年，有超過 50% 的人生活在城市中。這一數字在
20 世紀 50 年代時只有 30%。預計到 2050 年，世界上將會有超過 70%
的人生活在城市中。在發達國家中，大約有 90% 的人將生活在城市裏
（見圖 1-9）。這是工業和服務業增長的直接結果，也是農業相對衰落的
結果。

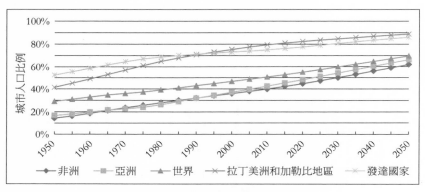

圖 1-9　居住在城市地區的人口比例（1950-2050 年）

資料來源：United Nations, Department of Economic and Social Affairs, Population
Division (2008). World Urbanization Prospects: The 2007 Revision.

　　人們並未遷徙到所有的城市，他們更多地被吸引到了大城市中。
大城市的經濟發展比小城市快得多。勞動者特別是高技能工作者，主
動投身大城市，原因之一是大城市有足夠的經濟規模，能夠提供更好
的公共服務。更重要的是，大城市在創新方面具有優勢。我們將在以
後的章節中討論創新與大城市之間的關係。

表 1-1 列出了 2016 年世界十大城市 / 城市群中的人口數量。

表 1-1　世界十大城市 / 城市群排名（2016 年）

排名	城市 / 城市群	國家	人口數量（單位：人）
1	東京—橫濱	日本	37,750,000
2	雅加達	印度尼西亞	30,091,131
3	德里	印度	24,998,000
4	馬尼拉	菲律賓	24,123,000
5	紐約	美國	23,723,696
6	首爾—京畿道—仁川	韓國	23,480,000
7	上海	中國	23,416,000
8	卡拉奇	巴基斯坦	22,123,000
9	北京	中國	21,009,000
10	廣州—佛山	中國	20,597,000

資料來源：Demographia. Demographia World Urban Areas（12th ed.）. Retrieved November 17, 2016.

　　東京是世界上人口最多的大都市，有 3,700 萬人口，約佔日本人口的 1/3。儘管日本的總人口正在減少，然而東京的人口仍在增長。中國最大的兩個城市是北京和上海。儘管中國政府頒佈政策嚴格控制大城市的人口數量，但這兩個城市裏的常住人口在過去 30 年裏還是翻了一番。如果沒有控制大城市人口的政策，上海和北京的人口還會比現在多得多。在美國，像紐約、洛杉磯和三藩市這類大城市，其人口增長速度要比小城市快得多。因此，在過去的二三十年中，房地產價格在這些城市中上漲得十分明顯。儘管生活成本更高，大城市仍然吸引著許多受過高等教育的年輕人和移民，使其成為創新和創業的中心。

　　世界範圍內的大都市化將成為生育率的另一個 “殺手”，因為生活在大城市中的人們面對高昂的生活成本和巨大的職業壓力，生育孩子的意願更低。在亞洲的大城市中，比如北京、上海、香港和台北，這些地方的生育率相對而言已經比較低了。除了大都市化，社會和技術的其他發展趨勢也可能進一步使生育率降低，降得比之前的預測還要低。一方面，現代娛樂方式的出現，特別是電腦和手機，正在越來越多地佔據著年輕男性的休閑時間，使得他們不太有意願結婚；另一方面，受過良好教育、擁有不錯工作的婦女比以往任何時候都更加獨立。許多受過高等教育的女性，不願嫁給受教育程度不高、欠成熟、經常沉迷於電子遊戲的年輕男性。在信息技術領域中，虛擬現實技術已經獲得了隱約可見的突破性進展。這種技術可以提供廉價而又真實的性體驗，也將進一步削弱人們結婚的意願。因此，世界各地的結婚比例可能會下降，這將進一步推動生育率的下降。巨大的人口轉型才剛剛開始，可能比預期要劇烈得多。

第二章

人口與創新

大約在 200 年以前，英國經濟學家托馬斯·馬爾薩斯發表了著名的馬爾薩斯經濟人口學理論。這一理論描述了下面這一邏輯鏈：技術進步可以促進人均收入的短期增長，然而，收入的增長很快會導致人口增加和農業生產率下降，最終將消除人均收入的任何增長。

馬爾薩斯理論對工業時代以前的世界經濟是一個很好的詮釋。在農業社會中，技術進步的速度很慢，生產率的緩慢提高會導致人口增加，但不會帶來人均收入的增長。因此，在工業革命開始以前，世界人口緩慢增長而人均收入停滯不前是一般的經濟發展模式。

300 年以前，中國的農業技術在世界上是最先進的。因此，與陸地面積大致相等的歐洲相比，中國可以負擔比歐洲大得多的人口規模。然而，中國的人均收入水平並沒有遠遠高於世界其他國家，只是略高於生存水平而已。清朝的康熙和乾隆兩代，佔據了 18 世紀的絕大部分時間。在此期間，中國人口從 8,000 萬增長到了 3 億，而人均收入水平卻幾乎沒有增長。過多的人口拖累了生產率和生活水平的提高，馬爾薩斯理論準確地刻畫了這一時期的中國經濟。

馬爾薩斯理論雖然在歷史上是準確的，但是已經不再適用於現代經濟。首先，農業不再像以前那樣佔據重要的地位。在發達國家中，農業佔 GDP 的比重不到 5%。在中等收入國家中，比如中國，2016 年農業只貢獻了經濟總量的 8.6%。每一個現代經濟體幾乎都主要由工業和服務業部門組成，因為與農業相比，這些行業的技術進步更加迅速，並且現代經濟體中的人口增長速度也比農業社會中的快得多。

其次，人口增加會降低生產力的這一邏輯已經不再適用於工業和服務業了。從理論上講，儘管工業部門的確需要原材料、能源和其他資源，但是較大的人口規模將消耗更多的資源，提高自然資源的成本。工業部門所需的資源強度卻遠遠低於農業所需的土地強度。

此外，與土地不同，由於技術創新，人類已經發現了許多新型的材料和能源。例如，大約在 200 年前，人們用木頭和石頭來建造房屋，而到了今天，人們已經可以使用許多其他的建築材料，比如金屬、玻璃、水泥、橡膠等。歷史上，能量的主要來源是木材和煤炭，然而今天，許多新能源已經被發明利用，比如太陽能、風能和核能。此外，像太陽能這類清潔能源的成本正在迅速下降，已經接近化石燃料了。

在現代服務業和信息技術領域中，對自然資源的需求更是弱得多，互聯網和娛樂行業對自然資源的需求就更少了。這兩個行業中的產品和服務可以大量複製，幾乎不需要使用額外的自然資源。因此，土地和自然資源的制約，已不再成為現代經濟發展的瓶頸。而對解決諸如全球變暖之類的問題，創新會顯得更為重要。那麼，要使創新維持在較高水平，一個國家就需要有大量年輕且受過良好教育的勞動力群體，而不是馬爾薩斯理論所認為的需要較小的人口規模。

最後，在後工業時代，與馬爾薩斯的預測恰好相反：隨著人們越來越富裕，父母越來越不願意多生孩子，人口爆炸的現象消失了；伴隨著國家的繁榮，所有國家無一例外地都經歷了生育率的大幅下降。

幾乎在所有的發達國家中，生育率都低於 2.1 的更替水平。在不信仰伊斯蘭教的亞洲，通常是在一個國家達到人均收入水平 4,000 美元的時候，生育率就會下降到低於 2.1 的更替水平，而當一個國家達到人均收入水平 10,000 美元的時候，生育率甚至會下降到低於 1.5。這麼低的生育率水平，對於任何一個國家來說，都是不可持續和危險的。

今天，大多數經濟學家都認為，馬爾薩斯主義者的人口和經濟學理論，只適用於世界上那些還處於前工業經濟階段的最貧窮國家。世界人口發展已經進入了一個新的時代：大多數高收入國家和中等收入國家都有穩定的甚至日益減少的人口，只有低收入國家還存在高人口增長率。因此，我們需要一個新的經濟人口學範式。

在現代經濟學史上，最重要的經濟學家當屬亞當·斯密（Adam Smith）。他發現專業化和貿易是提高經濟效率的主要因素（Smith, 1776）。100 多年以前，經濟學家約瑟夫·熊彼得（Joseph Schumpeter）提出了 "創造性顛覆" 理論。這一理論認為，創新和創業是經濟長期增長的主要驅動力（Schumpeter, 1942）。熊彼得並沒有給出一個正式的經濟模型，但他的這一洞見在近年來影響越來越大。

20 多年前，美國經濟學家保羅·羅默（Paul Romer）提出了一個關於創新和經濟增長的模型（Romer, 1990）。在史丹福大學攻讀經濟學博士學位期間，我曾研究過這個模型，注意到它包含的一個含義是：在一定條件下，一個規模更大的群體，可以使更多人從事研究和創新，從而驅動更快的技術進步和更高的勞動生產率。這一模型中有幾個假設條件，其中之一是自由市場經濟，確保知識和商品可以被人們用來交易。另一個假設條件是強化商品和知識的產權意識，從而可以使人們有動力去創新科技和創辦企業。羅默提出的這一模型揭示的人口和經濟增長之間的關係，恰與馬爾薩斯主義者的理論相反。通過創新這一渠道，人口的增加將使得經濟增長更快，收入更高。

有些人可能會問：為什麼擁有世界上最多人口的中國，並沒有成為類似西歐諸國或者美國那樣的先進國家呢？關鍵或許始於 600 多年前的明代，當時中國仍是世界上最先進的國家。在著名的鄭和下西洋的過程中，他們使用的航海技術比同時期的歐洲地區先進得多。但在此次航海活動之後不久，由於很多偶然性因素的影響，中國的統治者停止了所有的海洋探險活動，並且關閉了中國的沿海貿易。從地理上看，美洲離西歐更近，因此西歐國家能夠早於中國發現新大陸，這有助於它們擴張貿易，並在後來引發工業革命。同時期，近代中國遭受了一系列的戰爭，以及蘇聯經濟模式的實驗失敗，因此，一直到改革開放之前，中國的創新能力仍然是落後的。

綜而述之，在過去的 600 多年裏，中國自給自足的貿易政策切斷了與世界其他地區的交流，使得中國在創新和技術進步方面逐漸趨於落後。相比之下，西方國家汲取了火藥和羅盤等古代中國的發明知識，並利用它們創造了更加先進的武器裝備和航海技術。這些發明幫助它們征服了新大陸，並將其經濟貿易擴展到了非洲、中東和印度，獲取了比中國更為廣大的市場。這就是工業革命和科技革命發生在歐洲而不是中國的主要原因。

如果一個國家能夠吸收世界上最先進的技術，並依靠研究和開發推動其進一步創新，那麼在這一前提下，龐大的人口規模就會成為創新和經濟發展的優勢，美國 20 世紀的經濟史就展示了這種優勢。

早在 1850 年的時候，英國和德國已經成為世界上的工業強國，而美國仍然是一個農業大國。不過，從那時起，美國開始學習和吸收西歐的技術，同時吸引了大批移民。不久之後，它的人口就超過了西歐各國，從一個歐洲技術的模仿者，迅速演變為一個技術創新的開拓者。眾多發明家和企業家，例如托馬斯‧愛迪生（Thomas Edison）和亨利‧福特（Henry Ford），引領了世界先進技術和商業組織的潮流。到 20 世紀初期，美國的人均收入水平趕上了西歐國家，成為世界上最大的經濟體。在 1900 年之後，美國持續吸引大量的移民，其經濟規模遠超其他任何一個國家。總而言之，利用人口規模龐大這一強大的優勢，美國成為領先世界的創新者和超級經濟大國。

在工業和信息時代，人口眾多是創業與創新的重要優勢。中國經濟在過去 40 年中的經驗是另一個例子。以 1978 年的改革開放為起點，中國一旦打開了面向世界的大門，其巨大的市場就迅速吸引了大批外國投資。同時，大量高學歷的勞動力能夠迅速吸收先進技術，提高生產率。在過去的幾十年中，中國的企業家創立了眾多成功的本土企業，不僅在國內市場而且在國際市場上與跨國企業展開競爭。例如，華為和聯想已經成為優秀的跨國公司。2016 年，中國的人均 GDP 達到 8,000 美元。基於龐大的市場規模和眾多的人口數量，中國不僅正在追趕世界先進技術，而且在創新領域也將大有作為。

創新的經濟理論

經濟學上最根本的問題是，如何使一個國家更加富裕？除了創新，還有許多關鍵因素可以使一個國家變得富裕。這些因素包括穩定的政府、產權保護、良好的基礎設施、健全的金融體系、良好的教育和貿易開放。所有這些因素都很重要，但是從政策的視角來看，哪些是更加難以實現的？我們暫且忽略那些最不發達的國家（比如非洲的一些國家，因為它們缺乏的要素太多），而去關注中等收入國家，會發現大多數中等收入國家確實都具備這些要素。例如泰國，它擁有穩定的政府、優質的基礎設施，大學入學率和貿易開放度也都較高，但泰國還不能被稱為發達國家。差距在哪裏呢？通過對比會發現，高收入國家與中等收入國家之間的差異，往往是創新能力。

創新變得越來越重要。為什麼會這樣？首先，全球化使創新的回報比以前更為豐厚。在全球化的背景下，創新的知識或產品傳播得更快、更廣，因此可以更快地賺到更多錢。此外，一些技術創新已經可以取代人類的日常工作。從某種意義上講，創新就是創造新的工具來代替人類的工作。在未來，將會有更多的人創造工具，卻只需要更少的人來操作它們。機器人和人工智能都是當今的熱門話題，但它們遠不具有創新能力。（即使機器人可以創新，人類可能也永遠不會允許它去做，因為它實在太危險了。）因此，越來越多的資源將會流向工具的創新者而不是操作者那裏。對於一個中等收入國家來說，能否達到高收入水平的最重要的因素，就是創新。

創新的類型

創新的類型主要包括適應性創新與前沿創新

適應性創新普遍存在於一個經濟體處於追趕階段的時候。適應性創新指的是：對現有技術進行調整，以適應當地的市場環境。例如，肯德基調整了其在中國銷售的炸雞的配方，加入了中國的調料；印度智能手機製造商設計了一款智能手機的廉價版以滿足印度消費者的需求。對於貧困國家（人均 GDP 低於 5,000 美元）來說，適應性創新是創新的主要形式，因為相比於技術的前沿創新，這種創新形式更加容易。因此，技術的前沿創新在一個經濟體處於發展階段時並不佔據重要地位，然而一旦一個貧困的國家達到中等收入國家水平的時候，為了獲得較高的收入，就需要進行前沿創新。一個國家想要成為高收入國家，不可避免的途徑就是進行前沿創新。在本書的剩餘部分中，我將重點分析前沿創新。

前沿創新可以包括以下方面的內容：

（1）學術理論；

（2）新技術、新工藝、新產品；

（3）新的商業模式和組織形式；

（4）內容創作：音樂、電影、遊戲等。

不同類型的創新需要不同的經濟制度和激勵制度與之相配套。例如，學術理論主要是由教授來提出的，由此他們得到的回報是學術職稱和學術聲望（聲譽），而新的商業模式通常由新型的公司創立。

創新的歷史趨勢

以全球視野來看，創新的速度正在加快還是放緩？為了回答這一問題，讓我們來看一下創新是如何被測量的。測量創新的方法有很多種，一種常見的方法是考察專利數量。大多數測量方法得到的結果是，創新的速度是穩定和略微加速的。儘管大多數創新是偶然發生的，但在宏觀層面上，對創新活動進行更多的投資將會產生更多的創新。在全球範圍內，通過考察對研發活動的開支這一指標，可以發現創新的投入呈現穩步增長的態勢。

另外，創新的難度也越來越大。讓我們來看看專利數據。圖 2-1 的數據表明，專利申請人的平均年齡正在增加。圖 2-2 的數據表明，發明者跨學科的概率正在減小。這意味著發明者越來越老，變得更加專業化了。此外，圖 2-3 顯示，每個發明專利的合作者的平均人數也在增加。20 世紀 70 年代，每個專利只有一兩位發明者，而現在，每個專利有兩三位發明者。

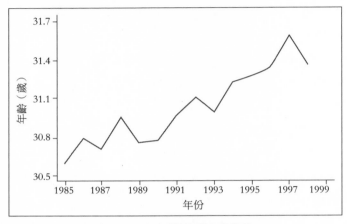

圖 2-1　"初次創新"的年齡趨勢

資料來源：Benjamin F. Jones, The Review of Economic Studies 2009, The Burden
　　　　　of Knowledge and the "Death of the Renaissance Man"：Is Innovation
　　　　　Getting Harder?

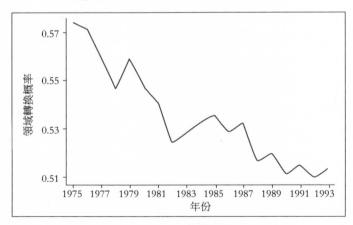

圖 2-2　創新者的跨學科趨勢

資料來源：Benjamin F. Jones, The Review of Economic Studies 2009, The Burden
　　　　　of Knowledge and the "Death of the Renaissance man"：Is Innovation
　　　　　Getting Harder?

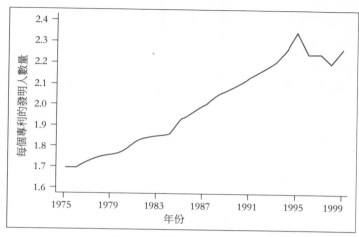

圖 2-3　共同專利發明人數趨勢

資料來源：Benjamin F. Jones, The Review of Economic Studies 2009, The Burden of Knowledge and the "Death of the Renaissance man": Is Innovation Getting Harder?

　　那麼，這些信息告訴了我們什麼呢？它表明，創新變得越來越難。原因就在於，人類的知識就像一個巨人，正在變得越來越大，使得後來者更難以站在巨人的肩膀上。500 多年前，像達·芬奇這樣的天才能夠在諸多學科都有發明創見。可是，今天的科學家和研究人員只能立足於各自專業的學科，並且各個學科的分類也變得越來越細。

　　創新通常是偶然之間突發的。頓悟經常會發生在分屬於不同學科的知識相互融合的時候。因此，伴隨著學科分工變得愈發專業化，跨學科的合作也變得愈加重要。這就是為什麼如圖 2-3 所示的那樣，每個專利的發明人數量不斷增加。一個好的發明家不僅需要成為本身所在學科的專家，還需要有跨學科的知識，以及能夠與其他領域的研究人員開展良好的合作。同樣地，成功的創業者也需要有多種多樣的技能和工作經驗。史丹福大學經濟系教授愛德華·拉齊爾分析了史丹福大學工商管理學碩士（MBA）的工作經歷發現，一個選多學科課程的學生，更可能成為企業家（Lazear, 2005）。與之相反，如果一個MBA學生的選修學科，比如集中在金融類專業，那麼該學生成為企業家的可能性就相對小。擁有各種各樣的興趣和技能，是成功的創新者與企業家的主要特徵。

一方面，由於創新變得更加困難了，因此發明家的平均年齡越來越大；另一方面，由於顛覆性創新和創業需要艱苦的工作與冒險行為，更適合年輕人。因此，顛覆性創新和創業的黃金窗口期越來越短。在某些特定的領域中，取得博士學位是做研究的起點，而獲得博士學位所需的年數也正在增加。一個學生在28歲的時候獲得博士學位是很普遍的現象。稍後，我將會指出，創業的最佳年齡大約是在30歲左右。因此，一位博士畢業生成為一名企業家的黃金時間非常短。

總而言之，人類的知識基礎越來越龐大，創新越來越困難，越來越需要跨學科的合作。然而，由於有更多的資源被投入到研究和開發中，創新並沒有減緩，反而在近年來還有所加快。這是人類歷史上最基本的趨勢之一。當創新穩步發展的時候，資源瓶頸會由於新技術的出現而得以緩解，使得人均收入繼續增長。如果這種趨勢可以繼續，那麼人類社會將達到一個普遍富裕的階段。

創新驅動的社會變革

在人類歷史上，創新和科技曾經推動過許多社會變革。

首先，是工廠的興建。在工業革命期間，生產從家庭作坊的小生產轉向工廠大規模量化生產。工廠的存在成為必要，是因為生產技術和工藝變得更加複雜，需要許多專業化的技能，比如機械維修、產品測試以及質量控制等。對於單獨一個人或幾個家庭成員來說，掌握整個生產過程幾乎是不可能的。一般來說，隨著知識的增長，社會的經濟活動需要分工以及專業化，從而需要更多的合作，由此就產生了對工廠和現代企業的需求。這也導致了現代工會的形成，以及席捲了半個人類社會的"無產階級"運動。

其次，是由現代交通和通信技術帶來的全球化。集裝箱運輸技術和高速公路使得貨物以非常低的成本流動，而航空技術的進步使得人們可以在較短時間內到達世界上的任何一個地方。電信技術的進步使得信息幾乎可以在世界各地瞬間流動。隨著商品、人員和信息的全球化，任何創新都比以往的任何時候要傳播得更快、更廣。超級明星藝術家在全球市場上能夠賺得更多，人們稱這種現象為超級明星效應。就像這種效應一樣，任何創新都能在全球化的世界中獲得更高的回報。然而，與此同時，全球化和創新的趨勢使得有創新能力的勞動者和普通勞動者之間的收入差距被拉大了。這種變化帶來的正面效果是，由於回報變得更大，越來越多的人正在努力創新。

再次，是高等教育的普及。一個人如果想要有所創新，就需要有綜合的知識基礎。因此，一個人不僅需要接受技術或職業培訓，而且需要全面的大學通識教育。例如，想要成為一名優秀的遊戲設計師，一個人就需要了解計算機科學、歷史、圖形藝術等各方面的基本知識。創新和全球化驅動的技能需求，促進了大學教育的普及。發達國家的大學入學率，僅僅經過一代人的時間，便從 20% 上升到了 50% 多。在中國，20 世紀 80 年代的時候，大學入學率不到 10%，而在 21 世紀第一個十年，就增長到了 30%。大學已經成為創造知識和傳播知識的中心。

　　儘管有越來越多的人接受了大學教育，但大學教育的回報仍然很高。大學畢業生（這裏指本科生）中的佼佼者和博士畢業生的工資收益更高，這是因為創新的回報更高。例如，矽谷是一個高產創新者的集聚地，這些創新者的收入增長速度遠遠超過了美國的人均收入。

　　大學教育普及的另一個影響，是更多的女性進入大學並進入勞動力市場。在許多國家中，女性的大學入學率已經趕上了男性，在某些情況下甚至超過了男性。這有助於解釋世界各地的生育率和家庭規模下降的原因。

　　最後，世界主要的大都市地區已經成為世界的創新中心。正如我們前面所討論的，創新的過程需要更多擁有不同的技能和屬於不同專業領域的人士參與。大城市的優勢在於，它可以提供一個龐大而多樣化的人才儲備庫。因此，最好的創新公司都集中在大城市，大城市變得更龐大並且生活成本更高，在經濟上的地位比以往任何時候都更加重要。

不同國家的創新能力

　　在比較不同國家的創新能力之前，讓我們先來看看如何測量創新。圖 2-4 顯示了測量創新的所有指標。從投入的角度來看，測量創新的指標包括研發支出和研究人員的數量；從輸出的角度來看，這些指標包括專利的數量、高科技產品的出口和學術出版物的數量。全球創新指數用以測量和總結所有這些指標，並賦予每個國家一個指數，以反映該國創新的整體水平。

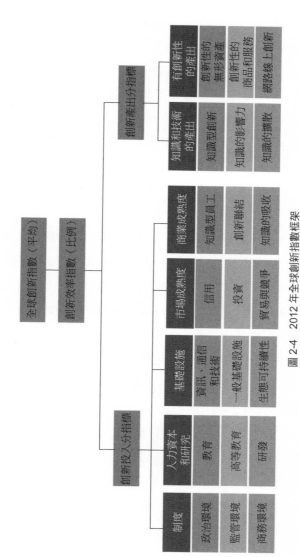

圖 2-4　2012 年全球創新指數框架

資料來源：全球創業觀察，2012 年。

　　圖 2-5 顯示了主要國家相對於其收入的創新指數。縱軸代表全球創新指數，橫軸代表該國以購買力平價美元計算的人均 GDP。圖上的每個圓圈代表一個國家，圓圈的大小表示該國人口規模的大小。圖 2-5 顯示，一國的創新指數與人均 GDP 收入之間存在明顯的正相關關係，即高收入國家更具有創新性。這並不奇怪，因為高收入國家擁有更多的資源和時間致力於研究與開發，而更多的創新將會創造出更多的財富。通過繪製一條向上的回歸線，我們可以從人均 GDP 收入中預測一國的創新指數。

　　在圖 2-5 中，大致將國家分為三類。右上角地區是發達國家，其中最大的圓圈代表的是美國。在這一區域下面，有兩個區域：一個在回歸線的右下方，另一個在回歸線的左上方。對於回歸線以下區域中的國家，就這些國家的人均 GDP 收入而言，它們並不具有明顯的創新性。對於回歸線以上區域中的國家，就根據這些國家的人均 GDP 收入預測出來的創新性而言，它們的表現更具創新性。在這一地區中，有兩個巨大的圓圈脫穎而出，最大的圓圈代表的是中國。與具有相同人均 GDP 水平的國家（人均 GDP 為 7,500 美元）相比，中國明顯表現出更多的創新性。印度的人均 GDP 為 2,000 美元，與那些收入水平相近的國家相比，印度也顯得更加具有創新性。

　　與中國和印度不同，許多國家的創新指數，落後於以購買力平價美元計算的人均 GDP 預測出的創新指數數值。許多拉丁美洲國家，例如巴西，就它們的收入而言，這些國家顯得並不那麼具有創新性的特徵。這些國家通常擁有豐富的自然資源，但人力資本非常低。如果我們分析這些經濟體最近的增長率，就會發現，與那些相對於其收入而言具有低創新指數的國家相比，這些相對於收入而言擁有高創新指數的國家的經濟增長速度更快。

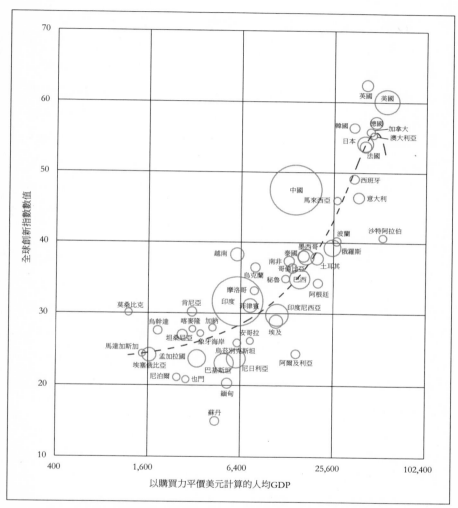

圖 2-5　全球創新指數與以購買力平價美元計算的人均 GDP 之間的關係（氣
　　　　泡的大小表示人口的多少）

資料來源：Global Entrepreneurship Monitor, 2015; World Bank, 2015.

創新已經成為中等收入國家經濟增長的一個關鍵因素。此外，雖然不太明顯，但仍然可以從圖 2-5 中看出的是"規模效應"：大圓圈往往位於回歸線上方，這意味著一個國家的人口越多，相對於其收入而言，就往往越具有創新性。在此後的章節中，我們將更詳細地分析"規模效應"。

在人們的一般印象中，印度和中國的公司都是低成本的生產者或者模仿者，但相對於其他發展中國家通過各種措施所進行的創新，尤其是中國，遠比其他發展中國家更具有創新性。讓我們來看一些具體的措施。圖 2-6 顯示了每 100 萬人中科研人員所佔的數量。自 1996 年以來，中國每 100 萬人中所擁有的科研人員數量已經超過了巴西和墨西哥。

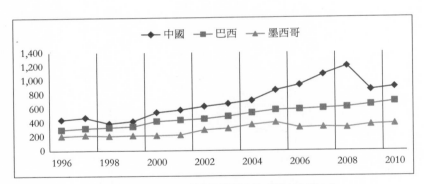

圖 2-6　在研發活動中的研究者人數（每 100 萬人）
資料來源：World Bank, 2015.

如何促進創新？

前述已經表明，創新對於經濟增長至關重要。接下來的一個問題是，什麼樣的政府政策可以促進創新？從歷史上看，世界的創新中心已經轉移過好多次。最初，世界的創新中心在埃及和中東的其他國家，之後轉移到了希臘和羅馬，再後來轉移到了中國；在最近的二三百年間，它一直處在歐洲。那麼，這些變化背後的因素是什麼呢？什麼樣的環境可以促進和培育創新，什麼樣的政府政策才能促進創新？這些都是本書旨在回答的關鍵問題。

在創業成功後，我選擇前往史丹福大學攻讀經濟學博士學位，並將創新作為我感興趣的專業領域。我很快就認識到，即使對於"如何促進創新"這個堪稱經濟學學科聖杯的問題，學術研究也只是取得了非常有限的成功，長期的研究只是取得了很少的發現。對於諸如"教育能否促進創新"這類重要的問題，至今仍然沒有答案。許多人說，在中國靠死記硬背學習的教育方式是不好的，因為學生被要求順應而不具有創造性和獨立性。然而，幾乎沒有證據能夠證明教育方式對創新可以產生影響。日本和韓國也有與中國類似的教育方式，但這兩個國家的教育制度並沒有阻止它們成為創新大國。由此看來，教育只是提供了基本的技能，一個人是否可以成為一個創新者或企業家，似乎純粹是碰運氣的事情。

那麼，政府在促進創新的過程中可以發揮什麼作用？對於成功的經濟體來說，有一些共同的標準要素，比如穩定的政治制度、充分的產權保護、運作順暢的金融業、開放的貿易和受過教育的勞動力。例如，我們知道，創新是建立在既有知識基礎之上的，因此，能夠與世界其他地方自由交換知識是至關重要的。在中國明代的時候，閉關鎖國，切斷與世界其他國家進行商品交換和思想交流的通道。這一措施最終關閉了中國進行創新的引擎。在第二次世界大戰以後，嚴格的貿易壁壘和不穩定的金融體系，阻礙了拉丁美洲的經濟發展和創新。

今天，大多數國家已經理解了經濟創新所必需的宏觀條件，並且大多數中高收入國家已經可以為創新提供這些條件了。然而，儘管像馬來西亞和阿根廷等這些國家也採取了類似韓國與中國的宏觀政策，但是它們的創新能力和過渡到高收入國家的前景都要弱得多。因此，除了以上這些宏觀條件，推動創新的因素還有哪些？

經濟學家曾經發現了一些看起來不起作用的政策，例如政府的產業政策。產業政策扶持的對象是某些在創新方面被認定是"有前途的"領域。

在全球化背景下的市場經濟中，創新的回報如此之大，以至於有大量的資本去追逐成功的創新。在過去的十年中，全球風險投資業發展非常迅速。因此，即使在沒有政府資金投入的情況下，民營資本也可以很好地資助創新活動，尤其是在如何選擇最"有前途的"技術方面做得更好。

另外，由於官僚機構的阻礙，政府工作人員的能力通常要落後於風險資本家。例如，某些國家的政府近年來投入大量資金以支持太陽能產業，但它並不善於選擇合適的公司或者正確的技術。雖然科技的飛速發展推動整個行業獲得了健康成長，然而，政府在此過程中卻浪費了不少資金。

由此可見，一個政府能做的最好的事情，並不是推出產業政策乃至直接投資，而是提供公平、穩定的競爭環境。政府只需對所有公司提供全面的稅收減免優惠，無須自己去投資扶持某些公司或者技術。這也是支持供給側改革的經濟學家的政策建議，即主張低稅收、小政府、弱監管，並允許市場去認定和獎勵贏家。因此，最終結論就是政府不應該對創新和創業指手畫腳。

當然，大多數政府不願意承認這一結論，因為這使它們脫離了最重要的經濟活動。但對於創新來說，從沒有什麼捷徑或者靈丹妙藥，否則，世界上早就該出現更多更富裕的國家。我將從人口學的角度來研究"為了促進創新，政府到底可以做什麼"這個問題。

　　為了從不同角度來看待這個問題，我們先來問一個類似的問題："一家企業是如何促進創新的？" 在過去的 30 年中，《財富》500 強企業的變動率在不斷加快。世界上最有價值的公司，比如蘋果、谷歌和微軟等，都是成功的創新者。如果你問這些公司的高管，對於一項創新取得成功的要素是什麼？他們的回答可能會有很大的不同，但他們都會提到一個要素，即吸引最好人才的能力。

　　著名的經濟學家邁克爾・波特提出了企業戰略成功的五要素，並將公司競爭戰略理論應用於國家競爭戰略（Porter, 1990）。在他的模型中，一個國家的某種產業能夠獲得成功，需要具備四種要素：稟賦、需求、零部件產業以及競爭。我對波特這一四要素模型的評論是，所有這四個要素實際上都與人口有關。人口眾多意味著龐大的人才儲備庫和規模巨大的本地市場，即稟賦要素和需求要素。巨大的市場也可以催生更加發達和完整的零部件產業。最後，眾多的人口和龐大的市場可以培育更多的競爭者。因此，大量人口似乎是進行創新活動最重要的優勢來源。在本書中，我認為，不僅規模，而且包括質量、年齡結構以及人口的分佈，都是創新的重要因素。

創新的三個人口因素

　　人口學影響創新的主要渠道有三種：

（1）規模效應；

（2）聚集效應；

（3）老齡化效應。

規模效應

　　規模經濟在現代經濟中無處不在。生產 100 萬件產品的單位成本通常遠遠低於生產 1,000 件產品的單位成本。在一個典型的服務行業中，在大城市中提供服務（例如銀行、郵政、電信）的單位成本，遠比在小村莊提供類似服務的單位成本要低得多。

規模經濟是專業化和勞動分工的結果。隨著專業化和分工的進行，每家公司就可以專注於一項更加具體的任務，因此更加高效。早在 20 世紀初的時候，福特汽車公司就利用了美國汽車市場的規模優勢，第一次普及流水線生產。在這樣的生產過程中，每個工人只需要專注於單獨一項任務，最終就可以提高整個工廠的效率。中國目前是世界上大多數製造業產品的最大市場，這有助於中國的製造企業成為世界上最專業、最高效的企業。

對於創新來說，大國的規模優勢更大。例如，投資一部目標為 10 億人群市場的電影（或網站）的預算，可以 10 倍於一部目標只有 1 億人群市場的電影（或網站）的預算。再例如，在中國領先的互聯網旅遊品牌攜程旅行網，可以僱用 5,000 位軟件工程師，相比之下，日本只有中國市場的 1/10，因此，一家類似的日本公司只能僱用幾百個工程師。而在中國台灣地區，一家類似的公司只能僱用不到 100 位工程師。當然，這些假設的前提是這些公司只局限於本地市場而沒有打開全球市場。通常在本地取得成功後，才會擁有開拓全球市場的能力。所以，即使在全球化背景下，有更大的本地市場也會成為重要優勢。

因此，只有大國才會有本土的互聯網公司。同理，中國擁有最先進的高鐵技術也毫不奇怪，因為中國可以在這一領域進行研究和開發的人力與物力要遠超小國。日本擁有最好的高端製造技術，然而，由於國內市場相對狹小，日本不僅無法在高鐵技術方面與中國開展競爭，也不能夠在商用飛機的建設領域與美國競爭。

　　有人認為，隨著全球化的進一步發展，即使是一個小國也可以進入全球市場。這種觀點在一定程度上是正確的，因為當今的運輸成本和貿易壁壘都很低，一個小國的公司可以將標準化的製造產品出口到世界各地。例如，諾基亞是一家芬蘭公司，照樣能在全球移動電話市場上佔有大量的份額。然而，對於服務業來說，龐大的國內市場仍然具有決定性的優勢。因為在服務業中，國內企業遠比國外競爭對手更有優勢，創新者需要與當地的文化、語言、商業和法律環境進行深層次的互動，所有這些都是服務產品的重要組成部分。一家服務公司通常需要首先在國內市場對其創新進行試驗和測試，只有在實現了批量生產並獲得良好的盈利能力之後，才能把其創新的產品或服務出口到其他國家。美國、日本和德國都有大量的頂級製造業品牌，但在服務行業中，美國得益於其規模龐大的國內市場的優勢，在連鎖餐飲、酒店以及娛樂等服務行業擁有眾多的國際品牌。比如星巴克、迪士尼和麥當勞等公司，在它們在世界市場上取得主導地位之前，在美國國內就已經實現了很大規模經營，而且利潤豐厚。

　　這種規模優勢在互聯網行業更是發揮了決定性的作用。在一個網絡效應發揮巨大作用的行業中，贏家將是那些能夠最先吸引大量顧客的公司。舉例來說，如果 1,000 萬名客戶代表一個 "臨界值"，為了達到這個臨界值，在美國市場上（由於其人口總數為 3 億人），所必需的滲透率約為 3%。對於總人口只有 1 億人的日本來說，所必需的滲透率則為 10%。而在中國，這一比率就小於 1%。正因為如此，相比於日本市場來說，某項創新達到臨界值的時機，通常會在美國市場上要更快一些。美國的互聯網公司，如谷歌、蘋果、臉書、亞馬遜、億客行（Expedia）等，在國內市場成功達到臨界值以後，就迅速擴展到了其他國家，成功佔領世界市場。在互聯網行業，起步時機的早晚往往足以區分贏家和輸家。在手機還只是一個工具的時代，諾基亞公司是成功的，然而當手機成為一種融合了電腦、軟件的互聯網產品的時候，諾基亞就遠非蘋果的對手了。

隨著市場的擴大，競爭對手當然也會增多，這將為創新提供更大的動力。美國和中國的互聯網市場是競爭最激烈的，風險資本家有時甚至願意支持在這兩個國家的市場上排名第二和第三的公司，而在一個小國中，風險資本家通常只是投資於市場的第一名。

隨著創新在世界上扮演越來越重要的角色，美國在創新方面的優勢越來越大。在許多高科技和創意產業中，美國已成為世界創新的中心。紐約是世界金融業的創新中心，洛杉磯是世界影視娛樂業的創新中心，而矽谷則是世界信息技術產業的創新中心。美國的大學也成為學術研究的中心，美元是世界儲備貨幣，英語是國際語言。在中國崛起以前，美國經濟在世界上的壓倒性優勢已逐漸顯現在各個方面。

由於中國的人口是美國人口的四倍，中國已經超過美國成為世界上最大的商品市場。與美國公司一樣，中國的企業，比如華為和聯想，在達到規模並在國內市場取得成功後，成長為美國跨國公司的全球競爭對手。在服務業領域中，中國也正在快速追趕美國。當前，中國的旅遊、金融和醫療行業只是落後於美國，位居全球第二。未來，我們將看到更多來自中國的全球服務品牌。在規模上，中國的電影業正在迅速追趕美國。儘管中國的電影可能不會立刻就達到荷里活電影的水準，但它們的預算肯定會讓世界羨慕。

中國已經有了一個比美國更為龐大的互聯網市場。美國的互聯網公司巨頭沒能像征服世界其他地方那樣征服中國，沒有任何一個單獨的美國網絡公司能夠在中國取得成功，這讓不少美國人感到相當驚奇。有人認為，導致這種情形出現的一部分原因在於中國政府對互聯網市場的嚴格監管。然而，事實上，在谷歌退出中國市場時，它也只佔有 30% 的市場份額，而百度卻已佔據 60% 的市場份額。其他的例子還有不少，比如亞馬遜敗給了京東，艾派迪輸給了攜程，eBay 慘敗於阿里巴巴。這些都說明中國本土的互聯網公司足夠強大，美國的互聯網公司在中國並不佔有規模優勢。

很多中國的互聯網公司模仿已經在美國取得成功的創新，並將這些創新融入中國市場。通常情況下，當美國創新者來到中國市場時，往往已經錯過了最好的時機，因為依托龐大的本土市場，此時中國企業已經成長為強大的領先者。一位傑出的風險資本家曾這樣評論：一家美國的互聯網企業要想在中國取得成功，它必須要在進入美國市場的同時登陸中國市場。然而，對於一家初創企業來說，試圖同時佔領中國和美國的市場往往是一項非常艱巨的任務。

當我強調人口在創新中的重要性時，經常被問到這樣一個問題：以色列是一個小國，為什麼這個國家也能具有非凡的創業精神和創新能力？當然，人口規模不是唯一的因素，其他因素如文化和能力也非常重要。在歷史上，猶太民族中曾湧現出無數優秀的企業家和創新者。但是換個角度來思考，假如以色列是一個大國，難道它不會取得更大的成功嗎？大約有 2,000 萬名猶太人散居在世界各地，大約有 1/3 生活在以色列，1/3 生活在美國，另外 1/3 生活在世界的其他地方。在世界上最富有的十個猶太人中，有八個生活在美國，兩個生活在俄羅斯，卻沒有一個生活在以色列。這十個人中包括谷歌、臉書和甲骨文公司的創始人。由於在狹小的國內市場上的增長前景有限，許多以色列企業家把他們的公司賣給了大型的跨國公司。與在美國的猶太企業家相比，這些本土的以色列企業家遠不如美國或者俄羅斯的猶太人成功。

供給側：美國能否贏得人力資源競賽

人口眾多也意味著一個巨大的人才儲備庫。儘管美國人口數量只是中國的 1/4，然而，直到 2005 年，美國大學畢業生的數量仍然超過中國的大學畢業生人數，如圖 2-7 所示。大學教育是做研發的基本要求，高校畢業生的規模反映了創新活動所能吸引的人力資本規模。在 20 世紀的大部分時間裏，在大學畢業生的數量方面，美國一直走在世界前列。

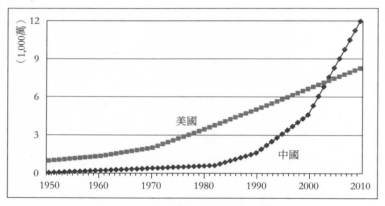

圖 2-7　中國和美國接受大學教育的人數
資料來源：《中國人口普查報告》，the US Census Bureau，2010。

近年來，隨著中國高等教育的普及，僅就大學畢業生的數量而言，中國已經超過了美國。許多人懷疑中國大學教育的質量，認為中國的高等教育質量差，因為中國沒有產生很多諾貝爾獎得主。然而，在一個新興創新強國的早期階段，缺乏諾貝爾獎得主並不出奇。通常情況下，高質量的學術研究遠遠落後於商業創新，而諾貝爾獎通常獎勵的是科學家從幾十年前就開始從事的研究工作。雖然美國的經濟在整個 20 世紀中都是最強的和最具創新性的，但是直到在第二次世界大戰以後，美國才成為學術研究的領導者，才產生了許多諾貝爾獎獲得者。

　　表 2-1 顯示了在科學界諾貝爾獎（包括物理學、化學和經濟學）獲得者人數排名前六的國家。日本在 20 世紀 80 年代成為世界領先的創新者之一，但一直到 2000 年之後，它在諾貝爾獎獲得者人數排名的位次才有所上升。我們都知道，自 20 世紀 90 年代以來，日本的創新實際上有所下降，所獲得的諾貝爾獎實際反映出其在 20 世紀 80 年代的科研能力，因為該獎項通常是在獲獎者的創新出現幾十年以後才予以頒發的。

表 2-1　諾貝爾獎獲得者人數最多的國家

	1949-1999 年	2000-2013 年
美國	169（135）	64（44）
英國	44（33）	13（10）
日本	5（5）	11（10）
德國	40（37）	7（6）
法國	13（12）	7（4）
韓國	0（1）	1（1）

注：括號內的數字表示在本國出生的科學家的數量。
資料來源：The official website of the Nobel Prize, 2013.

　　在表 2-1 中，括號中的數字表示在本國出生的科學家的數量。這表明，在美國和英國，有大量出生於外國的諾貝爾獎獲得者。相比之下，幾乎所有的日本獲獎者都是土生土長的科學家。這顯示了美國和英國在吸引外國人才方面的實力。我們將在以後的章節中再次考察移民與創新之間的關係。

　　此外，學術研究並不完全與商業創新相關。英國和德國的諾貝爾獎獲得者的數量相似，但從經濟上來看，英國要弱得多。雖然截至目前，韓國幾乎沒人獲得過諾貝爾獎，甚至也沒有世界一流的大學，但它仍然能夠培育出三星等著名的創新公司。韓國的問題在於，它的市場規模太小，無法支撐數量眾多的高科技公司。

在未來的幾十年內，許多中等收入國家的大學入學率將增長到發達國家的水平，因此，大學畢業生的人數佔總人口的比例也將會達到發達國家的水平。在中國，2012 年大學生在校人數達到了 3,300 萬，而與之相比，美國只有 1,900 萬。在印度，預計到 2020 年的時候，大學生在校人數將達到 2,600 萬。

從長期來看，印度很可能超過中國，成為世界上在校大學生數量最多的國家。中國的低生育率將顯著降低年輕人口的規模。到 2040 年，18-22 歲的人口數量在中國總人口中的佔比將少於 40%，低於印度。到那個時候，假使中國的大學生入學率可以達到 60%，而只要印度的大學入學率超過 35%，印度就將擁有比中國更多的大學生。

此外，儘管美國人口較少，但在吸引來自世界各地的移民方面，美國佔有優勢。因此，在中國、美國和印度三國之間開展的人力資本比賽，將會出現有趣的看點。我將在後面的章節中更詳細地討論這一點。

聚集效應

除了人口規模，人口的地理分佈也很重要。現代工業往往集中在同一地區。美國的汽車產業集中分佈在底特律，而日本的汽車產業集中分佈於名古屋。中國的電子工業聚集於廣東和江蘇南部地區。在地理上靠近上游和下游環節，一家公司可以降低許多成本，比如運輸成本、採購成本以及溝通成本。

中國在人口密度非常高的東南沿海地區集中了很多製造公司，因而擁有世界上最大、最完整的製造業產業集群。任何新產品的發明人，都能找到成百上千的配套公司，快速且廉價地製造出成品來。

中國的勞動力成本已經不再是世界最低的，中國的人均 GDP 達到 7,500 美元，其勞動力成本已經比越南、印度尼西亞以及其他許多東南亞國家高出了幾倍。從勞動力成本的角度考慮，許多跨國企業理論上應該離開中國。但是，許多公司發現，複雜的產品需要強大的配套供應鏈做保障，中國在這方面的優勢暫時還無法被動搖。這就是今天大多數高科技產品仍然在中國製造的原因。在高端製造業中，許多技術、部件和生產工藝都是相互關聯的，一個領域的優勢可以擴展到其他相關領域。儘管勞動力成本上升了，中國還是利用其集聚優勢，主導了高端製造業的發展，比如在太陽能、風能等方面的新型製造業，以及高端電子產業。毫無疑問，中國企業從生產簡單的、低附加值的產品，升級到生產高端製造品，其在供應鏈方面的集聚效應將是一個重要的有利條件。

人才集聚效應

高新技術企業的分佈比製造企業更加不平衡。在美國，大量的創新公司集中在矽谷。在谷歌、思科、惠普、蘋果、甲骨文和臉書等十大高科技公司中，有六家都在矽谷。美國幾乎一半的風險投資都投到了矽谷。矽谷，一個從三藩市到聖何塞的小小區域，卻吸引了全世界最優秀的人才，創造出一大批在世界上最有價值的公司。

在製造業中，聚集效應是相關企業互相靠近的結果。高新技術產業的集聚效應，則是創新人才聚集的結果。當有創造力的人聚在一起時，這種效應可以產生出化學反應。在矽谷的夜晚，餐館和咖啡館裏坐滿了身穿休閒裝的工程師，他們討論著下一次的技術突破和創業機會。

許多高科技公司的地址如此接近，使得人們很容易在不同的公司之間流動。在矽谷企業中，員工的流動性非常大。如果一位工程師有創造性的想法，卻不能得到自己公司的資金支持，他就可以帶著想法加入其他公司，甚至可以在風險投資資金的支持下，自己創辦一家新的公司。員工的高流動性，不僅加強了思想和創新的交流，而且還使得創業公司快速找到人才。高流動性也降低了創業失敗的成本，因為在這種情況下，人們很容易在創業失敗後找到新的工作。高流動性的必要條件是一個地區能夠聚集眾多高科技企業。

此外，大城市不僅可以使人才與企業更好地匹配，而且可以提供更多擁有不同學科背景的人才一起工作的機會。近年來，在互聯網和軟件技術領域的創新往往需要多種學科的合作，這就進一步增強了大城市的優勢。對受過良好教育的年輕夫婦來說，大城市特別具有吸引力，哪怕生活成本高，但是夫妻雙方都可能找到好的職業。近年來，隨著聚集效應的增強，世界各地的大城市變得越來越大，地價越來越高，而小城市卻在萎縮。

集聚效應是一種人才的網絡馬太效應。如果一個區域成為一個產業的創新中心，那麼這一中心的集聚效應將會趨向於自我強化。隨著時間的推移，這一中心會越來越大，優勢也越來越明顯。在矽谷以外，比如波士頓也擁有頂尖的大學（如哈佛大學和麻省理工學院），然而，儘管房價高昂，矽谷作為創新中心的主導地位已經持續了40多年。由於人才的集中，矽谷仍然是創辦高科技公司的最佳地點。一旦一個地方變成創新的中心，其他地方就很難再超越。基於這種邏輯，每個國家的每種產業都應該只有一個中心。隨著全球化的發展，世界上的每一種行業都可能只有一個中心。

既然這些大城市更有效率和創新，那麼，是什麼阻止了人們生活在同一個城市？讓我們假設：如果地球不再適合人類居住，我們都將搬到另一個不同的星球上，那麼人口會在那個星球上均勻地分佈嗎？

也許不會，我們更可能在一個大城市裏緊密地生活在一起。世界人口的當前分佈可以用歷史來解釋：在經濟以農業生產為基礎的時候，人類需要分散耕作；在工業革命期間，人類需要接近礦源和港口。今天，高科技和服務公司是經濟活動的主要動力，因此，更多的人將會集中在作為創新中心的大城市。一般來說，在一個國家內部，人們可以自由地流動，然而在國與國之間卻不可以，所以一個國家的人口數量和該國最大城市人口數量之間，存在正相關關係。

　　中國也不例外。中國大城市的發展要比其他城市的發展快得多。在中國排名前 30 位的城市的住房價格一路飆升，而小城市的房價已經開始下跌。中國現在一線城市和小城市的房價之間已經相差 10 倍以上。有不少人擔憂一線城市中存在著房地產泡沫，上海、北京和深圳三地的房價與收入比已經居世界前列。而我認為，鑒於中國的人口規模，其房價與收入比就應該居世界前列。圖 2-8 將會證明這一觀點。

　　圖 2-8 顯示了各國的總人口和最大城市人口之間的關係。橫軸是一國的人口規模（對數刻度），而縱軸是該國最大城市的人口規模。該圖表明，一國人口規模與其最大城市人口規模之間存在明顯的正相關關係。毫無疑問，一個國家的人口數量越多，則該國居住在最大城市中的人口就越多。

　　按照這種邏輯，上海和北京的人口規模應該要比目前的規模還大。就人口而言，世界上最大的城市是東京，有 3,700 萬名居民；首爾有 2,300 萬名居民，而且還在增長過程中。中國的人口是日本的 10 倍、韓國的 25 倍。然而，中國最大的兩個城市上海和北京，都只有 2,300 萬名居民。對於中國這樣一個人口大國的創新中心來說，這樣的規模實在太小了，很可能會在未來得到顯著增長。未來在上海和北京中心地帶的房地產價格，將可能是世界各國中最高的，與曼哈頓和倫敦中部地區的房地產價格不相上下。

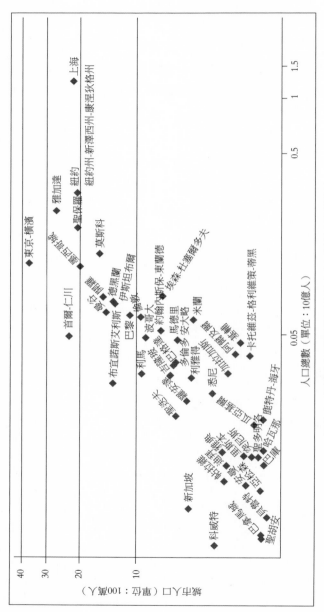

圖 2-8 各國總人口數量與最大城市人口數量之間的關係

注：作者使用的數據來自 Demographia 2013 年對世界主要都市群人口的分析。這裏的大都市群，是指一個連續的城市區域，並不依據行政管轄的限制。該機構根據一個統一的分類規則，使用衛星照片來定義一個大都會區，然後利用該區域的總人口數減去農業人口的數量，得到該城市群的人口數據。在所有的城市數據來源中，該機構的城市人口數據是與經濟學含義上定義的都市圈的含義最接近的，並且其含義對全世界進行持續的測量。

資料來源：Demographia and World Bank, 2013.

最近，北京市政府和上海市政府擔心人口會過於稠密。然而，過度限制大城市的規模，不僅會損害創新，而且也無必要，因為良好的城市規劃可以解決擁堵和環境問題等所謂的 "城市病"。在城市的不同地區修建高鐵，是解決特大城市擁堵問題的途徑之一。矽谷目前就非常擁擠。擴大城市以容納更多人的唯一途徑，是像東京那樣建立高速公共交通系統。東京雖然有超過 3,700 萬名居民，但是有一個非常高效的公共交通系統。在後面的章節中，我將討論人口與城市規劃這一主題。

老齡化效應

人口因素影響創新的第三個渠道是老齡化效應。

1. 年齡與認知能力

一般來說，一個人的體能在 20 多歲時達到頂峰。然而，在現代經濟中，驅動生產力發展的是人的認知能力。隨著年齡的變化，人的認知能力會發生什麼樣的變動呢？人的不同認知能力隨年齡不同而發生的變化如圖 2-9 所示。

如圖 2-9 所示，一些認知能力在人們年老的時候依然能夠很好地保持。例如語言能力，在 50 多歲時達到頂峰，一直到 70 多歲的時候依然可以保持得很好。大多數種類的認知能力，比如數學能力，在一個人 30-40 歲的時候達到峰值，但在 60 歲以後會有大幅度的下降。知覺速度是一種反映一個人吸收新信息的能力，在過了 20 歲以後，就會迅速下降。這與 "人在青少年時代的學習能力通常最強" 的研究結論是一致的。

人的認知能力只是生產力的因素之一。除了認知能力，經驗也是形成創造力的一個重要因素。因此，一般來說，一個人在 30 歲和 40

歲時是最有創造力的，因為他們已經有 10-20 年的經驗，而且精力仍然充沛，能夠迅速地思考和學習。

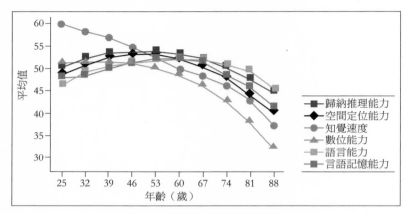

圖 2-9　不同認知能力的年齡變化

資料來源：Trey Hedden and John D. E. Gabrieli, *Insights into the ageing mind: a view from cognitive neuroscience*, Nat Rev Neurosci 5: 87-96.

美國經濟學家本傑明 F. 瓊斯分析了過去 100 年中 300 項最偉大的發明，其中 72% 是由年齡在 30-49 歲的發明家發明的（見圖 2-10）。在這 72% 中，更有 42% 的發明是由 30 多歲的發明人發明的（Jones, 2010）。

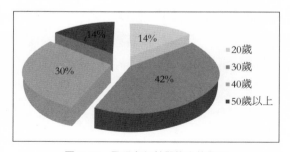

圖 2-10　發明家年齡與偉大的發明

資料來源：Benjamin F. Jones, Age and Great Invention, NBER Working Paper No. 11359, 2005.

　　學者還分析了過去 100 年中諾貝爾獎物理、化學、醫學、經濟學各學科獲獎者的年齡分佈，也發現了類似的結果。大多數科學家在他們 30 多歲的時候，實現了自己研究生涯中的革命性突破，愛因斯坦提出相對論時更是只有 26 歲。當然，諾貝爾獎獲得者並非普通的科學家或發明家。因此，讓我們再來看一下專利持有人的年齡分佈。圖 2-11 顯示了美國專利持有人的年齡分佈。如圖所示，在 45 歲以後，專利申請的數量出現下降。特別是在信息技術領域中，工程師和科學家都是在其 30 多歲甚至 20 多歲時，最有生產力和創造力。

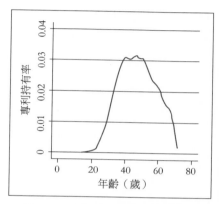

圖 2-11　美國專利持有人的年齡分佈
資料來源：The National Bureau of
　　　　　Economic Research Patent
　　　　　Database, 2006.

2. 創新與創業

　　僅有工程師和科學家還是不夠的，企業家是讓顛覆性發明在商業上取得成功的關鍵。在經濟學中，創業始終是一個很難分析的主題，連創業的定義都難以確定。其中一個定義是企業的註冊，創業就是企業家註冊了一個新的法律實體。然而，按照這一定義，並非所有的企業家都是創新型的。咖啡店的老闆可以被稱為企業家，但他們只是小企業主而非創新者。

　　無論定義如何，只有創新型的企業家才能對經濟發展發揮重要作用。創新型的企業家可能不是企業的唯一所有者，因為很可能還有其他的財務投資者，比如天使投資者或風險資本家等。但不同於研究人員或教授的是，企業家可以分享更多創新的回報。

不可預測的、顛覆性的創新常出現在初創企業中。成熟的大型公司善於進行改進型的創新，而顛覆性的創新則通常來自新創立的公司。例如，亞馬遜是一家創業公司，它的出現顛覆了零售行業，而優步（Uber）則是一家顛覆了傳統出租車行業的創新型公司。

那麼，為什麼傳統大公司不善於進行顛覆性創新？這主要是因為傳統大公司通常是現狀的既得利益者，也就是說，它們從現有的生態系統中獲益，而顛覆性的創新將會破壞現狀，危及它們的既得利益。例如，巴諾書店的高級管理者沒有要做"最好的網上書店"這一遠見。只有當他們面臨亞馬遜的激烈競爭時，才創建了一家網上書店作為應對。此外，傳統大公司的官僚機構和平均化的激勵制度，綁住了它們進行顛覆性創新的步伐。與此相反，創業者承擔了更多的風險，擁有更多的決策權，並最終能夠獲得更大的回報。

創新型的企業家能夠得到更大的回報是非常重要的。當有一個非常大的潛在回報在召喚時，大多數創新者將會更加努力地工作。此外，只有當創新者的經濟利益與企業主一致時，創新者才會進行適當的冒險，去取得商業上的成功。如果是微創新，因為其結果相對容易預測，大公司也能設計有效的激勵制度去鼓勵創新。但顛覆性創新在本質上是不可預測的，也就不可能預設有效的激勵制度。最好的激勵制度就是利潤分成，實際上就是創新者變成了企業家。這就是顛覆性創新只能在初創企業而不是在大型企業中獲得蓬勃發展的原因。

在全球 10 家最大的高科技公司中，除了 IBM，都是在過去 40 年裏，由年輕企業家在他們 40 歲之前創建的。這些公司很快把最新的技術發明變成了商業上的成功。這些公司在發展壯大之後，在研究和開發上投入了大量的資金，反過來又加速了他們所在產業中創新的步伐。

3. 年齡和創業

　　我與其他三位聯合創始人一起創辦攜程旅行網時是 29 歲，另外三位中，有兩位是 33 歲，一位是 36 歲。我有很多進行創業的朋友，他們中的大多數都是在 30 多歲時開始創業的。看起來，40 歲是一個拐點：40 多歲比 30 多歲開始創業的人少多了。

　　我對於身邊規律的有趣總結，得到了來自"全球創業監測"的數據支持。這項研究在調查了許多國家中成千上萬名企業家之後發現，25-34 歲是高產的創業年齡，而在 45 歲以後進行創業的人數迅速下降（見圖 2-12）。

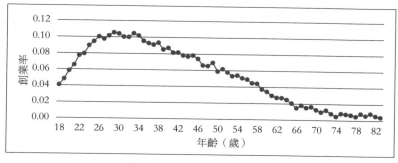

圖 2-12　各年齡段創業指數走勢

資料來源：Global Entrepreneurship Monitor, 2012.

　　創業的年齡分佈可以用經濟學的邏輯來解釋：創業是一項長期的、高風險的投資，企業家通常會犧牲大量的個人儲蓄和閑暇時間，而失敗的概率非常高。正因為如此，年輕人更願意承擔如此高風險的投資，因為年輕人有更長的時間去享受成功的果實。一個 55 歲的人一般不會去開公司，因為哪怕他辛苦創業 15 年後取得了成功，也不會有很多年的時間去享受成果，畢竟那時他已經 70 歲左右了。此外，在 35 歲及以上的人由於需要擔負更多的責任，比如孩子和家庭，因此也不敢承受過大的財務風險。此外，如前所述，大多數人的認知能力在30-50歲時達到頂峰，學習能力在20多歲時最強，因此年輕人在學習新技能和適應新環境方面表現更好。而提出創造性經營理念和經營創業公司所必需的行業知識和業務技能，通常需要從經驗中獲得。還有一點就是，老年人學習新技能和適應新環境的能力低於年輕人。綜上所述，最好的創業年齡在25-35歲。因為這一年齡段的人已經積累了一些知識和經驗，也仍然保有開放的心態，並且願意去冒風險。

4. 創業、老齡化與阻擋效應

有天賦的創業者，一般都是在30多歲時最具創造力。一個國家如果擁有大量30歲左右且受過高等教育的年輕人，那麼就會對其創新尤其是顛覆性創新很有幫助。相反，如果一個國家正在迅速老齡化，那麼潛在的年輕發明家和企業家就會變少。

老齡化社會還存在一種阻擋效應，即老年人會阻礙年輕人的活力。一個員工獲得高級和有影響力職位的概率，取決於相關領域內的勞動力年齡結構。如果公司的平均年齡很高，那麼年輕員工就不太可能被賦予更多的管理責任，因為高級職位已經被年長的員工佔據了。正因為如此，一個國家的年齡結構可能成為影響創業的重要因素。整體結構趨於年輕的社會，為年輕人提供了更多機會來獲得創業所必需的技能。相反，在一個老齡化的國家中，隨著時間的推移，人口的規模不斷縮小，年輕的員工晉升很慢，擁有的影響力較小，技能也較差，因此不能夠成為潛在的企業家。結論就是，在一個老齡化的國家裏，不僅是年輕人的數量減少了，而且由於他們的發展被一個人數更多的老年人群體所阻擋，導致他們很難進行創業。

我和史丹福大學、北京大學的經濟學家研究了企業家精神與老齡化之間的聯繫。在研究日本創新數據時，我第一次注意到了這種聯繫。總體而言，日本的創新表現並不差。日本的大公司在研發方面投入巨資，獲得了很多項專利。然而，這些發明大多是微創新，而不是顛覆性發明。例如，日本公司不斷改進數碼相機，使其體積更小、質量更好，並且具有更多的功能。但是，它們沒有能夠產生顛覆性的發明，如 iPhone。自 20 世紀 90 年代以來，儘管這些大型日本企業獲得了大量的專利，但已經無法跟上美國企業特別是高新技術企業的創新。

　　日本公司並非一直都是這種表現。它們在 20 世紀 70 年代和 80 年代的時候非常具有創造力，並產生了革命性的發明，如隨身聽、數碼相機和遊戲機控制台。日本經濟在 20 世紀 70 年代和 80 年代獲得了急劇發展。當時有許多經濟學家預測，其人均 GDP 將很快超過美國。然而，在 1991 年的房地產泡沫破滅後，日本經濟在接下來的 20 年裏一直停滯不前，而美國經濟則得益於蓬勃發展的高科技產業走在世界前列。導致日本出現 "失落的幾十年" 的原因，至今仍然眾說紛紜。一些經濟學家將停滯現象歸因於房地產泡沫破裂引發的金融危機。然而，歷史上沒有任何一次金融危機的持續時間超過 10 年，而日本的經濟停滯已經超過 25 年。今天，越來越多的經濟學家意識到，真正導致這一停滯的罪魁禍首，是人口的老齡化和創業精神的缺失。

　　日本經濟比不上美國的原因是缺乏初創企業使得其 IT 產業在過去 30 年中的發展活力遠不及美國。如表 2-2 所示，在美國排名前 10 位的高科技公司中，有 5 家是在 1985 年以後成立的，創始人在成立公司時都很年輕，平均年齡只有 28 歲。相比之下，日本排名前 10 位的高科技公司沒有一家是在近 40 年之內成立的。

表 2-2 日本和美國排名前 10 位的高技術公司及其創始人

美國	年齡	創立年份	創立時年齡	日本	年齡	創立年份	創立時年齡
IBM	已去世	1911 年		任天堂公司（Nintendo）	已去世	1889 年	
HP	已去世	1939 年		索尼公司（Sony）	已去世	1946 年	
微軟公司 [Microsoft，比爾·蓋茨（Bill Gates）]	61 歲	1975 年	20 歲	松下公司（Panasonic）	已去世	1918 年	
蘋果公司（Apple）	已去世	1976 年		日立公司（Hitachi）	已去世	1910 年	
思科公司 [（Cisco，萊昂納多·波薩克（Leonard Bosack）]	64 歲	1984 年	33 歲	東芝公司（Toshiba）	已去世	1875 年	
甲骨文公司 [Oracle，拉里·埃里森（Larry Ellison）]	72 歲	1977 年	32 歲	京瓷公司 [Kyocera，稻盛和夫（Inamori Kazuo）]	84 歲	1959 年	27 歲
谷歌公司 [Google，拉里·佩奇（Larry Page）]	43 歲	1998 年	24 歲	富士通公司（Fujitsu）	已去世	1935 年	
美國英特爾公司 [Intel，高登·摩爾（Gordon Moore）]	87 歲	1968 年	39 歲	夏普公司（Sharp）	已去世	1912 年	
臉書 [Facebook，馬克·朱克伯格（Mark Zuckerberg）]	32 歲	2004 年	20 歲	日本電氣公司（NEC）	已去世	1898 年	
亞馬遜 [Amazon，傑夫·貝佐斯（Jeff Bezos）]	52 歲	1995 年	31 歲	尼康公司（Nikon）	已去世	1917 年	
成立以來的平均時間：43 年				成立以來的平均時間：100 年			

　　日本新企業的註冊率從 20 世紀六七十年代的 6%-7% 下降到了 90 年代的 3%（Acht, Thunik, Verheut, 2004）。這一數字不到美國的 1/3，在所有發達國家中最低（Karlin, 2014）。根據一項創業調查的數據，日本人的創業傾向在所有發達國家中最低（全球創業監測，2012）。在美國，18-64 歲的成年人中有 4.9% 的人正在從事創業的活動，而在日本這個數字只有 1.9%。

　　日本是世界上第一個經歷人口快速老齡化的國家，因為它沒有經歷像歐洲和美國那樣的嬰兒潮。日本的生育率在第二次世界大戰之後幾乎立即迅速下降，到了 20 世紀 70 年代的時候開始低於更替水平。因此，日本的勞動力在 20 世紀 90 年代的時候迅速老齡化。

　　由於阻擋效應，當勞動力變得老齡化時，年輕員工的晉升速度就會減慢。如表 2-3 所示，20 世紀 70 年代，日本大約有 32% 的經理年齡在 35 歲以下，而到 90 年代中期，這一比例下降了一半，只有 16%。

表 2-3　日本勞動力的年齡結構

時間	經理級別			部門負責人		
	<35 歲	35-39 歲	>40 歲	<45 歲	45-49 歲	>50 歲
1976 年	31.8%	31.9%	36.3%	24.5%	31.1%	41.4%
1984 年	18.3%	33.1%	48.6%	12.5%	37.3%	50.2%
1994 年	16.4%	23.5%	60.1%	7.6%	27.8%	64.6%

資料來源：Summary of Report, Basic Survey on Wage Structure (Ministry of Health, Labour and Welfare) Various Years.

　　20 世紀 70 年代，日本大約有 1/4 的部門負責人年齡在 45 歲以下，而這一比例到了 90 年代的時候下降了 2/3，僅為員工的 8% 左右。這是勞動力老齡化的直接結果，因為通常情況下，員工的晉升會基於工齡。當年齡結構呈現歲數大的人多、年輕人少的倒金字塔型時，年輕的員工必須等待更長時間才能晉升到高級職位，無法在年輕時就得到成為企業家所需要的鍛煉和積累。當他們最終獲得晉升時，即便獲得了成為企業家所必需的技能、財務以及社會影響力，但那時他們已是 40-50 歲的中年人，錯過了創業的黃金窗口。

讓我們根據全球創業監測的調查數據，再來比較不同國家年輕人的創業概率。日本的人口結構老齡化最嚴重，創業率最低（見圖 2-13）。特別引人注目的是，在大多數國家中，30 歲是最具有創業精神的年齡，然而，日本的情況卻並非如此。日本 30 歲的人甚至比 50 歲的人更缺乏創業精神。阻擋效應放大了老齡化的影響，並且極大地損害了年輕人的創業活力。

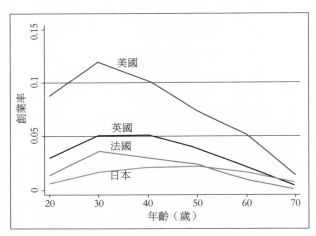

圖 2-13　部分主要國家中按年齡組考察的創業率

資料來源：Global Entrepreneurship Monitor, 2012.

在過去的 30 年裏，日本不僅沒有出現創新型的新企業，而且現存的大公司在顛覆性創新方面也變得非常遲鈍。類似的阻擋效應，在大公司內部同樣在發揮作用。因為在一家大公司內部，為實現突破性的技術創新，一般會組建一個 "創業項目"，這個創業項目最好由 30 多歲的年輕人來負責。然而，在典型的日本企業中，30 歲的員工通常只有較低的級別和技術能力，在公司中的影響力也不大，因此無法有效領導這些項目。鑒於這種情況，在一個老齡化的國家（或老齡化的公司）中，不僅創新型的新公司少，而且現有的大公司往往也會更趨保守，更缺乏創造性。

　　現在，讓我們來看一下日本以外的其他發達國家，進一步分析老齡化和企業家精神之間的關係。在圖 2-14 中，橫軸是年輕人口比例，即年輕員工（20-39 歲）在總的勞動年齡人口（20-59 歲）中的佔比，而縱軸表示該國成年人創業的可能性。如圖所示，創業和年輕的年齡

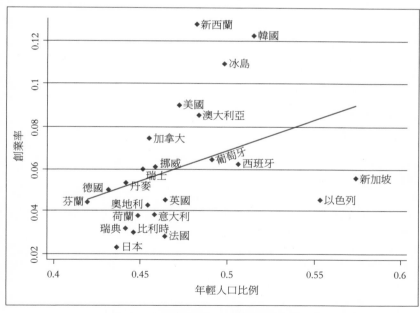

圖 2-14　創業率和勞動力的年齡（發達國家）
資料來源：Global Entrepreneurship Monitor, 2012.

結構之間存在顯著的正相關關係。在這些國家中，日本的人口結構老齡化最嚴重，創業率最低。與此相反，在美國和韓國，由於人口結構更年輕，也就更具有創業精神。

在這幅圖中，如果我們把國家分成年輕國家和老齡化國家兩類。我們發現，年輕國家的創業率幾乎達到了老齡化國家的兩倍。這種效應的影響，遠遠大於年輕人數量上出現的差距本身。這說明阻擋效應（或其他的結構性效應）必定產生了巨大的作用。

如果我們不僅僅考察發達國家，而把目光投向所有國家，那麼"人口結構越年輕則企業家精神越強烈"這一正相關關係仍然存在（見圖2-15）。當前中國的年齡結構仍然年輕，中國員工的創業精神也非常強烈。

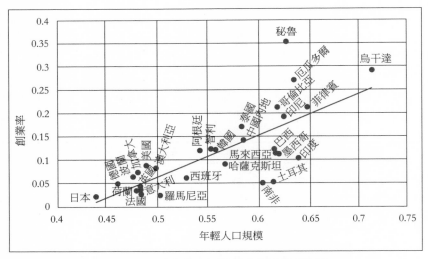

圖 2-15　企業家精神和勞動力年齡（所有國家）

資料來源：Global Entrepreneurship Monitor, 2012.

最後，讓我們把創業與經濟增長聯繫起來。圖 2-16 顯示了 2000-

2009 年不同國家的創業率和 GDP 增長率之間的關係。可以發現，較高
的創業率與更快的經濟增長之間存在正相關關係（見表 2-4）。

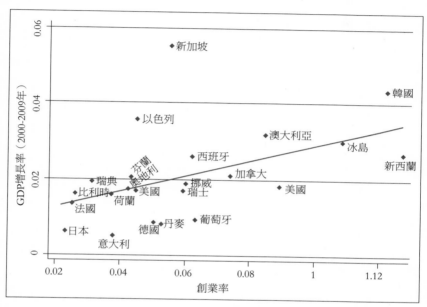

圖 2-16　創業與經濟增長

資料來源：Global Entrepreneurship Monitor, 2012.

表 2-4　年輕人口比例與經濟增長的關係

國家	年輕人口比例	創業率	GDP 增長
澳大利亞	0.483 879	0.085 025	1.366 560
奧地利	0.454 646	0.042 690	1.183 716
比利時	0.446 187	0.030 048	1.163 809
加拿大	0.455 160	0.074 170	1.229 318
丹麥	0.441 637	0.053 032	1.084 757
芬蘭	0.419 621	0.043 430	1.221 713
法國	0.464 112	0.028 216	1.143 666
德國	0.431 600	0.050 248	1.085 561
冰島	0.498 158	0.109 003	1.346 107

（續）

國家	年輕人口比例	創業率	GDP 增長
以色列	0.553 410	0.045 406	1.420 429
意大利	0.458 004	0.037 943	1.049 537
日本	0.436 312	0.022 922	1.061 634
韓國	0.515 015	0.122 566	1.533 090
荷蘭	0.448 252	0.037 473	1.167 373
新西蘭	0.482 228	0.127 477	1.297 626
挪威	0.458 784	0.060 580	1.202 318
葡萄牙	0.493 871	0.063 642	1.095 549
西班牙	0.506 265	0.062 538	1.290 549
瑞典	0.441 733	0.031 428	1.209 297
瑞士	0.451 311	0.059 754	1.186 620
英國	0.463 995	0.044 866	1.179 530
美國	0.472 314	0.089 531	1.195 200

資料來源：Global Entrepreneurship Monitor, 2012.

其他可以促進創新的因素

在本章中，我們認為人口的因素，例如人口規模、人口的地理集中度、年齡結構等是促進創新的重要因素。讓我們來問一個問題：除了人口因素，還有沒有什麼其他重要因素或者政策，可以更好地推動創新？我對此的整體觀察是，很多政策的效果顯而易見，並且在大多數國家中已經付諸實施，其他政策很多則和人口有關。下面我將列舉幾個例子。

1. 貿易自由化

貿易自由化是一個非常重要和已被廣為理解的創新條件，因為國際市場可以彌補國內市場規模較小的劣勢。大國例如中國和美國，也不能忽視比國內市場要大得多的國際市場。古代的大國很容易錯誤地認為，其國內市場已經足夠大，因此不需要與其他國家進行貿易。

明清之際的中國皇帝，在著名的鄭和下西洋之後，關閉了海上貿易，釀成大錯。他們並沒有意識到，貿易不僅僅是為了獲得交換商品的利益，更重要的是，貿易也能夠交換思想，從長遠來看，這才是創新之路上至關重要的條件之一。

縱觀歷史，那些實施自給自足政策的經濟體，幾乎都不可避免地落入技術落後和經濟停滯的陷阱。幸運的是，當前幾乎所有的國家都已經意識到這一點，如今的全球貿易壁壘要比以往任何時期都低得多，全球化很可能會持續下去。

2. 保護競爭的反托拉斯政策

實際上，一定程度的合併對創新是有好處的，因為合併將使企業實現規模經濟，這是創新的關鍵。然而，壟斷或接近壟斷卻會降低競爭和阻擋創新。因此，能夠促進創新的最佳產業結構，就是有幾家大型企業相互之間激烈競爭。可是對於許多行業來說，只有依托大國才能具備龐大的市場規模，才有條件確保多家大型企業同時生存並獲得發展。

競爭有利於創新。政府有時會利用這一觀點來阻止那些會導致壟斷的合併。然而，反托拉斯政策已經變得越來越不必要了，因為今天的大多數行業，技術的創新和顛覆都是如此頻繁和快速，這就使得任何一家公司都越來越難以在很長的時間內壟斷市場。過去幾十年來，全球《財富》100 強企業的流失率一直在加速。此外，當前的競爭具有全球性，所以一個國家內部的反托拉斯政策往往沒那麼必要。

3. 投資於基礎研究

這一策略可以發揮作用，卻並不是必不可少的。在第二次世界大戰前，儘管美國在基礎研究方面投入的資金不多，但是到了 20 世紀初，藉助於規模優勢，美國在商業創新方面，尤其是在汽車和電子產品領域大幅度領先於其他國家，成為世界上最富有的國家。美國的一流大學也將成為世界上最富有的大學，使其有能力聘請世界上最好的科學家。不久之後，美國的大學也將成為世界上最好的大學。在某種程度上，目前在中國，擁有大量資金的中國頂尖大學也正在做同樣的事情。

4. 投資於軍事技術

一些經濟學家認為，美國在技術創新方面的領先，部分得益於其無可匹敵的軍費開支。例如，互聯網和移動通信技術最初都是由政府資助研究的。在我看來，雖然現代通信技術的發展的確在很大程度上仰仗軍事項目，但也有軍事項目減緩民用技術創新的例子。比如，如果沒有原子彈，核能可能會在今天得到更廣泛的應用。最終，政府投入在軍事研究上的支出是與人口規模成正比的，只有大國的政府才能負擔得起龐大的軍事研究預算。

5. 投資於基礎設施建設

良好的通信、交通和能源基礎設施，是經濟發展和創新的基礎。大多數政府都明白這一點，問題是政府在財政上能否負擔得起。儲蓄率高的年輕國家，可以有更多資金用於基礎設施投資。人口密集的大城市有基礎設施建設的有利條件，因為在人口稠密的地區，各種基礎設施的利用率和效率都比較高。

6. 良好的金融市場和充足的風險資本

對於剛剛創立的高新技術企業來說，金融市場和風險投資具有重要的意義。然而，政府並不需要做太多，因為風險資本市場是全球性的。只要有一個很好的機會，投資者就會進來投資；如果有必要，他們會想辦法繞過政策障礙。15 年前，中國不允許外資投資於互聯網公司，中國的股票市場對於互聯網公司也不開放。然而，在龐大市場機會的強烈誘惑下，美國風險投資家發明了 "VIE" 結構。在一個典型的 "VIE" 模式中，風險資本家利用諮詢協議，可以間接地投資於中國的互聯網公司。不久之後，中國互聯網領域就到處充斥著美國的風險投資資金。這就是大多數成功的中國互聯網公司由美國風險資本支持並且在納斯達克上市的原因。

創新和教育

　　教育投資能夠促進創新嗎？如果從數據中觀察，那麼可以看到，創新與教育呈現正相關關係。然而，教育與創新之間是否存在因果關係？不一定，因為因果關係可能是倒過來的。比如，如果一個國家是創新的，它就會更加富有，能夠大幅增加在教育領域的投資以提高教育水平。事實上，近年來，大多數中等收入國家大大提高了它們的大學入學率。泰國和馬來西亞等國的大學入學率已經超過了 30%，與發達國家相比，這種水平也並不會低多少。然而，在創新方面，這些國家仍然遠遠落後於高收入國家。高等教育的水平似乎是創新的必要條件而不是充分條件。

　　僅擁有較高的大學入學率是不夠的，因為高等教育的質量同樣重要。如果用 GRE 成績來衡量大學生的質量，就可以發現東亞學生的數學成績很高。就語言成績來說，亞洲學生和歐洲學生的分數大致相同，而來自世界其他地區的學生則得分很低（見圖 2-17）。

　　總的來說，GRE 成績所反映的教育質量與一國的經濟發展水平密切相關。例外的是印度和中國。如果從大學畢業生的數量和質量來看，中國應該是一個高收入國家，而印度應該是一個中高收入國家。

我將在後面的章節中分析中國和印度兩國的經濟與創新能力。

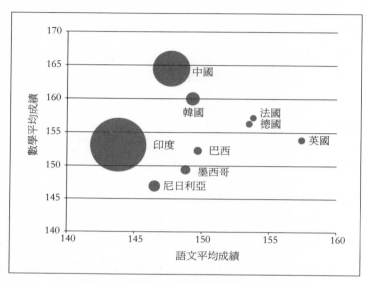

圖 2-17　各國 GRE 數學和語言的平均成績

資料來源：Educational Testing Service, 2015.

　　提高高校的入學率很容易，但提高大學教育的質量則很難。此外，人類還沒有找到能夠教授創造力的方法。創造力是一項非常複雜的能力。直到目前為止，沒有機構能夠準確地測量或測試創造力，更不用說試圖教授它了。一個國家將高校入學率提高到一定水平之後，進一步投資教育的回報率將會變低。我認為，與其增加對教育的普遍投入，不如提高學習效率，讓有天賦的學生更早地畢業並開始工作，這才是促進創新的更佳方案。如果有天賦的人可以更早地開始職業生涯，他們將有更多時間做創造性的工作，從而有更長時間用於創業。對於有天賦的年輕女性來說，提前畢業會讓她們有更多的時間來生育子女，同時還能做到事業有成。在互聯網時代，加快學習的過程是可能的。我稍後會在書中再次討論快速學習的主題。除了讓有天賦的學生提前完成學業和盡早創業以外，加大教育投入並不會對提高年輕畢業生的創造力有很大的幫助。

　　相反，一個欠佳的教育系統似乎也並不會對創造力形成太大的損害。某些亞洲國家擁有一個低效的高中教育應試體系，讓學生用一兩年的時間大量記憶，以準備大學入學考試。然而，這似乎並沒有削弱它們的創新能力。

　　有人會說，創新者都是百裏挑一的精英，企業家、工程師和科學家所佔比例不超過人口的 5%。因此，一個國家可以集中資源，為這些精英提供最好的教育。這種觀點的錯誤在於，其邏輯依賴於一個假設前提，即你知道哪些 5% 的人將會成為研究人員和企業家。然而在現實中，沒人知道哪些 5% 將會是下一個史蒂夫‧喬布斯（蘋果公司的創始人）或馬雲（阿里巴巴的創始人），這兩個人都不是最好的學生。最好的創新者和企業家基本上是隨機的。這並不像挑選籃球少年那樣，可以用身高這種單一指標來判斷其成為籃球巨星的潛力。對於未來的創新者和企業家，更像是選擇能夠成為頂級足球運動員的孩子，因為很難預測到底誰會成為一名優秀的足球運動員，所以必須擴大青少年參與訓練的範圍，然後確保好的足球運動員能從基層中脫穎而出。

　　中國政府在籃球建設方面相對成功，因為政府可以集中資源全力訓練那些少數被選拔出來的身材高大的孩子。然而，自上而下的方法並不適合足球。所以，基於同樣的道理，為了培養創新和創業精神，國家必須向許多人提供高質量的基礎教育，然後才能看到更多的史蒂夫‧喬布斯和馬雲從龐大人群中脫穎而出。

　　最有天賦的企業家和科學家不需要太多的額外培訓或投資。只要確保開放和公平的競爭環境，他們就會出現。這就好像上帝向任何一個受過良好教育的人都發了一張天才的彩票。一個國家人才儲備規模的大小,與有多少人接受過良好的教育相關,而這最終將與該國總人口規模的大小成正比。

　　日本的案例很好地說明了人口質量與數量的關係。20世紀六七十年代,日本的人口不僅年輕,而且數量也在不斷增長。雖然大部分年輕人來自貧困家庭,但是他們中的許多人還是成了傑出的企業家和科學家。但在20世紀90年代以及21世紀初,隨著年輕人口的減少,儘管日本的教育支出增加了,但其創造力和創業精神下降了。20世紀六七十年代,有許多日本畢業生到美國頂級的大學讀書。然而,近年來,來自中國、印度以及韓國的畢業生數量都已經遠遠地超過了日本。據《華盛頓郵報》報道,在過去的10年中,日本的研究生到美國大學中讀書的人數下降了27%,而來自韓國、印度和中國的學生,已經增加了一倍多。學生質量下降的原因,很可能是阻擋效應另一個版本的表現形式。當一個國家變老了,年輕人的晉升前景暗淡,辛勤工作回報降低,因此他們的進取心也下降了。

　　由於日本陷入生育率低下、勞動力萎縮和人口老齡化的陷阱,年輕人的素質和數量都受到了影響。增加人力資本投資並不能彌補人口數量的損失。更多的資金應該用來鼓勵生育,從而增加未來年輕人的數量。

　　在本章中,我們發現,推動創新的基本因素是人口。三個最重要的人口因素,是人口的規模、年齡結構和地理分佈。用一家公司來做比喻,這個結論並不奇怪,因為一家公司的競爭力最終也取決於它的人力資源的規模和質量。其他因素,如戰略和執行力也很重要,但戰略還是要由員工創建與執行。同樣地,對於一個國家來說,創新的最終決定因素是人口。

第三章

人口與經濟

　　第二章討論了人口因素對創新的影響。需要注意的是，人口對經濟的影響還涉及其他許多方面，包括就業和養老等。

低生育率與養老

　　人們在討論低生育率時，人口老齡化對養老的影響是最常提到的內容。假設每個勞動者的產出保持不變，那麼老年人和兒童的數量相對於勞動者數量的增加，將導致人均產出的減少和經濟增長的降低。

　　在傳統社會裏，當父母年邁時，孩子就要贍養父母。在現代社會中，私人儲蓄和公共養老金是供養老年人的主要來源。發達國家財政收入中的很大一部分，被用於支付養老金和醫療福利等的養老保障。這些用於養老的公共開支，其實是通過向目前正在工作的年輕一代徵稅來籌集的。因此，在老齡化社會中，隨著政府養老支出的增加，稅收負擔和財政赤字也將會隨之上升。圖 3-1 顯示了老齡化和公共支出佔 GDP 的比例。正如預期的那樣，一個國家的撫養比越高，其公共支出佔 GDP 的比重就越高。

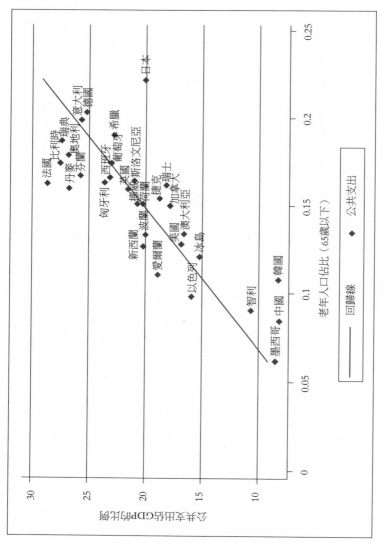

圖 3-1 老齡化與公共支出

資料來源：World Bank, 2015.

　　為了應付日益增長的養老需求，政府可以有多種選擇：

（1）提高稅收；

（2）增加赤字；

（3）減少老年人的福利；

（4）延長退休年齡。

　　提高稅收將會降低經濟的活力，尤其是年輕人的活力。增加赤字只是拖延問題，因為赤字最終需要由更高的稅收償還。在一個老齡化社會中，減少老年人的福利通常是政治上的"自殺"，因為老年選民擁有強大的政治權力。

　　延長退休年齡是減輕養老負擔的常用辦法。未來在發展中國家，比如中國，退休年齡將從目前的水平顯著提高。在過去幾十年裏，中國的人均壽命從 60 歲提高到了 75 歲；目前的 50-60 歲的退休年齡水平顯然不可持續。在日本，退休年齡已經從 55 歲提高到了 65 歲，但由於預期壽命（目前為 80 歲）持續提高，這一退休年齡也還是不夠的。日本政府幾乎已經負擔不起沉重的養老費用，其債務水平是所有富裕國家中最高的，達到了 GDP 的 240%。在不久的將來，日本很可能將退休年齡提高到 70 歲。

　　許多人認為，由於平均壽命超過 80 歲，如今的老年人比以往任何時候都更健康，工作到 70 歲並不是一個大問題。所以，養老保障的財政缺口可以主要通過提高退休年齡來解決。然而，如果有越來越多的老年人停留在勞動力市場上，也會帶來一個副作用，即當政治權力和社會資源越來越傾向於年邁的員工時，整個社會都會變得更加保守。因此，創新和創業將不可避免地會受到影響。這種勞動力老齡化的負面影響，是導致日本經濟出現"失落的幾十年"的主要原因。這一點在前面的章節中已經解釋過。我將在第六章中再次詳細地研究這個主題。

低生育率和人口紅利／赤字

低生育率可以產生人口紅利，但只能是在短期內產生。人口紅利通常由撫養比來衡量。撫養比是指，在一個社會的人口當中，非勞動年齡人口（小於 15 歲的兒童以及 64 歲以上的老人）所對應的勞動年齡（大於 15 歲且小於 64 歲）人口的數量。撫養比越低，每個勞動者所需負擔的兒童和老年人數量就越少，因此人均收入就越高，從而導致所謂的人口紅利。

中國是一個很好的例子，"獨生子女政策"導致中國的生育率和撫養比在過去 30 年中產生了劇烈的變化。1985-2015 年，由於獨生子女政策，兒童數目迅速減少，撫養比由 44% 下降至 37%。在過去的 20 年中，中國經濟享受到了巨大的人口紅利，但這只是一個短期效應，因為今天更少數量的孩子，意味著 20-30 年後更少數量的勞動者。2011 年，中國勞動者的數量達到高峰。之後，中國的人口紅利和撫養比將會迅速逆轉。2015-2040 年，中國的撫養比將從 37% 上升到 60%。撫養比的上升，特別是老年撫養比的上升，將會給養老金和醫療支出帶來沉重的財政負擔，而這又必然會導致更高的稅收或更高的退休年齡。這樣會耗費政府的大量資金，對中國經濟的發展產生負面影響。

高生育率能降低人均資產水平嗎？

另一個經常提到的問題是人均資產／資本水平。人均資產／資本水平低會降低生產率和人均收入。在短期內，許多因素都會降低人均資產／資本水平，比如移民和高生育率。這裏的資產是指房地產、設備，以及諸如道路和機場之類的基礎設施。最近，有一位來自印度的朋友在訪問中國時評論說，雖然中國沿海地區的人口密度與印度類似，但中國的公共場所如機場、火車站、百貨商店等，遠不如印度擁擠。這是因為，儘管中國仍然是一個發展中國家，但是，由於在過去 20 年中保持了很高的投資水平，中國現在的人均資產水平遠高於其他發展中國家。如果有客人在 20 年前來過中國，他會覺得以前與現在很不一樣，因為那個時候中國的人均資產水平很低。在那個時代，中國的機場和火車站與印度的一樣擁擠。

在假日期間，中國的很多旅遊景點，例如長城，都非常擁擠。有些人認為這是由於中國眾多的人口。然而，真正的原因是眾多遊客在公共假期同時湧入了這些景點。對於大多數中國的勞動者來說，帶薪假期都集中在春節期間和其他的法定公共假日。因此，旅遊景點在這些時間段內接待了一年中的絕大部分遊客，但遊客在一年中的其他時間裏則少得多。對於旅遊景點來說，增加設施不會有很好的回報，因為這些設施在大部分時間裏供過於求。

人們往往用中國長城上的遊客摩肩接踵來說明人口眾多對旅遊業的負面影響。但在現實中，人口眾多實際上對旅遊業發展有好處，因為從長遠來看，更高的需求將導致更多的投資，從而可以建立更多和更好的景點。從歷史上看，中國之所以能建成如紫禁城和長城這樣宏偉的項目，正是由於其龐大的人口規模。今天，隨著旅遊需求的增加，不斷有新的長城段被開發為旅遊景點。

從這一點可以看出，人口與人均資產 / 資本之間的負相關關係是短期的。從長遠來看，更多的資產最終將由更多的人才能創造出來。人均資產 / 資本水平與人口規模無關，但與儲蓄 / 投資率相關。對移民的普遍批評是，他們使道路更加擁擠了。然而，正是由於大量的移民，才能夠產生足夠的通勤需求，從而可以修建更多的道路和地鐵。世界上最大的城市往往擁有最高效的公共交通系統。

我最近訪問了夏威夷的大島（the Big Island）。由於人口稀少，這個島的主要道路是一條環繞海岸的四車道公路。一般居民需要開車 45 分鐘去上班。我曾經問酒店的一個工人，為什麼不把住處安置在離旅館近一些的地方。她說整個島上只有一所中學，但酒店非常分散。幾年前，政府曾經考慮過建設一條高速公路，但由於人口密度太低，沒法這麼做。在中國的海南島，情況則完全不同。和夏威夷非常相似，海南島也是一個大受歡迎的熱帶海灘度假勝地。雖然面積只比夏威夷大一倍，但海南島的人口是夏威夷的五倍，遊客接待量（主要來自中國）是夏威夷的六倍。由於居民數量多以及遊客密度高，海南島有資金建設一個高速公路網絡，而且一條環島的高速鐵路已經建成通車。

總之，從長遠來看，人均資產／資本水平與人口數量無關，因為資產來源於儲蓄和投資。從長期來看，儲蓄率和生產率決定了人均資產水平。通常情況下，類似中國這樣的高增長國家的儲蓄率很高，最終中國的人均資產水平將會接近高收入國家。

這裏討論的資產，並不是指自然資源。顯然，更多的人口將降低人均土地和其他自然資源的水平。從理論上講，這可能導致生產力下降。我將在下一章中討論自然資源的話題。當前，關於人口增長（如大量的移民）的一種普遍的說法是，更多的人口將會擠佔公共資源，如道路、醫院等。這種說法是錯誤的，因為公共資源不是自然資源。從長遠來看，公共資源是由人們的儲蓄／投資而產生的。

低生育率能減少失業嗎？

更多的人口將會導致失業，這種謬論是基於工作數量是固定不變的錯誤假設。這個假設在一個很短的時期內可能成立，因為有些工作需要資本投資。例如，服務員就業需要有餐館，而餐館是不能在一夜之間建成的。所以乍一看，要是人口變多了，而餐館數量和服務員崗位還是只有原來的規模，那麼失業人口似乎會有所增加。然而，隨著越來越多的人需要到餐館就餐，更多的餐館將會迅速建成。這樣一來，不僅會提供更多服務員的工作崗位，而且還會提供更多的建築業就業機會，最後讓更多人而不是更少人能夠找到工作。

　　除非存在嚴格的監管，否則，就業市場是非常靈活的，它可以讓工資的水平迅速調整。如果有更多的人希望到餐館工作，那麼服務員的工資就會下降，餐館將會僱用更多的員工。此外，在全球市場上，一個部門的低工資問題往往可以在國際市場上找到解決的出路。在 20 世紀 80 年代中國改革開放以後，出現了大量剩餘的農民工。如此大量的剩餘勞動力，並沒有造成大規模的失業，反而使得勞動者的工資保持低水平，為中國成為製造業出口大國發揮了重要作用。

　　總之，當更多的人進入勞動力市場時，雖然創造了更多的勞動力供應，但也創造了更多的需求，因此會出現更多的就業機會。如果一個經濟體向國際貿易開放，並且擁有靈活的勞動力市場，更多的人口並不會導致更高的失業率。事實上，許多低生育率的國家，如俄羅斯和西班牙，失業率卻很高，如圖 3-2 所示。大多數經濟學家認為，高失業率是由於僵化的勞動力市場和工資結構不合理造成的，而不是由於人口過剩造成的。例如，通常導致高失業率發生的原因在於最低工資太高，失業福利過於優厚，或者由於勞動法的僵化規定使得公司很難解僱工人，從而不願意僱用正式員工。

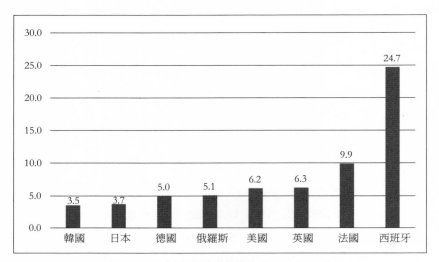

圖 3-2　部分主要國家的失業率（2009 年，％）

資料來源：International Labour Organization, *Key Indicators of the Labour Market Database*, World Bank, 2014.

　　移民對失業率的影響，類似於高生育率對失業率的影響。沒有證據表明移民會導致失業率增加。相反，通常移民比本土人士更有創業精神，因此有很多移民居住的城市和地區，通常更富有活力，失業率也低。最近，歐洲和美國的公眾輿論已經轉向反移民，美國總統唐納德・特朗普也希望減少移民人數。移民問題關係到複雜的人口政策，這一政策會影響收入分配和不平等，移民政策也會影響創新能力。我會在第五章中詳細研究移民政策。

機器人、失業與創新

　　隨著人工智能和機器人技術的進步，許多人擔心人類的機會將被機器人搶走。從歷史上看，自動化和技術進步已經導致很多舊行業被新行業所取代，不過從就業的角度來看，以往許多從事農業和製造業的就業機會被轉移到了服務業。但相關專家認為這一次的改變將與以往不同，因為即使像司機之類的服務崗位也有可能會被機器人取代，更有甚者，哪怕是律師、醫生之類的專業工作也會受到前所未有的衝擊。

由於高度自動化而引起的失業，其實並不是一個經濟問題。這可以被視為一件好事，因為只需要少量高技能創新工作者每周上 3 天班，就可以確保在其餘人口不工作的情況下，依然維持原先社會在商品和服務方面的供給水平。這種失業更大程度上還是社會問題，因為大多數人會感到自己似乎是多餘的，同時這也是一個政治問題，因為大多數選民將不再是納稅人。我們應該把這種問題稱為"休閑過剩"，而不是失業。況且，這種情況出現的可能性也不大，因為在短期內，服務行業將會產生很多工作機會；從長遠來看，即使大部分日常工作可以被人工智能取代，未來仍會有許多與創新有關的工作機會屬於人類。

首先，當前機器人技術水平還遠遠達不到完全代替人類從事服務行業的程度。電腦可以在棋類項目上擊敗人類，但機械手仍遠遠不及人類的雙手靈巧。我估計，機器人要勝任簡單的房屋清潔工作或航空乘務員的工作，至少需要 30 年的時間，甚至因為涉及法律問題的緣故，無人駕駛汽車的普及也將至少需要 10 年的時間。所以，在不遠的將來，服務業的工作機會將繼續快速增長，足以抵消製造業就業機會的減少。

其次，即使電腦能夠幫助專業人員（例如記者、股票分析師，甚至律師和醫生）做一些分析工作，但電腦的主要作用是讓專業人員變得更有效率，而不是直接取代專業人員。很難想像，一個機器人律師能夠出庭為被告進行慷慨激昂的辯護，因為仍然需要一位有血有肉的律師，在法庭上針對人類組成的陪審團進行道德和價值觀上的說服。在此過程中，人工智能所能做的只是幫助完成案例分析。

最後，與創新有關的工作可能一直主要由人類完成。一方面，如果允許電腦進行創新，可能帶來人類無法掌控的危險後果；另一方面，創新往往涉及審美和口味的判斷。例如，如果任務是評估一段音樂、一部電影或者一道新菜，人類可能永遠都要比機器人更了解自己的需求。

總之，在不久的將來，會出現更多的服務崗位。從更長遠來看，越來越多的工作崗位將與創新有關。有人說，創新只需要少數天才而非大量人口就能實現，但這種觀點顯然與歷史趨勢相悖。人類在創新方面正在投入越來越多的資本和人力資源，而且人口越是密集的城市與地區，其創新力越旺盛，這種趨勢現在並沒有放緩的跡象。將來會有更多人具備參與某種形式創新活動的能力和意願，其中既包括高技能工作（例如人工智能編程），也包括低技能工作（例如遊戲測試和電影評論）。未來更多人會具備這種能力，這部分要歸功於電腦幫助他們提升分析能力。未來更多人會具備這種意願，這是因為參與創新將帶來樂趣和滿足感。即使像電影評論這種看似輕鬆愉快的工作，本質上也是某種形式的創造性活動。

從長遠來看，創新不光是解決一個個具體問題，更是對於未知事物的探索。人類對更多食物和住房的需求很容易飽和，然而人類總是有興趣探索新的器具、新的故事或者新的遊戲，還包括進行探索本身。如果人類不再有探索的慾望，那麼人類文明將開始衰落。這個問題要比"休閑過剩"（失業）嚴重得多。

經濟科幻小說的比喻

我們將借用科幻小說來說明，即使有了機器人，只要年輕人比老年人擁有更高的生產力和創造力，那麼更多的年輕人將顯著提高人們的整體生活水平。

　　2100 年，機器人將接管幾乎所有的工作，甚至是照顧老人的工作。人類的平均壽命將會超過 100 歲。一切都很便宜，唯一的奢侈品是長途旅行，包括太空旅行。

　　讓我們建立一個簡單的經濟模型。假設一個人每天的物質消耗和服務需求平均需要一個機器人（單位），每個老年人需要另加一個機器人，以滿足他的醫療需求。年輕人的主要工作是管理機器人，包括開發、生產以及保養。讓我們假設每個勞動者都能管理 10 個機器人。除了提供日常物品和服務，機器人還可以提供長途旅行服務，如駕駛飛機和太空船，以及管理太空旅館等。

　　讓我們比較兩個假設的國家：一個是綠色國家，另一個是白色國家。白色國家有 10 億個老年人，但由於生育率低，它只有 5 億個年輕人和 5 億個孩子，總人口為 20 億。它需要 30 億個機器人提供日常物品和服務。這些機器人需要 3 億個年輕人來管理。其餘 2 億個勞動者管理正在旅遊業工作的 20 億個機器人，為居民提供旅遊服務。20 億人口對應 20 億個旅遊業機器人，平均而言，白色國家中每個人消耗價值為一個機器人單位的旅行服務。

　　而在綠色國家中，有與白色國家相同數量的老人（10 億）。然而，綠色國家的生育率更高，有 10 億個年輕人和 10 億個孩子，總人口為 30 億。其公民的日常消費需要 40 億個機器人，需要 4 億名勞動者管理。如此，其他的 6 億名勞動者就可以在旅遊行業中管理 60 億個機器人。30 億人口對應 60 億個旅遊業機器人，平均而言，綠色國家中的每個人可以有 2 個機器人為其提供長途旅行服務。而在白色國家中，就只能有 1 個機器人來從事此項工作。因此，綠色國家可用於旅遊的人均消費是白色國家的兩倍，而從旅遊業的整體市場規模來看，綠色國家是白色國家的三倍。

上述模型表明，只要老年人需要年輕的勞動者提供額外服務，那麼老齡化的國家將會降低在其他商品和服務方面（比如長途旅行）的人均消費水平，從而降低生活水平。

此外，白色國家中的死亡人數將超過出生人數，從而對機器人的需求也將逐年萎縮。絕大部分對機器人的新增需求將來自綠色國家。綠色國家中也將會有更多的勞動者致力於機器人的研究和開發，因此將會比白色國家具有更高的創新與創業水平。由於具有更高的生活水平和活力，綠色國家將會吸引白色國家的青年移居到該國。這將導致白色國家失去相當一部分本就已經在國內佔比很小的年輕人口，形成惡性循環。

讓我們展開想像，再接著假設。白色國家和綠色國家是兩個生活在不同星球上的不同國家，擁有不同的文明。在這個宇宙中，文明的發達程度由這一文明能夠延伸得多遠來體現。綠色文明比白色文明多投入兩倍的資源，因此它有更好的太空旅行技術。如果兩個文明發生衝突，綠色文明首先會偵測到白色文明，而白色文明可能被消滅。

老齡化對不同行業的影響

娛樂旅遊業

娛樂業和旅遊業是朝陽產業，因為它涉及人類的精神需求。人在物質方面的消費，比如食物、衣服和住房，會在達到一定程度之後飽和，但精神方面的消費僅受限於時間。隨著人們變得越來越富裕，越來越多的時間將會被用於娛樂消費和旅遊活動上。此外，老年人將有更多的自由時間來從事這些活動。因此，即使人口已經老齡化，旅遊業和娛樂業也將在整體經濟中佔據越來越大的份額。

旅遊業的增長速度要快於娛樂業，因為把一個人從一個地方運送到另一個地方受制於物理規律，所以旅遊產品相對來說更昂貴。與此相反，數字娛樂產品可以變得非常便宜，因為數字產品幾乎可以零成本複製，所以雖然數字娛樂會越來越多地佔據人們的閑暇時間，但其總規模將增長緩慢。無論處於哪個年齡階段，人們都將會有更多的時間和金錢消費於娛樂與旅遊業上。

健康產業

在一個老齡化的社會中，醫療保健行業也將成為一個快速增長的行業，因為老年人的壽命更長，也將會花費更多金錢來進一步延長他們的壽命。基因技術的最新進步，使得醫療保健成為最具活力的創新產業之一。美國的醫療保健行業在發達國家中是受到監管最少的和最昂貴的，同時也是最具活力和最具創新的。美國醫療保健行業已佔到了其國內生產總值的 20%，而且這一比例仍在增長。

對大多數國家來說，很大一部分醫療支出來自政府預算和公共養老金。一旦國家開始老化，持續提升的醫療福利費用，就將會給政府預算帶來沉重的負擔，而這一切只能依靠課以重稅或延遲退休來緩解。

金融業

金融業的本質，是勞動產出跨時間交易。孩子從父母和社會那裏借來財富，當他們成人以後，就以稅收的形式償還。政府從就業人群那裏收稅，為老年人提供醫療方面的最低保障。在一個老齡化社會中，養老是昂貴的，政府可能會不得不降低養老金福利。因此，大多數人越來越多地需要依靠私人儲蓄或者投資進行養老，從而導致老齡化社會的金融業更加繁榮。

　　如圖 3-3 所示，在職業生涯的早期，人們通常會有貸款，也即負儲蓄，因為他們需要借錢購買他們的第一套房子和撫養孩子。人們通常在中年的時候開始為退休而儲蓄。人們的儲蓄高峰的年齡一般會在 40-60 歲。

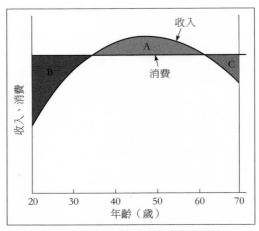

圖 3-3　收入、消費和年齡之間的關係

　　中國的迅速崛起和其獨特的人口結構，對全球資本市場產生了顯著的影響。在中國的出生人口數量線中有一個凸起，即所謂的中國 "嬰兒潮"，出現於 1962-1991 年（見圖 3-4）。在這些年份出生的人口，比接下來的 20 世紀 90 年代各年份多出 40%。由於 20 世紀 90 年代以來計劃生育政策的嚴格執行，這些年份出生的人口明顯下降了。1962-1991 年，中國平均每年出生 2,200 萬人口。相比之下，1991-2015 年，平均出生人口數量下降到每年只有 1,600 萬人。這種人口出生數量的變化，無論在絕對值還是在相對值方面，都是前所未有的。關於獨生子女政策對出生於中國嬰兒潮時期龐大人口產生的經濟影響，許多經濟學家並沒有充分認識到。

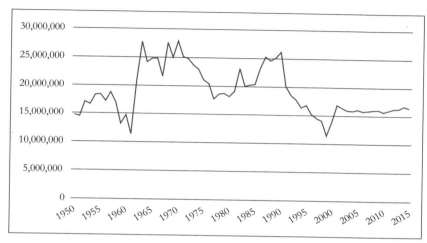

圖 3-4　1950-2015 年中國各年份的出生人口數

資料來源：中國國家統計局，2015 年。

中國嬰兒潮和美國嬰兒潮的比較

　　1991 年以後，獨生子女政策得到了嚴格執行。出生於中國嬰兒潮時期的人們，通常只有一兩個孩子，因此撫養孩子的負擔就沒有那麼沉重。此外，隨著近年來中國經濟的快速發展，這些人的生活水平得到了很大的提高。因此，他們的儲蓄率仍然可以保持很高。這也能部分解釋中國在過去幾十年裏不同尋常的高儲蓄率。讓我們做一些簡單的計算。通常情況下，一個人的儲蓄率在 50 歲左右達到最高。對於出生於 1961-1991 年的嬰兒潮一代來說，儲蓄高峰應該出現在 2012-2041 年。如圖 3-5 所示，家庭儲蓄率從 2002 年的 30% 增加到了 2012 年的 40%，這是相當高的。如果不把人口因素考慮進來的話，那麼如此高的儲蓄率非常令人迷惑。中國的高儲蓄率將會持續到 2041 年，這將給國際資本市場帶來充足的資本。因此，房地產和股票市場將會擁有非常充足的流動性，因為中國需要為其巨量的儲蓄尋找出口。中國嬰兒潮一代需要在國際上進行投資，這意味著他們將來需要依靠其他國家的孩子為其養老。這依然是因為他們基本都只有一兩個孩子，中國經濟在 2040 年以後受累於老齡化，屆時產生的收入不足以支撐嬰兒潮一代的養老需求。這就是為什麼在未來的幾年裏，中國將會不可避免地輸出大量資本到世界各地，而這將推升資本價格、降低利率。近些年來，美國向中國出售了 1.2 萬億美元的國債。宏觀經濟學理論認為，巨量的資本外流必然伴隨巨大的貿易順差。基於中國獨特的人口結構這一視角，中國的巨額貿易順差可以得到部分解釋。

圖 3-5　中國的家庭儲蓄率

資料來源：中國國家統計局，中國人民銀行，Haver Analytics, Barclays Research, 2013。

房地產行業

　　房地產行業也會受到人口的嚴重影響。雖然所有年齡段的人都有住房需求，但人們通常在 30-45 歲購買住房。大多數國家的人們在 30 歲左右的時候購買他們的第一套住房，當他們有了孩子之後會置換一套更大的房子。到了 45 歲的時候，當他們家最大的孩子上了大學以後，他們通常就不再買更大的房子了。事實上，當孩子都離開家以後，他們會再換回一套較小的住房。有錢的老年人可能會買一個度假屋，但一般在 45 歲以後，人們的住房需求會萎縮。圖 3-6 給出了美國各年齡段住房支出與非住房支出情況。

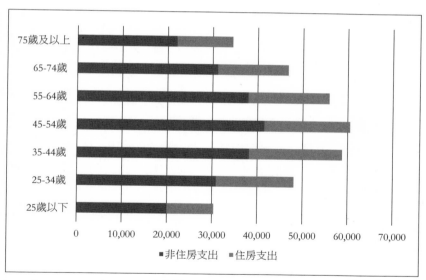

圖 3-6　美國的住房支出及非住房支出（分年齡組數據，2013 年，單位：美元）
資料來源：U.S. Bureau of Labor Statistics, December 2015.

　　美國的嬰兒潮一代出生於 1945-1964 年。假定他們在 30-45 歲購買住房，我們就會得出如下結論：2001-2005 年，房地產市場將有一個繁榮期,而從 2006 年或者 2009 年則開始萎縮。現在再來看 2007 年開始的美國次貸危機期間的房地產市場泡沫和衰退,或許可以從人口數據中得到預測。導致危機出現的部分原因,是由於華爾街在預測房地產市場的時候未能充分考慮到人口因素。

日本是一個只出現過短暫嬰兒潮的發達國家。第二次世界大戰以後,日本的出生率迅速下降。由於人們房地產消費的高峰期是在 45 歲,我們可以推算,日本的住房需求將在 20 世紀 90 年代達到高峰,這一時段與日本房地產市場泡沫破裂的時機是一致的。

房屋往往有很長的壽命,因此對於新房屋的需求只能來自新增的住房需求。我們知道,日本的人口總量正在下降,所以其房屋的新增需求實際上為零或者為負。唯一的例外出現在東京,由於集聚效應,東京地區的房屋價格仍在上漲。而在其他所有城市中,住房需求的負增長將使得房地產的價格持續低迷。

現在,讓我們再次運用人們一生中的購房需求模型,來預測一下中國在嬰兒潮時期出生的人們的住房需求曲線。中國大城市的住房需求將保持強勁的勢頭,一直持續到 2025 年。大城市由於具備充滿活力的創新和創業機會,將繼續吸引嬰兒潮時期出生的人們源源不斷地湧入。中國一、二線城市(即排名前 30 位的城市)的房地產市場仍將保持強勁,整體住房需求將在 2025 年達到峰值,以後將會陷入停滯,因為屆時大多數嬰兒潮時期出生的人將停止購買房屋。

製造業

大多數製造業,比如汽車、家具、服裝、家電、鋼鐵、水泥等都與房地產業相關。因此,正如房地產行業一樣,這些製造行業同樣會受到人口的影響。當然,由於製造業是一個非常寬泛的概念,因此,並非每種製造行業所受的影響都是一樣的。例如，飛機製造業實際上應該歸類於旅遊業，醫療設備製造業則屬於健康產業的一部分。在一般情況下，對於大多數大型耐用消費品來說，按年齡的消費周期與房地產相似，即大多數人購買耐用消費品的年齡都在 25-45 歲階段。因此，一個國家進入老齡化以後，對於耐用品的需求將會減少。

能源和大宗商品

對於能源和大宗商品來說，人們消費的高峰年齡段也是從 25-45 歲。作為能源和大宗商品的最大消費國，中國的需求在 2010 年前後達到峰值，因為此時是在嬰兒潮時期（1962-1991 年）出生的人們的需求達到消費高峰年齡的時段（見圖 3-7）。中國的鋼鐵和鐵礦石需求高峰剛剛過去了。

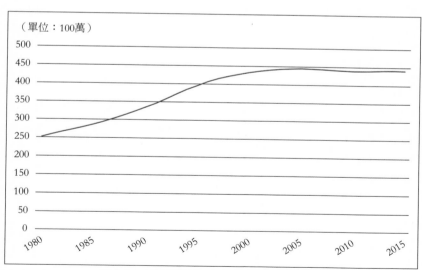

圖 3-7　中國年輕人口（25-45 歲）數量的增長

資料來源：World Bank, 2015.

繼中國之後，有類似需求規模的國家是印度。隨著印度經濟的騰飛，全球能源和大宗商品需求將會在 2040-2070 年達到高峰。2070 年以後，隨著全球人口增長進入停滯和老齡化的階段，商品需求將會下降，商品的價格和在經濟上的重要性也將會隨之下降。一個國家的競爭力和財富將越來越依賴於創新。

人口與通貨膨脹

對於許多行業來說，人們的需求高峰年齡都是在 25-45 歲。20 多歲的年輕勞動者是重要的消費群體，然而他們的生產力和工資仍然很低。因此，一般來說，一個經濟體一旦擁有數量龐大的 20 多歲的年輕人口，總需求旺盛與產能不足這兩種情況會同時並存，從而導致通貨膨脹。根據這一邏輯，其實可以準確地預測出 20 世紀 70 年代和 80 年代美國之所以出現高通貨膨脹率，是因為當時嬰兒潮時期出生的人們正在進入勞動力市場（見圖 3-8）。

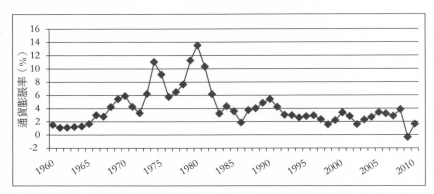

圖 3-8　美國的通貨膨脹率（1960-2010 年）

資料來源：World Bank, 2015.

與之相反，當年輕人口由於低生育率而減少時，經濟通常會處於緩慢增長和通貨緊縮的狀況之中。日本人口的老齡化迅速，年輕的勞動力不斷減少，因此，日本的經濟沒有增長且通貨膨脹率為負，即通貨緊縮。年長的勞動者，往往以犧牲年輕勞動者的利益為代價，從通貨緊縮中獲益。

首先，在通貨緊縮的經濟中，老一代儲蓄的購買力能夠隨著時間的推移而提高。此外，在典型的日本公司裏，名義工資很少會下降，因此，當貨幣的購買力增加以後，當前在職勞動者的有效工資將會上升。為了降低成本，公司不得不降低新員工的工資。這正是日本現在的情況，年輕勞動者深受經濟停滯和通貨緊縮的雙重拖累。與 30 年前相比，當前的高薪全職工作職位要少得多，年輕人的收入和職業前景大不如他們的父輩，這是 "阻擋效應" 的另一種形式。由此，年輕人創新創業的活力大不如前。

人口和不平等

法國經濟學家托馬斯・皮凱提（Thomas Piketty）在他的暢銷書《21 世紀資本論》（Piketty, 2014）中，描繪了一幅人們收入貧富差距不斷增加的悲觀圖景。不平等似乎是世界經濟中最具挑戰性的問題。讓我們先來澄清關於不平等的一些常見誤解。

1. 更平等總是更好的

雖然對於平等的機會，人人都很響往，但由於人與人之間固有的能力和文化的差異，完全的收入平等不僅不可能，而且也不可取。在一個完全平等的世界裏，人們將失去創新、冒險和努力工作的動力，這將降低人們的整體生活水平。計劃經濟時期的蘇聯就是一個典型的例子，只強調工資和福利的絕對平等，卻完全不考慮能力、生產力水平或對經濟增長的貢獻。只要我們希望還有競爭和冒險的行為，就總會產生贏家或輸家。因此，一定程度的不平等是必要的。

2. 全球的貧富差距

近幾十年來，人們漸漸地認為貧富差距的問題越來越嚴重。然而，如果從全球的角度來看待貧富差距，人們將會發現，事實其實與之相反。在人類歷史發展進程中的絕大部分時期裏，全球貧富差距在不斷加重；然而，在過去的 20 年裏，中國和印度比世界其他地區在致富的道路上走得更快，得益於兩國的快速發展，對全球的貧富懸殊狀況有所拉平。可是當觀察一國內部的貧富懸殊狀況時，我們又看到許多國家的貧富懸殊狀況變得惡化。從出現貧富懸殊加劇情況的國家內部來看，很明顯有一部分人在全球化中大大獲益，而其他人則完全沒有。在大多數歐洲國家和富裕的亞洲國家中，衡量貧富懸殊的堅尼系數基本保持穩定，但是在美國，一個引人注目的現象是，貧富懸殊的狀況是在顯著增強的。圖 3-9 顯示了全球堅尼系數的不平等狀況。

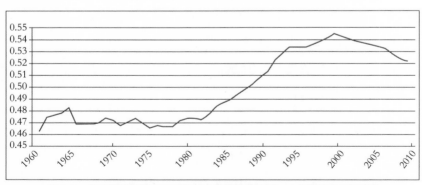

圖 3-9　全球堅尼系數的不平等（0 代表完全平等，1 代表完全不平等）

資料來源：The Conference Board of Canada, *World Income Inequality - Is the World Becoming More Unequal?* September, 2011.

3. 長期貧富差距的趨勢

隨著通信和交通技術的不斷提高，創新者獲得了更大的市場來獲取利潤。總的歷史發展趨勢是，技術進步和全球化使得更多的財富集中到創新者和企業家手中，因而導致更多的貧富差距。

貧富差距的狀況在原始社會中表現得最不明顯。在財富總量相對較低的背景下，人與人之間可能出現的差距必定較小。在前工業化的世界裏，由於地主變得富裕而其他人都還很窮，貧富差距開始拉大。世界大戰以後，由於發達國家遠比發展中國家要富裕得多，進一步拉大了貧富懸殊的程度。在人類發展的歷史進程中，不僅對於成功所需要的高技能要求越來越高，並且成功後可以獲得的回報也在不斷增加。

在供給側，人力資本和高技能工人也在增加。在某些時期，如果人力資本（即人均教育供給）的增長需求增長得更快，貧富差距就可以暫時降低，但當人力資本的供給達到飽和時，貧富差距將會再次加重。

在人類歷史的大部分時間裏，全球的貧富差距一直在加劇。但近些年來，由於中國和印度的崛起，全球的貧富差距實際上已經降低了。這簡直是一個驚人的逆轉，具有非凡的意義。然而，一旦中國在未來幾年內人均年收入達到 20,000 美元，作為一個高收入的國家，中國未來的增長將在世界上產生更嚴重的貧富懸殊。中國的崛起，部分得益於人力資本的大規模升級和大學畢業生人數的增加。

在美國，從 1950-1980 年，大學畢業生的供給大幅度增加，收入不平等減少了。但 1980 年以後，美國的大學畢業率停滯在 50%，遠低於其他許多發達國家。因此，美國的高技術勞動者和低技術勞動者之間的收入差距持續上升。

1980-2000 年，為什麼美國的大學畢業率停滯在 50%？這是因為其大學入學率繼續上升到近 80%，但只有其中約 60% 的人可以畢業。低畢業率的原因之一，是低收入家庭只能獲得低質量的中小學教育（這個話題較複雜，超出了本書的討論範圍）。因此，與其他國家相比，美國的問題是兩極分化：一方面，美國擁有最具創新能力的人口；另一方面，它也擁有大量低技能的人口。隨著技能回報在全球範圍內的增長，美國的收入差距擴大了。

4. 移民和貧富差距

當一個人從貧窮國家遷移到富裕國家時，這幾乎總是在減少全球的貧富差距（或者從移民的來源國和接收國相結合的角度來看）。因為當一個窮人移居到富裕國家並能賺取更多的錢時，其結果就是使世界的收入變得更加平等。

但是從移民接收國的角度來看，一個移民是高技能還是低技能勞動者就會決定其對不平等的影響。如果是低技能的勞動力，那麼他將與當地的低技能勞動者競爭，並拉低他們的工資，從而加劇移民接收國的不平等。反之，如果是高技能勞動者，那麼，他將與本土高技能勞動者展開競爭，這也會拉低他們的工資，從而降低接收國的不平等程度。這就是為什麼一國政府總是喜歡高技能移民：因為政府關心國家內部的不平等。同時，大多數國家也都允許在國內自由遷徙，因為內部移民總是有利於減少國家內部的整體不平等。這是移民和不平等的邏輯關係。

生育率對不平等的影響與移民類似。如果高技能的夫婦能生育更多的孩子，那麼這也將有助於減少不平等，因為高技能的夫婦往往可以養育高技能的孩子，從而增加高技能勞動者的供應，從而降低其工資水平，並拉低整體的不平等。相對應地，如果低技能的勞動者生育了更多的孩子，也會抬升不平等。整個人類歷史直到第二次世界大戰以前，情況一直是富人養育更多可以存活到成年的小孩，這實際上成為一個不平等的減速器。直到 20 世紀 60 年代，歐美地區的富裕國家，例如英國和美國，由於高生育率和良好的健康狀況，在世界人口中的增長率比其他國家更高。自此，西方國家的人口在世界總人口的佔比中一直在增長。

然而，20 世紀 70 年代以後，發達國家中開始出現一種新的人口趨勢：主要是由於高技能勞動者在教育和工作上花費了更多的時間，導致他們生育的孩子數量比低技能勞動者更少，這降低了未來高技能勞動者相對於低技能勞動者的供給，導致下一代以後的勞動者收入差距會進一步擴大。

5. 如何解決收入差距問題

總而言之，發達國家的收入不平等的全面擴大，主要是由於技術進步和全球化造成的，對此，任何人都無能為力。此外，新的人口趨勢也會部分加劇這種趨勢，對此只能依靠人口政策來解決。所需的人口政策，基本上是一個聰明的移民政策，以鼓勵更多的高技能移民；還有鼓勵生育的政策，以促使高技能勞動者養育更多的孩子。我將會在第五章中討論這些政策。

中國的不平等主要是城鄉差異。城市中年輕人的人力資本和技能水平，遠高於其在農村的同齡人。近幾年來，由於大部分創新都發生在大城市裏，這導致了二、三線城市及農村地區的相對落後，不僅中國的城鄉差距不斷擴大，而且小城市和大城市之間的差距也越來越大。為了改變這一現狀，最好的辦法是讓更多的人進入城市，並且鼓勵在城市中的人們養育更多的孩子。然而，中國政府基於對環境和自然資源消耗增長的不必要的擔憂，最近又對大城市的人口增長進行了限制。有關人口和資源之間的關係，將在下一章中進行探討。

第四章

資源與環境

1968 年，美國生物學家保羅·拉爾夫·埃利希（Paul Ralph Ehrlich）出版了一本名為《人口爆炸》（*Population Bomb*）的暢銷書，預言地球將無法維持人口的爆炸性增長。我經常被問到地球的承載極限是什麼。在對過去預測世界人口規模的 69 項研究進行系統的定量分析之後，經濟學家發現，這些研究對世界人口規模的估計範圍從 70 億到 1 萬億不等，數據之間相差懸殊（Jeoren et. al, 2004）。有趣的是，隨著世界上實有人口的不斷增長，這些估計數值也在不斷上升。在 1950 之前，中位數估計為 61 億，但在 1950 年後，中位數估計為 1,600 億。馬爾薩斯曾經預言世界人口的極限是 10 億。然而，地球現在已經承載了 75 億人口。由於人口的發展趨勢發生了巨大的轉變，世界人口將會在達到 100 億左右時停止增長。幾乎所有經濟學家都認為地球的資源能很好地支持 100 億人口。此外，在未來的 100 年的時間裏，人類很有可能到其他星球上探索和利用自然資源。

不過，每當出現一次短期的能源或糧食價格上漲，人們對於資源和環境的擔心總會捲土重來。1972 年，在一份題為"增長的極限"（The Limit for Growth）的報告中，一些環境學家預測人口增長將會導致饑荒、污染和資源枯竭。報告預測，人類將會在 1981 年耗盡黃金，1992年耗盡石油，1993 年耗盡銅。當然，現在的事實能夠證明這些預測都是錯誤的，然而，許多人仍在擔心人口過多會導致資源枯竭和損害經濟增長。

自然資源與經濟增長

首先，來看看自然資源與經濟增長之間的關係。人均自然資源的豐裕程度與人口密度密切相關。一般來說，低人口密度的國家人均資源稟賦高。我們如果來考察人口密度和人均收入水平的關係，就會發現，有許多人口密度高的貧窮國家，如印度和越南，也有許多人口密度低的富裕國家，如美國和加拿大；然而，同時還存在許多人口密度高的富裕國家，如日本和西歐國家，以及許多人口密度低的貧窮國家，如巴西和非洲國家。總體而言，資源豐富與經濟發展之間沒有必然關係。在過去幾十年裏，資源匱乏的亞洲國家，如中國和印度，其經濟發展速度要比資源豐富的拉美和非洲國家快得多。在這裏，資源豐富與經濟發展之間似乎存在著負相關關係。

在農業經濟中，人口密度越大，人均耕地和人均收入越低。而在工業經濟中，更多的人則意味著可以有更加細緻的專業化和更多的貿易機會，從而提高生產率。同時，更多的人也會消耗更多的資源和產生更多的污染。對於服務業和知識經濟來說，更多的人將會產生更多的創新，從而提高生產率和加速經濟增長。因此，隨著世界經濟的發展，高人口密度正日益成為一種優勢。

圖 4-1 顯示了人口密度與人均收入之間的關係。富裕程度與人口密度之間沒有關係。如果去觀察每個國家的情況，我們會發現，通常人口密度大的地區比人煙稀少的地區更富有。

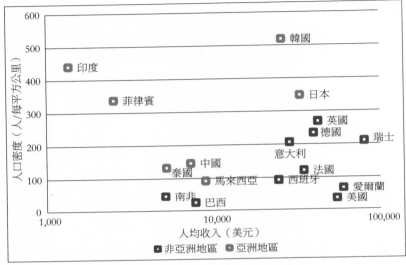

圖 4-1　人口密度和收入之間的關係

資料來源：World Bank, 2015.

在現代經濟史上，還沒有一個國家的經濟發展遭受到資源瓶頸的約束。資源稟賦很差的國家，如日本、韓國和以色列，都發展得非常好。相比之下，倒是有很多"資源詛咒"的例子，比如典型的"荷蘭病"現象。

"荷蘭病"描述了荷蘭在 20 世紀 60 年代出現的經濟困境。1959年，荷蘭發現了大量的天然氣儲量，之後出口猛增。天然氣出口導致了大量的外幣流入，推升了本幣幣值。這削弱了本國經濟中其他產業在國際市場上的競爭力，企業投資下滑。這還不是唯一的問題。天然氣開採是一個資本相對密集型的產業，產生不了太多就業機會。1970-1977 年，荷蘭的失業率由 1.1% 上升到了 5.1%。

拉丁美洲國家擁有豐富的礦產和石油資源，帶來了高額的出口和收入。然而，這些國家的經濟發展水平卻很低。許多經濟學家分析了

"資源詛咒"的現象。諾貝爾經濟學獎得主約瑟夫・斯蒂格利茨（Joseph Stiglitz）與合作者寫了一本關於"資源詛咒"的書（Humphreys et al., 2007）。他認為，這些國家由於依賴"石油美元"或"資源美元"，改善制度和提高人力資本的動力不足，因此，資源豐富的國家往往伴隨著腐敗的政府、有缺陷的制度和低下的人力資本。此外，由於石油和大宗商品的價格波動很大，資源豐富國家的經濟，在很大程度上受世界大宗商品市場波動的影響。

　　許多人仍然擔心，隨著經濟發展和人口增長，自然資源將變得越來越稀缺，因此會越來越昂貴。然而，實際的資源價格和供給的數據卻與這一擔心相反。

　　數據得出的結論看似有些顛覆常識：似乎人類使用的資源越多，新發現的資源也就越多。如果未來人類不能發現更多的石油，那麼會在 2010 年之後的 54 年裏耗盡石油。然而，早在 1980 年就有人預測，人類將在 32 年內即到 2012 年時用完石油，我們現在已經知道這個預測錯得非常離譜。這是因為儘管石油消費量在增長，可是新發現的石油儲量增長得更快（見圖 4-2）。此外，開發新的替代能源仍有很大的空間。因此，從長期來看，石油價格相當穩定。在 20 世紀六七十年代的時候，人們對於資源枯竭還有相當嚴重的憂慮，現在世界的人口數量比那個時候翻了一番，但對資源枯竭的擔憂已經逐漸消退。

　　最近有人擔心，中國日益增長的能源需求將推高全球資源價格。中國是能源消費大國，人均能源消耗量雖然僅為美國的 30%，但已經是日本的 70%。隨著中國越來越富裕，其能源消費也將繼續增長。然而，中國的能源需求增長會放緩，因為其製造業的發展將會顯著放緩，而與服務業相比，製造業的能源密集度更高。中國的能源使用效率有可能比美國更高，因為中國的人口更加稠密，可以大力發展高速鐵路和地鐵這類相比飛機和汽車更為節能的交通工具。在未來 20 年內，中國每年整體能源消耗將比其經濟增長的速度慢大約 2%-3%，這一速度可能低於全球能源供應增長的速度。

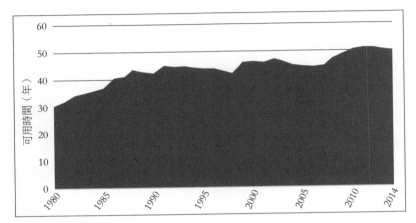

圖 4-2　石油探明儲備／石油年開採量（1980-2011 年）
資料來源：World Bank, 2015.

　　事實上，如果價格能反映一種特定資源的供應和需求，任何一種資源的枯竭都不會成為大問題，因為隨著價格上漲，其他替代資源將會被投入使用。曾經有一段時期，石油價格超過了每桶 100 美元。然而，此後不久，太陽能和電動車行業就開始蓬勃發展，幾年之後，石油價格就回落到今天的每桶約 50 美元。

　　從理論上講，替代能源的發展幾乎沒有任何限制。地球上所有的能量最終都來自太陽，只需要有一個小時的照射到地球上的太陽光，就足以提供當今世界一年的用電量。我們仍然使用大量化石燃料的原因是，現在化石燃料仍然相對豐富且便宜。最近的頁岩氣技術進一步降低了化石能源的成本。擁有豐富頁岩氣儲量的美國，在不久的未來將會成為淨資源出口國。中國也儲藏有豐富的頁岩氣資源，一旦石油價格上漲，就可以用來支持中國的消費。

　　偶爾也曾出現過能源價格高漲的時期。20 世紀 70 年代發生的石油危機，就是由地緣政治事件引發的。通常情況下，世界需要幾年的時間來適應替代資源，因此石油和能源危機通常是短暫的。在 21 世紀最初的幾年中，中國經濟的快速增長帶動了需求，致使油價飆升。然而，到了 2015 年，高油價加速了太陽能、風能和頁岩氣技術的發展，又使得油價漸漸回落。

　　圖 4-3 顯示了自 1947 年以來，石油開採業、非石油礦業和農業佔世界 GDP 的比例。如圖所示，相對於整體經濟而言，從長期來看，自然資源的價值呈下降的趨勢。這反映了開採和勘探技術的改進，以及許多新的替代資源的發展。

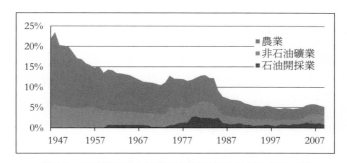

圖 4-3　自然資源佔人口享用財富的比例（1947-2007 年）

注：礦產＝非石油礦業＋石油開採業。由於缺乏數據，假定 1960 年之前的石油開採業價值為零。

資料來源：Madison（2009）and the World Bank.

　　今天，世界經濟中只有 5% 的份額與自然資源相關。這與我們的日常經驗是一致的，生產和製造汽車、電腦以及建造房子所用到的金屬、塑料與合成纖維等原料並不那麼值錢。此外，資源消耗更少的服務業，在經濟中的地位將會更加重要。可以預測，資源的重要性從長期來看會持續下降。

　　在一個國家內部，資源豐富的地區一般都比較貧窮，而人口密集的地區則相對來說富裕一些。在美國，大多數人都居住在距離海岸 50 英里 ① 之內的地方，多數的大公司、大學和研究機構也都位於沿海地方。美國之所以成為最強大的國家，不是因為它有豐富的自然資源，而是因為它擁有豐富的人力資源。

清潔能源

　　大多數科學家認為，全球變暖是由於諸如二氧化碳之類的溫室氣體排放造成的。歷史上，工業化國家曾經是溫室氣體排放的主要來源，但近些年來，隨著中國經濟的持續增長，其排放量也將隨之增長。為了遏制這一趨勢，中國和其他主要國家已經制訂計劃投資清潔能源。清潔能源能解決溫室氣體排放的問題嗎？清潔能源能與化石燃料能源一樣豐富和廉價嗎？

　　回答有關未來的問題之前，不妨先分析一下過去：如果沒有現代能源技術，我們仍然只能使用木材取暖和做飯。那麼，世界將會比現在更加骯髒，污染也變得更嚴重。相對於木材和煤炭，石油和天然氣要清潔得多，效率也更高。在過去幾十年裏，我們已經意識到燃燒化石燃料帶來的全球變暖的潛在風險，這就創造了由清潔能源替代傳統能源的需求。近年來，大量資金投入到清潔技術的研究和開發中，並且取得了很大的進展。

　　清潔技術的廣泛應用才剛剛開始。在需求方面，世界人口將在 21 世紀增長緩慢並達到峰值；在供給方面，清潔技術的進步將穩步推進。因此，從長遠來看，清潔技術能滿足世界上大部分的能源需求。

　　已經出現許多有前途的清潔能源技術，如核能、風能和太陽能

---

　　①　1 英里 =1.6093 千米。

等。我將專注於分析這些能源技術。

　　首先，太陽能是終極的能源來源，並且幾乎可以無限制地供應。如前所述，照射到地球上一小時的太陽光就足以提供世界一年的用電量。為了建立一家能為全美國人口供應電力的太陽能發電廠，美國只需要使用 1% 的陸地就可以了。太陽能電池板的主要原料是矽，它是地球上最豐富的資源之一。按照目前的技術，太陽能電池板的使用壽命為 20-30 年，但生產太陽能電池板所需的能量，只需要用太陽能電池板花費兩三年產生的電力。

　　此外，太陽能技術仍然在迅速改進。目前，太陽能發電的成本仍然是煤炭發電的兩倍。圖 4-4 顯示了太陽能發電與火力發電的成本預測。

　　兩條向下的斜線是指對太陽能發電成本的預測，一條是樂觀的預測，另一條是保守的預測。兩條向上的斜線是對火力發電成本的預測，一條表示直接成本，另一條則包括了環境成本。如上所述，太陽能發電的成本正在迅速下降，每年約下降 7%-10%，而火力發電成本，則由於運輸和環境成本的增加而持續上漲。目前，如果我們把環境成本計入火力發電成本，則太陽能發電的成本已經相當於火力發電的成本。在未來 10-15 年內，太陽能發電將在直接成本方面與火力發電旗鼓相當。

　　另一項有前途的清潔技術是核電。雖然在理論上，核能只能有限供應，但它在地球上的儲量也非常豐富。據估計，世界上目前已探明的鈾儲量，可以達到全世界 200 年的各種能源消耗的總和。核能發電的成本已經比火力發電便宜，目前的主要問題是安全，然而，實際死於核電事故的人數，要遠遠少於死於煤礦開採事故的人數，更不論那些因煤炭污染導致的死亡人數。早期的核電事故是由於技術不成熟造成的。法國能夠用核能發電提供大部分的電力供應，卻從來沒有發生過重大事故。當然，與太陽能發電廠一樣，核電站需要大量的投資，這需要時間來建設。

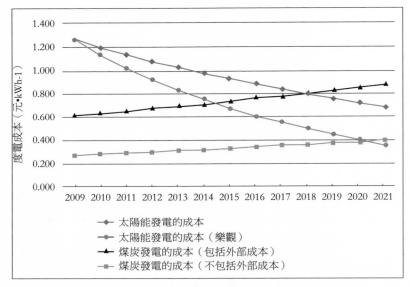

圖4-4　太陽能發電和火力發電的成本發展趨勢

資料來源："中國光伏發電成本、價格及技術進步作用的分析"，中國科學院電工研究所，2009 年。

除了太陽能和核能，還有其他許多有前途的能源，如風能和熱能。目前，這幾種新型能源的成本都高於傳統能源，但也正在穩步下降。在未來，人類除了化石燃料，還有許多其他能源可以替代使用。當然，所有這些新技術都需要大量的投資，正如前面所說，也都需要時間來建設。

看來，如果清潔能源成本的下降速度維持下去，那麼化石燃料將在幾十年內被清潔能源取代。唯一能阻止這種情況發生的是，化石燃料的成本也隨著技術的進步而迅速下降。最近發現的頁岩氣技術極大地降低了天然氣的成本,因此,美國將從一個主要的能源進口國轉變為能源淨出口國。近年來,天然氣和石油的價格下降了近50%,延緩了清潔能源的使用。總之,人類不必擔心能源或資源的枯竭,這些資源並不是稀缺的。對人類而言,唯一稀缺的就是自己的創造力。

世界糧食生產

同樣,儘管世界的人口數量和糧食消費一直穩步上升,然而,世界糧食的價格卻一直保持穩定,並有所下降。

如圖 4-5 所示,20 世紀 70 年代,世界的食品價格曾經大幅上漲,但在 80 年代以後,由於農業的技術進步逐漸趕上人們日益增長的

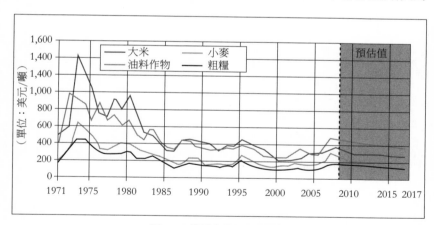

圖 4-5 世界食品日用品價格

注:所有價格均已經據通貨膨脹做了調整。

資料來源:Food and Agriculture Organization of the United Nations / Organization for Economic Co-operation and Development, 2009.

110

需求，食品價格開始回落。20世紀80年代有兩件事情意義尤為重大：一是當綠色革命蔓延到印度，把它從食品進口國轉變成食品出口國，儘管這一時期印度人口的增長極為迅速；二是中國的農業技術也大大提高，尤其是實施了農村家庭聯產承包責任制以後。

圖4-6顯示了部分主要國家中每公頃土地的糧食產量。正如我們所看到的，每公頃土地的產量以每年3%的速度穩步增長，比總人口的增長快得多。此外，糧食增產的現象出現在所有國家，既包括像法國和德國這樣的高收入國家，也包括像印度這樣的貧窮國家。富國與窮國在土地生產效率上的差距仍然很大，像印度和巴西等國家，在提升每公頃產出方面仍有很大的改進空間。

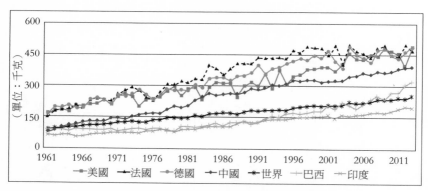

圖4-6　部分主要國家中每公頃土地的糧食產量

資料來源：Food and Agriculture Organization of the United Nations, 2013.

中國在生產效率方面顯示出了巨大的改進。中國每公頃土地的糧食產量，已經接近於高收入國家的水平。中國是世界上最大的食品消費國，其中約有95%實現了自給自足。尤為值得一提的是：中國在農業科技進步方面發揮了巨大的作用，用世界7%的耕地養活了全世界近20%的人口。這意味著世界上有充足的土地來養活全球的人口。未來中國將會進口更多的糧食，並不是因為它不能生產足夠的食物，而是因為其他國家的食品價格更低廉。畢竟，隨著中國勞動力成本的上升，中國已不能繼續保持其在農業上的比較優勢。

在需求方面，食品消費的增速將明顯放緩。首先，世界人口的增長明顯放緩。此外，包括中國在內的經濟大國的人均糧食消費都已經飽和。如圖 4-7 所示，中國的人均卡路里攝入量已經達到每天 3,000 千卡，幾乎和韓國一樣，高於日本（2,800 千卡 / 天）。因此，可以預見，隨著需求的減少和農業技術的不斷進步，食品價格在可預見的未來將保持穩定。農業在世界經濟中所佔的比重將繼續減少。總之，未來糧食將會豐富並且廉價。

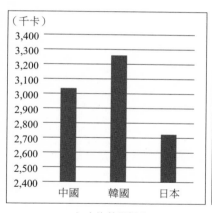
a）人均熱量攝入

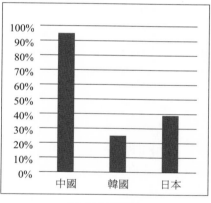
b）糧食自給率

圖 4-7　中國、韓國和日本的熱量攝入與糧食自給率

資料來源：Food and Agriculture Organization of the United Nations, 2014.

水會變得稀缺嗎？

水是一種可再生資源，地球上所蘊含的水資源總量是固定的。從平均意義上講，地球上的每個人都有充足的水，然而淡水的分佈是不均衡的。通常情況下，在人口稠密的地區，水利基礎設施項目需要生產、運輸和回收其他地區的水。水資源短缺不是資源問題，而是生產、分配和資源保護的經濟問題。

　　例如，發達國家對於農業用水的利用要比發展中國家更有效率，原因是發達國家大量投資於節約用水的技術和設施。以色列是世界上人均水資源最少的國家之一，由於率先採用了滴灌系統，其用水量比傳統灌溉用水少 50%。此外，海水淡化技術也發展到了相當高的程度，成本已經低於每立方米 1 美元了，略高於傳統自來水廠。以色列使用海水淡化技術生產了大量淡水。世界上的大多數人口都生活在海岸附近，在發達的海水淡化技術的支持下，這些地方水的供應不會有瓶頸，水的價格不應超過每立方米 1 美元。

　　但是，當政府把水價定在成本之下時，水就會短缺了。設定低於成本的價格在經濟上是低效的，但是出於許多原因，這正是許多政府現在施行的措施。無論什麼時候，一旦價格低於成本，就都需要補貼或配給，這就使得人們形成了水資源缺乏的印象。

　　例如，在一些沿海大城市中，人們一直擔心水資源會被耗盡。而實際上，問題的本質是水價太低。水的實際成本是每立方米 0.7 美元，卻按每立方米 0.3 美元來計費。城市周圍有很多農田，效率低下的灌溉浪費了大量的水。由於價格太低，人們沒有足夠的動力去節約用水。例如，水的主要用途之一是洗車。此外，由於價格低廉，政府需要給水廠提供巨額補貼。因此，政府不斷地告訴人們，水資源是稀缺的，因此應該節約用水。如此就造成了錯誤的印象，即水是稀缺的。城市離海岸非常近，從理論上講，可以以每立方米 1 美元的價格生產無限量的海水淡化水，這個價格肯定是富有城市所能承受的。然而，沒有私人公司會這樣做，因為水價僅為每立方米 0.3 美元。在大多數城市中，水資源短缺是政府價格管制的結果，而不是因為水資源短缺。隨著這些城市的日益富裕，無論依靠政府補貼還是私人投資，都將會有更多的水供應。

人口與環境

隨著工業化的快速發展，如印度等國的大城市已經成為世界上污染較為嚴重的地方。人口增長和工業化將必然導致環境災難嗎？

空氣污染

在過去幾年中，中國東部和北部的部分地區霧霾頻發。霧霾的成因是大量懸浮顆粒物在特定氣象條件下在空中堆積。通常認為，懸浮顆粒物主要來自汽車排放、燃煤、工業污染和建築揚塵，都是人類活動的產物。倘若沒有高度的工業化和巨大的人口規模，也就沒有嚴重的霧霾天氣。基於這一原因，環保主義者普遍認為世界人口太多，人口控制將會對環境有利，甚至有極端環保主義者公開提倡人類滅絕運動，他們要求志願者停止生育。他們認為這是保護環境的唯一辦法。然而，這絕非真相！

人口規模只是環境污染的次要因素。技術和生活方式的選擇對環境的影響，要比人口規模大得多。例如，與公共交通或清潔能源汽車相比，使用汽車通勤消耗的資源要高出 10-20 倍。此外，對人口數量最激進的估計是，世界人口峰值將僅比今天的水平增長 80%。因此，對於環境的影響，人口因素比交通方式小得多。1980-2012 年，中國的能源消費增長了 400%，但中國的人口數量只增長了 10% 左右。在未來的幾十年裏，中國的人口數量將趨於穩定，是否能解決中國的環境問題，幾乎完全取決於清潔技術的採用速度。

　　歷史上，通過投資和使用清潔技術，人類曾經成功地解決嚴重的環境問題。例如，倫敦曾經被稱為"霧都"。令人奇怪的是，倫敦早期的大霧被視為進步的標誌，並且被認為是有益於健康的，所以對它沒有採取任何措施。然而，大霧變得越來越重，很明顯地對人們的健康帶來了危害。1952 年那場持續了五天的大霧造成了許多人死亡。之後，英國政府決定採取一系列措施來解決污染問題。今天，倫敦雖然居住著比當時多得多的人口，但其空氣質量在全球 143 個大城市中居第 38 位（世界衛生組織，2011）。

　　還有一個例子。1943-1980 年，美國洛杉磯也經歷過一場大霧。在政府、企業和居民的共同努力下，特別是在 1970 年《清潔空氣法》頒佈以後，該城市的空氣質量逐步得到改善，污染天數從 1977 年的 121 天下降至 1989 年的 54 天，再降至 1999 年的 0 天。與此同時，經過 50 年的發展，洛杉磯的人口已由原來的 430 萬人增加到了今天的超過 1,400 萬人。由於採用了更好的排放技術，儘管洛杉磯的石油消費量比以前增加了很多倍，但是空氣質量還是得到了不斷提高。

　　倫敦和洛杉磯的經驗表明，即使在人口快速增長的背景下，空氣質量也還是可以得到改善的。圖 4-8 顯示了世界上最大城市的人口數量、人口密度和人均國內生產總值（人口超過 200 萬的城市）。在此圖中，縱軸是空氣污染指數，即可吸入顆粒物 PM10。圖 4-8a（橫軸表示人口密度）表明，人口密度和空氣污染之間並沒有關係。圖 4-8b（橫軸表示人均水平）表明，大氣污染與人均收入之間存在明顯的負相關關係。很明顯，隨著變得更加富裕，一個國家的空氣質量會得到提高。

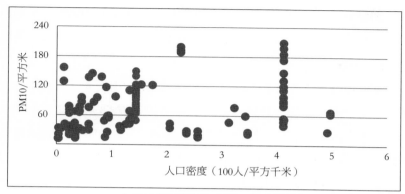

a）空氣污染指數與一國人口密度的關係

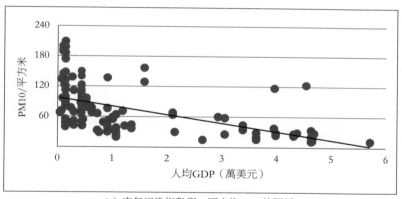

b）空氣污染指數與一國人均GDP的關係

圖　4-8

資料來源：ＷＨＯ (2011) and the World Bank (2011).

　　因此，空氣質量主要由經濟發展水平決定。當一個國家變得更加富裕時，它將有機會獲得更好的技術，並有能力對環境保護投入更多。例如，日本和韓國的人口密度比中國更高，然而，東京和首爾卻比北京擁有更好的空氣質量。良好的空氣質量，更多依靠先進並且強有力的環境保護措施。人口稠密的歐洲比人煙稀少的非洲環境還要好。根據布萊克史密斯研究所和瑞士綠十字會這兩家環保組織在 2013 年的考察，在世界上 10 個污染最嚴重的城市中，有 5 個位於人口密度並不高的國家。

格羅斯曼和克魯格（Gorssman, Krueger, 1995）分析了經濟發展與環境污染之間的關係。他們發現了一個共同的規律：在工業化初期，所有污染指數迅速惡化，然而，當一個國家的人均 GDP 達到 8,000 美元時，這些污染指標大多會達到一個轉折點。

目前中國的人均 GDP 是 7,500 美元，但是在經濟發展過程中，一些城市環境污染問題日益凸顯。在未來 10 年中，中國人均 GDP 將超過 10,000 美元，屆時，中國的環境將會有所改善。從前些年開始，沿海地區一些富裕城市已經開始採用很高的環境標準，近年來可以看到環境的明顯改善。

城市擁堵

在本書第三章中，我們討論了城市的人口集聚效應。大城市不僅有更多的就業機會，而且還有更好的衛生醫療條件以及教育設施。此外，創新也集中於大城市。因此，世界的大都市都在不斷吸引新居民，逐漸發展成為人口超過 1,000 萬的特大城市。

近年來，在人口稠密的國家，如印度和中國，主要城市都已經變得很擁擠。人們錯誤地認為城市人口密度與國家的人口密度有關。那麼，這兩者之間真的有關係嗎？我們的城市密度分析使用的數據來自國際人口統計組織（Demographia International, 2011）。該機構從世界各主要都市地區收集信息來計算各大都市的城市人口密度。圖 4-9 顯示了城市人口密度與國家的人口密度之間的關係。在圖中，縱軸表示城市人口密度，橫軸表示國家人口密度。

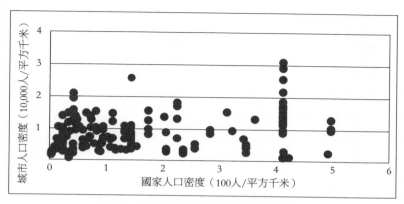

圖 4-9　城市人口密度與國家人口密度的關係

從圖 4-9 中可以看出，城市人口密度與國家人口密度沒有明顯關係。在阿根廷這個人口密度非常低的國家，其 4,000 萬名居民中的 1/3 都居住在布宜諾斯艾利斯，這個城市的人口密度比北京還高。巴西最大的城市聖保羅的人口密度也比上海和北京都要高。

圖 4-10 顯示城市人口密度與人均 GDP 之間的關係。縱軸表示城

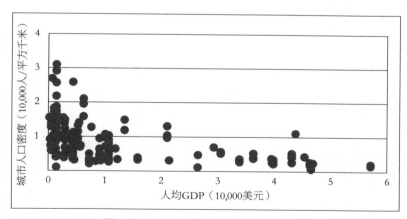

圖 4-10　城市人口密度與人均 GDP 的關係

資料來源：Ｗ Ｈ Ｏ (2011) and World Bank (2011).

市人口密度，橫軸表示一國人均 GDP。

　　從上面的數字可以看出，城市人口密度與人均收入呈負相關關係。當一個國家變得更加富裕時，它的城市會更加分散，人口密度也會降低。這是因為，隨著財富的增加，城市有能力投資建設更好的道路和公共交通，居民可以通勤更長的距離去上班。像洛杉磯這樣的城市人口密度就很低，因為它有非常龐大的公路系統。東京有 3,700 萬居民，但它擁有世界上最大的公共交通系統，擁有超過 3,000 公里的地鐵和火車。貧窮的城市沒有足夠的公路或其他公共交通系統，因此，居民不得不住在距離城市中心很近的地方，導致中心城市人口稠密，擁擠不堪。

　　讓我們看看世界上最擁擠的十大城市（見圖 4-11）。

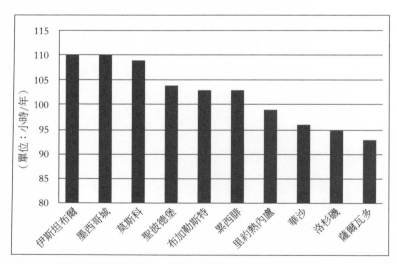

圖 4-11　世界上最糟糕的城市交通擁堵（最擁堵的城市中每位通勤者每年滯留在路上的時長）

資料來源：Niall McCarthy and Statista, *These Are the World's Worst Cities for Gridlock* 2015.

正如我們可以看到的，許多擁擠的城市都位於俄羅斯和巴西，這兩個國家的人口密度並不大，而像東京或首爾這樣的大城市並不在名單上。顯而易見，無論人口密度如何，只要國家相對貧窮，那麼其大城市就都容易擁堵。

農村人口與城市人口

正如我們在第二章中討論過的，近年來由於聚集效應，世界各地的大城市變得越來越大（陸銘，2016）。日本的低生育率已經造成了總人口規模的下降。然而，作為日本人口最多的城市，東京的人口仍然在增長。事實上，東京是日本唯一一個人口增長的城市。俄羅斯的低生育率已經導致許多小城市的人口數量減少。然而，近年來，莫斯科的人口卻增長顯著。雖然中國的人口總量幾乎穩定，但是北京和上海的人口都已經超過了 2,300 萬，並且仍在持續增長。這些城市的人口數量到底能增長到多大？中國的特大城市是不是太大了？

一個城市的規模到底能有多大，取決於兩種相互競爭的力量：其一，人們被大城市所吸引，因為這裏有更多的就業機會和更好的公共服務；其二，人們對大城市裏高企的房價和漫長的通勤時間望而卻步。這兩種力量的平衡將決定一個城市的規模。由於一國中的主要城市吸引了來自該國農村地區和其他小城市的人們，因此，一國中最大城市的人口規模與該國的總人口規模呈正相關。

按照這一邏輯，上海和北京應該是世界上人口最多的城市。然而，實際上，這兩個城市的人口都只有 2,400 萬左右，遠遠少於亞洲的其他大城市。這是因為政府對內部的人口流動施加了限制措施。日本只有中國 1/10 的人口，卻擁有世界上最大的城市——東京，容納了 3,700 萬名居民。韓國最大的城市首爾有 2,600 萬人口，也是一個擁有

大量人口的城市。據此，上海和北京的最佳規模，應該大約有 4,000
萬 -5,000 萬人。

北京的人口太多了？

很多居住於或者遊歷過北京的人可能都會感到驚奇。北京的污染
和擁擠問題較為突出，但其目前的人口數量遠沒有達到最佳的人口規
模。城市規劃欠佳，才是其污染和擁堵問題的罪魁禍首。

北京的密集度與世界上其他大城市相似。表 4-1 比較了世界主要
城市的汽車保有量、人口數量和面積。北京的車輛比紐約和洛杉磯
少，人口密度比東京低。

表 4-1　世界主要城市的汽車保有量

範圍		汽車保有量			人口密集度	
		汽車保有量（萬輛）	面積（平方公里）	人口數量（萬人）	面積（平方公里）	人口數量（萬人）
北京	行政轄區	502	16,808	2,019	3,479	1,731
紐約	紐約第五大道	196	850	780	11,642	2,046
	紐約以及城郊地區	1,037	30,670	2,209		
東京	東京市區	385	2,188	1,319	8,547	3,713
	東京城及其他三個郊區	1,379	13,556	3,562		
洛杉磯	第九區	580	10,518	989	6,299	1,490
	第二區	832	12,520	1,283		
	第五區	1,052	87,490	1,808		
倫敦	大倫敦	269①	1,572	817	1,623	859
巴黎	大巴黎	489①	12,012	1,179	2,844	1,076
聖保羅	聖保羅城市地區	697	7,944	1,989	3,173	2,019

①大倫敦和巴黎的汽車保有量，只計算私家車輛和輕型車輛。
資料來源：相關政府網站以及媒體。

那麼，為什麼北京如此擁擠？圖 4-12 揭示了原因。比較這兩張衛

星照片，我們可以看到，紐約的道路密度遠高於北京。在紐約，25%
的土地覆蓋著道路（紐約市交通局），而在北京，只有 7% 的土地覆
蓋著道路（《北京統計年鑑》，2012）。此外，北京地鐵或鐵路的密度
與世界其他城市相比並不算高。2015 年，北京的地鐵總長度為 600 公
里，每 100 萬居民平均僅合 30 公里。然而，2015 年時，東京和倫敦的
地鐵或者鐵路，卻分別達到了每 100 萬名居民 69 公里和 192 公里。因
此，儘管東京有超過 3,700 萬人口，卻遠沒有北京擁堵。

圖 4-12　北京與紐約的城市道路密度比較
資料來源：Google maps, 2016.

顯然，北京的道路和公共交通規劃的水平仍有待提高。北京需
要大力投資基礎設施。作為一個非常富有的城市，它完全有財力這樣
做。隨著印度的日益富裕，印度的大城市也需要這樣大力投資基礎
設施。

規劃 3,000 萬人口規模的特大城市

我認為大城市有利於創新，像上海和紐約這樣的城市更利於創

新。但上海和紐約已經有超過 1,500 萬的人口，這是否意味著這些城市已經沒有更多的增長空間了？其實，一個城市的人口增長並不受限於空間，而受限於通勤時間，每天在上班途中花費過長時間是居民無法忍受的。

像上海和紐約這樣的大城市，可以借鑒東京那種用高速鐵路連接衛星城市的方式。橫濱是一個衛星城，距離東京的城市中心 28 公里，一條途中無站的高速鐵路連接橫濱和東京市中心，全程不到 20 分鐘。雖然高速列車技術在日本已經存在了近 40 年，但是中國的高速列車比日本的更快，時速達到了約 350 公里。中國的高速列車可以在全程無站的情況下，在 10 分鐘之內從 40 公里之外的衛星城抵達市中心，如果在中途設三至四站的話，那麼全程的時間可以控制在 20 分鐘以內。如果城市高速列車可以廣泛被應用，那麼通勤時間就可以大大縮短。

如果一個城市的軌道交通系統能夠高效運行，那麼該城市的人口密度就會高。美國大多數城市的人口密度都太低。新加坡的人口密度為每平方公里 10,000 人，而東京的人口密度為每平方公里 5,000 人。紐約和洛杉磯的人口密度只有每平方公里 2,000 人左右（儘管曼哈頓的人口密度要大一些）。如果通過高速鐵路，可以在 20 分鐘以內從 40 公里以外的衛星城抵達市中心的話，那麼這個城市的直徑就可以擴展為 80 公里，這就將覆蓋大約 5,000 平方公里的土地。如果每平方公里的人口密度為 10,000 人，那麼該城市就可以容納超過 5,000 萬的人口，而且居民仍可以在 40 分鐘內從任何地點到達市中心。

為了進一步減少通勤時間，現行的城市規劃應予以修訂。顯然，仍然有必要區分開工業區和住宅區，但商業和住宅區的分離是不必要的。今天，即使是銀行和金融公司也沒必要集中在中央商務區周圍。

因為與以往不同，現在的金融交易不再必須面對面的操作。因此，通過混合商業區和住宅區，通勤時間可以進一步縮短。另外，高科技公司不會像商區內其他行業（比如銀行）那樣帶來交通問題，也不需要緊鄰其他商業或集中在中央商務區周圍。因此，大多數高科技公司都可分佈在居民區周圍以便縮短通勤時間。當然，由於各種原因，比如配偶在很遠的公司工作，部分員工可能還是無法搬到辦公室附近的住宅區，但是從總體上來看，混合商業和住宅區可以減少通勤時間。

最後，隨著優步公司的汽車、公共汽車和自行車服務的出現，連接地鐵站的最後 1 公里問題也變得更容易。在中國，一項提供自行車租賃服務的新型項目已經啓動了，任何人都可以通過智能手機來定位附近的自行車，騎完後放在路邊即可。人們騎自行車往返地鐵站以減少通勤時間。下一步，隨著自動駕駛技術的進步，駕駛將會變得更輕鬆，停車也會更容易。因此，高鐵、共享汽車和自動駕駛技術的組合，將會解決特大城市的通勤問題。

我想用已故的美國著名經濟學家、諾貝爾經濟學獎得主加里‧貝克爾的觀點來結束本章。2011-2012 年，我有幸在他的指導下於芝加哥大學做博士後研究。他是人力資本和勞動經濟學領域的先驅，在包括環境和人口等的領域撰寫了很多關於公共政策的文章。其中對於 2011 年聯合國做出的 "本世紀末人口可以達到 100 億" 的預測，他發表了標題為 "地球將有足夠的資源養活 100 億人" 的文章。文中，他首先指出，聯合國對於 21 世紀末的人口可以達到 100 億的預測過高。因為隨著發展中國家的人均 GDP 持續增長，其生育率會隨之大幅下降，這樣世界人口數量將會遠遠低於 100 億。接著，他又解釋了為什麼可以通過技術的增長和創新來應對日益增長的食品、水源及其他資源的需求。在文章最後，他總結道：

> 　　如果到本世紀末，世界人口能夠增長到 100 億（這將是一個不太可能的結果），將會給這個世界帶來嚴峻的挑戰。然而，更大的人口規模將會增加真正的好處，而且好處將會超過傷害。

第五章

公 共 政 策

在第二章中，我認為對於經濟增長和創新而言，最重要的因素是人口因素，包括人口規模、地理分佈集中度以及人口老齡化程度。在本章中，我們將討論與人口因素相關的政策問題。

第二次世界大戰以後，大多數發達國家經歷了嬰兒潮，大多數發展中國家改善了醫療保健，降低了嬰兒死亡率。因此，20 世紀六七十年代，世界人口的增長速度空前迅速，人們那時普遍擔心人口過多會給環境和經濟帶來災難性的後果。

在此背景下，許多發展中國家在這一時期開始實施限制生育的政策。例如，越南實施了只許生育兩個孩子的政策。印度試圖強迫生育過兩個孩子的婦女絕育，但後來由於選民的強烈反對，不得不放棄了這一政策。中國採取了大部分城市居民只允許生育一個孩子的計劃生育政策。

大約在一代人以後，當這些國家變得更加富裕，城市化率也得到了較大提高時，其生育率急劇下降。20 世紀八九十年代，在包括日本、韓國和新加坡在內的許多國家中，生育率下降到低於更替水平，因此，這些國家開始轉變其限制生育的政策。

今天大多數高收入和中等收入國家，面臨著與人口過剩狀況相反的問題，即低生育率和老齡化。2002 年，來自政府、企業、大學和非政府組織的許多專家組成了一個委員會，以研究低生育率和老齡化問題。這個委員會得出了老齡化將帶來五大挑戰的結論：

（1）不斷增長的養老負擔，將對許多老齡化國家的政府預算和公共養老金的財政狀況形成挑戰。

（2）老齡化不僅會導致勞動者短缺，而且還會降低生產力，特別是在創新領域中。

（3）需求減少會損害許多行業，尤其是房地產業及其相關產業。

（4）在日本等老齡化國家中，儲蓄減少，資產價值下降。

（5）隨著老齡化發達國家實力的減弱，世界格局將重新調整。

包括葡萄牙、意大利、希臘和西班牙在內的南歐國家（PIGS，歐豬四國），最近集體爆發了金融危機，這部分可歸因於人口因素。這幾個國家全都出現了嚴重的老齡化和低生育率問題。其生育率分別為 1.2、1.4、1.3 和 1.3，無論在歐洲還是放眼全世界來看都是最低水平。由於非常低的生育率，日本的勞動人口的年齡，在所有發達國家中最大。低生育率和老齡化使日本經濟也遭受巨大的損失。擺脫低生育率陷阱的唯一途徑，是鼓勵人們生育更多的孩子，或者向移民開放邊境。實際上，大多數低生育率國家也都實施了鼓勵生育和鼓勵移民的政策。

發達國家最近鼓勵生育的政策

在生育率低於更替水平的歐洲，大多數國家採用了慷慨的鼓勵生育政策。在英國，福利和稅收制度為有孩子的家庭提供了許多便利，其中包括：（1）對大多數家庭來說，為第一個孩子每星期發放 20.5 英鎊，每增加一個孩子，每星期就再增加 13.55 英鎊，一直持續到 20 歲；（2）對於低收入家庭，為第一個孩子每週發放 122.5 英鎊，對於超過兩個孩子的家庭，每週可以領用高達 210 英鎊的補貼。在一定的條件下，當父母雙方都在工作時，可以報銷日托費用，最高可達 100%。

在德國，不管公民的身份是什麼，只要有孩子就給父母發放現金補貼，一直到孩子 25 歲。補貼的數額每年都進行調整。2012 年，為前兩個孩子發放的現金為每月 184 歐元，為第三個孩子每月發放 190 歐元，為第四個孩子每月發放 215 歐元。產假津貼包括他們以前月薪的 2/3，最高可達 1,800 歐元，持續支付 14 個月。

在法國，一個家庭的每個孩子每月可以得到 177 歐元。對於有三個或者更多孩子的家庭，每個孩子每月的現金補貼增加到 600-800 歐元，直到孩子年滿 19 歲。即使在歐洲範圍內進行比較，法國的補貼也是非常慷慨的。

在俄羅斯，自 2007 年以來，從第三個孩子開始，政府就會對每一個孩子給予約 25 萬盧布的一次性獎勵（為平均年收入的三倍）。相對於俄羅斯的人均收入水平來說，這一獎勵非常慷慨。

亞洲生育政策的逆轉

在東亞，生育政策在過去的三四十年經歷了驚人的逆轉。20 世紀六七十年代，東亞國家仍然相對貧窮，和世界其他地區一樣，人口增長迅速，導致人們擔心高生育率會損害國家的經濟發展。因此，這些國家實施各種政策以降低生育率。然而，在經濟迅速發展的 20 世紀八九十年代，它們的生育率急劇下降。如今，這些國家大多都採取了各種鼓勵生育的政策。

日本是世界上第一個經歷超低生育率的國家。第二次世界大戰以後，日本在 1946-1948 年出現了嬰兒潮，生育率超過 4.0，但此後生育率就開始下降。到 20 世紀 50 年代末，日本的生育率已降至 2.1 的更替水平，之後一直到 1975 年，日本的生育率都在更替水平上下波動，沒有明顯的變化。1975 年以後，日本的生育率緩慢下降，到 1989 年，日本的生育率創下 1.57 新低時，震動了日本政府和國民，被稱為"1.57 危機"。從那個時候開始，日本政府出台了多項措施鼓勵生育。目前日本的生育水平僅為 1.4，是高收入國家中最低的國家之一。

在日本，對於每一個新出生的孩子，政府都會給予一次性獎金 100 萬日元（約合 1 萬美元），大概相當於人均年收入的 1/4。2013 年，政府提高了獎勵生育的預算，從 94 億日元提高到 140 億日元（約合 1.4 億美元），這也僅佔國內生產總值的一小部分。與歐洲國家相比，日本為提高生育率而做出的財政支出相對比較低。

韓國的情況類似於日本，只是晚發生了 20 年。20 世紀 50 年代和 80 年代，韓國的人口迅速增長。20 世紀七八十年代，唯恐人口過多，政府實施了降低生育率的政策。例如，在分配住房時，政府優先考慮給已經採取絕育措施並且孩子數量少的夫婦。但在 20 世紀 90 年代，當韓國變得富裕起來、人均 GDP 達到約 6,000 美元時，其生育率已經降到了 2 以下。21 世紀初，隨著國家變得更加富裕，其生育率繼續急劇下降，達到了 1.4 的超低水平。韓國政府不得不徹底扭轉政策，採取許多措施來提高生育率。2010 年，韓國總統李明博宣佈撥款 3.7 萬億韓元（約合 37 億美元）以提高生育率。這一數字不到韓國 GDP 的 0.5%，與歐洲國家相比，仍是相對較低的。

中國台灣地區的發展與韓國類似。1945 年，台灣地區有 600 萬人口；2014 年，其人口增長到 2,300 萬。1964 年，台灣地區成立家庭衛生委員會，負責實施降低生育率的政策。在 1967 年的時候，該委員會主張人們只應該有兩個孩子，並提倡應該在結婚三年以後才開始生育第一個孩子，之後再過三年才生育第二個孩子。1971 年，它提出了如下口號：＂兩個孩子恰恰好，男孩女孩一樣好。＂ 與韓國一樣，台灣地區的生育率在 20 世紀 90 年代開始下降到低於更替水平，進入 21 世紀之後，已經低於 1.5。為了應對這一狀況，台灣當局也改變了生育政策，推出了鼓勵人們生育的措施。2012 年，台灣當局撥款 32 億台幣（約 1 億美元），以提高生育率，但是，台灣地區的生育率仍然很低，只有約 1.3，是世界上生育率最低的地區之一。

　　新加坡生育政策的逆轉最快也最引人注目。新加坡的國土面積僅 719 平方公里。人口從 1960 年時的 170 萬增加到 2014 年的 550 萬，是世界上人口密度最大的國家之一。新加坡幾乎沒有任何自然資源，連大部分的水都是從馬來西亞進口的。20 世紀 60 年代，新加坡的生育率高達 5.4，人口增長迅速。到了 70 年代，和其他亞洲國家或地區的政府一樣，新加坡政府開始實施降低生育率的政策。這些政策包括廣為宣傳＂兩個孩子已經足夠＂，墮胎和絕育合法化，取消產假，對生育超過兩個孩子的婦女取消育兒津貼，增加生育超過兩個孩子的婦女的醫療費用。這些政策對低收入家庭產生了相當顯著的影響。結果，新加坡的生育率迅速由 1971 年的 3.0 下降至 1986 年的 1.6。李光耀很快意識到生育率太低的嚴重性，其後生育政策發生 180 度大逆轉。1986 年 6 月 30 日，新加坡政府取消了家庭計劃和人口委員會，在接下來的一年，又推出了新的廣告來宣傳婚姻和生孩子的好處。其新口號是：＂如果你能負擔得起，就養育三個孩子。＂ 同時，新加坡還改變了移民政策，以吸引更多的移民。由於 1986 年和 1987 年兩年生育政策的逆轉，新加坡的生育率在 1987 年內反彈至 1.92，而在其後的三年中，生育率則分別為 1.87、1.77 及 1.76。新加坡總理吳作棟曾經樂觀地認為生育率很快就會恢復到更替水平，但令他沮喪的是，生育率在 1992 年再次下降。在新世紀，新加坡的生育率下降到 1.4 的超低水平。然而，作為一個非常小的國家，新加坡有另一種提高人口數量的方法，那就是吸引移民。我將會在本章的後面部分分析移民政策。

擁有更大人口規模而且在政治制度上非常不同的中國，實際上走過了一條與其他亞洲國家或地區相似的道路。1949-1980 年，中國的人口從 5.4 億增長到 10 億。1980 年，中國政府開始推行獨生子女政策。在城市裏，任何 1 對有 1 個以上孩子的夫婦都面臨著高額罰款和失去工作的懲罰，這實際上促使每對夫婦都只生育一個孩子。然而，在大多數人居住的農村，獨生子女政策的推行遇到一些阻力，政府只能有效地實施 1.5 個孩子的政策，即只有當第一個孩子是女孩的時候才允許生育第二個孩子。這個獨生子女政策代表了世界上為降低生育率而實施的最嚴厲政策。由此帶來的後果，就是在 20 世紀 90 年代，中國生育率的下降就像斷崖一樣。

2000 年，中國的生育率大約是 1.6，2015 年低至 1.3 以下，是世界上生育率最低的國家之一。但與其他亞洲國家或地區不同的是，中國政府在改變生育政策方面較為緩慢。直到 2015 年的時候，政府才正式放寬獨生子女政策，允許每對夫婦可以生育兩個孩子（二孩政策）。在本書後面的章節中，我將討論未來中國人口的發展趨勢及其對世界產生的重大影響。

從長遠來看，中國將不得不完全扭轉當前的生育政策，努力提高其生育率接近更替水平。越來越多的國家跌入了低生育率俱樂部。在伊朗，也令人驚訝地出現了低生育率問題，所以伊朗最近也改變了生育政策，鼓勵人們生育更多的孩子。對於大多數發達國家和中等收入國家來說，如何將生育率提高到更替水平將是一個普遍面臨的難題。

鼓勵生育政策的分析

以下是鼓勵生育通常可以採取的政策：

（1）財政支持，即對有多個孩子的家庭發放現金，或者減免賦稅；

（2）日托和教育支持；

（3）給予產婦的福利，如帶薪產假等。

財政支持

給付現金或稅收減免，實質上是把從所有納稅人徵收的稅款，轉移支付給有孩子的家庭。這樣的轉移公平嗎？在傳統社會中，養老是由孩子提供的，而在現代社會中，養老部分是由公共養老金提供的，不論是否有孩子，老人都可以獲得公共養老金。換句話說，由年輕一代支付的稅金來扶養老一輩的人，也包括那些沒有孩子的老人。這樣，有孩子的人（未來的納稅人）實際上是在資助沒有孩子的人。以美國為例，養老和醫療支持老年人的支出約佔 GDP 的 15%。因此，每個家庭每多一個孩子，對其給予每年平均收入的 15% 的補貼是公平的。教育也是這種資助的一種方式。通常，公共教育支出佔 GDP 的 5% 左右。因此，一個家庭每增加一個孩子，就對其給予 10%（=15%-5%）的兒童撫養費用是公平的。在美國，10% 的人均國內生產總值約為 5,000 美元，大約正是養育一個孩子的成本。在中國，年人均國內生產總值的 10% 只有近 800 美元，對於典型的城市家庭來說，以這個資金來撫養一個孩子，簡直就是杯水車薪。

　　許多低生育率的發達國家支付給各個家庭的兒童撫養費標準，
從佔 GDP 的 1%-5% 不等。那麼，補貼能在多大程度上有效提高生育
率？圖 5-1 顯示了兒童撫養補貼水平與生育率之間的關係。縱軸是生育
率，橫軸是給養育孩子家庭的財政補貼佔 GDP 的比例。顯然，這裏有
一個正相關關係：較高的補貼會帶來較高的生育水平。每增加 GDP 1%
的補貼，就會使生育率提高大約 0.1 個孩子，這意味著財政支出的代價
是非常昂貴的。

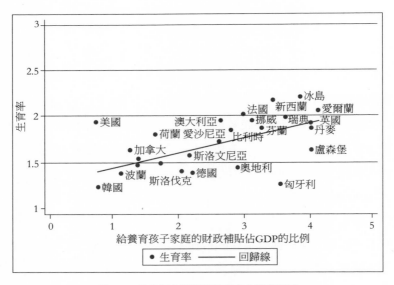

圖 5-1　養育子女補貼與生育率之間的關係

資料來源：World Bank, 2015.

　　北歐國家，如挪威、瑞典等，都有高水平的補貼和高生育率。而
東亞國家，如韓國和日本，對養育子女的補貼水平相對較低，因此這
些國家的生育率也低。南歐一些國家，可能因受到財力的約束，出現
了低補貼和低生育率。這些國家可能會跌入 "低生育率陷阱"，由於其

低生育率和老齡化問題，經濟會變得脆弱，於是難以提供大量補貼以提高生育率。

美國是世界上極少數更替生育水平接近 2 的國家之一。儘管美國政府不直接給養育孩子的家庭提供現金，但它允許家庭為每個孩子申報 3,000 美元的稅收減免。即使沒有大量的現金補貼，美國仍然有相對較高的生育率。這個例外的出現，可能是更強的宗教信仰和生育率較高的移民使然。

日托和教育支持

除了直接的財政支持外，教育補貼也是提高生育率的重要措施。大多數國家已經提供為期 12 年的免費教育。西歐和北歐一些國家還提供慷慨的學前福利，包括幼兒園和日托服務的補貼。

法國以其為學前兒童提供卓越的政府支持而聞名於世。政府不僅免費給每一個孩子提供幼兒園服務，而且日托服務也是免費的。2.5 個月到 3 歲的孩子，可以被托管在一個日托中心。這些日托中心由地方政府和州政府資助，並免費為高收入群體之外的大多數人服務。中心每天開放 11 個小時，在公眾假日時關閉，每年暑期休息一個月。所有的城市、鄉鎮、村莊都有這樣的日托中心。有一些僱主會為其僱員提供日托中心，通常位於工作場所，或者距離工作場所很近。對於那些在家僱保姆的人來說，費用的一部分是免稅的。由於政府提供豐厚的現金補貼和良好的日托支持，法國的生育率達到了 2，遠高於歐洲的平均生育率（1.6）。

其他國家的父母就遠沒有法國人那麼幸運了。近些年來，亞洲的低生育率國家正試圖學習歐洲國家，為國民免費提供孩子在日托中心的福利待遇。然而直到最近，韓國的父母依然很難找到由政府資助的日托中心。2013 年，為了提高生育率，韓國政府決定大幅擴展免費日托和幼兒園的範圍。大多數家庭（位於收入分佈底層 70% 的家庭）都收到了學前教育券，可以用來支付日托和幼兒園的費用。

日本也沒有足夠的日托中心。2016 年，安倍首相承諾，到 2018 年，將新建和資助 40 萬個日托中心。儘管已經付出努力，然而日本要想趕上西歐和北歐國家的日托福利水準，仍然需要走很長的路。

在中國，日托中心和幼兒園大多是私人開辦的，費用較高。政府支持的日托中心和幼兒園供不應求。在大城市裏，沒有足夠的小學和中學來滿足城市人口增長的需求。許多大城市的農民工子女不得不返回家鄉上學，導致與父母分離，這就更加劇了中國大城市中已經超低的生育率。上海和北京等城市的生育率已經低於 1，加入世界上生育率最低的城市之列。

產假

在英國，帶薪產假為期 39 週，享受工資的 90%，在 1 年之內，僱主不得解僱母親。在僱主負擔不起生育福利的時候，政府可以提供資助。父親也有權享受帶薪休假。

在法國，母親可以得到 16 週的全薪產假，一直到孩子 3 歲，都可以有帶薪（部分）休假。政府甚至提供免費的骨盆矯正及減重訓練。

在德國，母親的休假時間長達 3 年，在此期間，僱主不能解僱母親。全薪產假的時長為 140 天，之後，僱主須提供 40% 的工資，直到孩子 1 歲半。

一般來說，歐洲的懷孕福利是很慷慨的。亞洲的許多國家，如新加坡等，產假為期 16 週。圖 5-2 顯示了許多國家的產假長度，從幾週到 3 年不等。

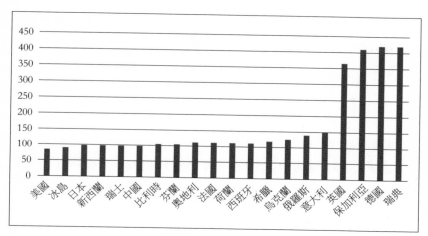

圖 5-2　部分主要國家的產假長度（單位：天）
資料來源：Working Conditions Laws Report 2010, ILO Working Conditions Laws Database. ILO, Geneva.

構建鼓勵生育的文化

除了提供良好的生育福利，各國政府還試圖建立一種鼓勵生育的文化。在俄羅斯的街頭和地鐵上，張貼著許多鼓勵婦女多生孩子的海報。莫斯科地鐵的一張海報上，展示了 1 個生育了 3 個孩子的婦女，口號是"愛國始於家庭"。官方一直在宣揚，養育 3 個孩子是婦女的愛國義務。政府向生育超過 3 個孩子的婦女頒發榮譽勳章，如果有婦女能夠養育超過 10 個孩子，那麼政府不僅會給她頒發"英雄母親"的獎章，還會給她發獎金。一些城市甚至還設立了"懷孕假期"，以便於懷孕。

法國政府給生育 4 個或更多孩子的母親頒發榮譽獎章：給生育 4 至 5 個孩子的母親頒發銅質獎章，給生育 6 至 7 個孩子的母親頒發銀質獎章，給 8 個及更多孩子的母親頒發金質獎章。

在韓國，政府發佈了許多有趣的宣傳口號，如："爸爸，我寂寞，我想要一個弟弟或妹妹""許多蠟燭比一支蠟燭更亮""給你家寶寶最好的禮物是一個妹妹或者弟弟""我們可以製造美麗的人"。

女性的結婚率與未婚女性的生育率

結婚率下降是一個全球性的趨勢。在印度和中國，結婚率（已婚人數佔總人口數的比例）大約是 70%，這意味著幾乎每個年滿 25 歲的人都結婚了。發達國家的婚姻比例則與此不同。美國大約有 60% 的人結婚，而歐洲人的結婚率不到 50%。

令人驚訝的是，日本只有大約 50% 的人結婚。佔總人口 50% 的人結婚，這意味著在 25 歲以上的人中只有約 75% 選擇結婚。20 世紀七八十年代的時候，像中國和印度一樣，日本幾乎每個成年人都結婚了。但時至今日，有近 20% 的女性終身保持單身狀態。

結婚率下降的原因是，隨著經濟的發展，女性接受了更好的教育，經濟上也獨立起來。她們可以選擇單身。此外，在亞洲國家或地區中，女性不願意嫁給一個社會地位和經濟地位比自己低的人。成年人中有 20% 的人不結婚，是日本低生育率的主要因素。假設只有結了婚的女人才生育孩子，那麼，即使已婚婦女的生育水平是 2，則總和生育率也僅為 $2 \times (1-20\%) = 1.6$。實際上，日本的已婚女性平均生育 1.8 個孩子，而只有 80% 的女性結婚，因此，日本的總和生育率只有 1.4。日本的情況在其他亞洲國家或地區中也很常見，比如韓國、中國台灣地區和新加坡。在中國的富裕城市中，也出現了結婚率不斷下降的情況。

結婚率低是亞洲國家或地區生育率低下的主要原因，因為非婚生育在這些國家的文化中是不能被接受的。在中國、印度、韓國和日本，非婚生育率幾乎為零。相比之下，對於歐洲和北美國家來說，這不是一個問題，因為非婚生育已經變得相當普遍了。圖 5-3 顯示了非婚女性的生育率佔各自國家總生育率的比例。在圖中，黑色條代表 1980 年時的百分比，灰色條代表 2007 年時的百分比。明顯可以看出，在過去的 30 年中，非婚媽媽的數量迅速增加，尤其是在歐洲西部和北部的國家中，如瑞典、挪威、冰島、法國、丹麥等。在這些國家中，來自非傳統家庭的孩子在文化上被接受，並且可以接受良好的教育，就像其他的孩子一樣。美國前總統奧巴馬就來自一個單親家庭，已故的史蒂夫‧喬布斯也是如此。一些非婚生育的家庭也有一位父親和母親生活在一起，就像一個傳統的家庭一樣。單親家庭變得越來越普遍。

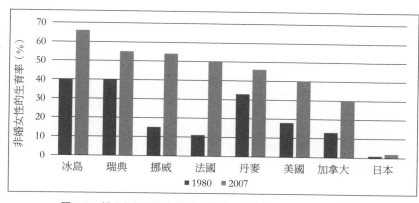

圖 5-3　部分主要國家中非婚女性的生育率（1980 年和 2007 年）
資料來源：CDC/NCHS; National Vital Statistics System; Stat Canada; Population Statistics of Japan; European Commission; Eurostat.

　　非婚生育在歐洲相當普遍，部分原因是這些國家的政府在給孩子提供福利和教育補貼時不歧視單身母親，使得單身女性更容易撫養孩子。這在一定程度上促成了北歐的高生育率。亞洲國家或地區既需要提高結婚率，也有必要改變文化觀念，即更加寬容地對待非婚生育。

然而，這兩點都很難做到。在最低限度上，東亞各國或地區政府應取消歧視非婚生孩子的規定，為單身母親提供同等水平的福利。

鼓勵生育政策的未來

鼓勵夫婦或單身女性養育更多的孩子越來越困難，代價也越來越大。當今的女性有許多來自競爭的壓力和需求，如教育、事業、休閒與娛樂。政府的養老計劃也降低了對於人們生兒育女的激勵。為了幫助家庭撫養孩子，許多國家的政府提供了越來越慷慨的福利，但是提供的這些福利仍然顯著低於公平水平（比如說達到 GDP 的 10%）。對於富裕的東亞國家或地區來說，提供的福利水平仍然是相當吝嗇的，還遠遠不能把生育率提高到接近更替生育率的水平，東亞國家或地區近期的人口前景十分嚴峻。

然而，從長遠來看，諸如體外受精之類的生殖技術可能也會發揮相當大的作用。女性可以凍結她的卵子，推遲懷孕或外包給代孕媽媽。隨著體外受精技術的發展，可以植入雙胞胎。隨著人工子宮技術的突破，將來的胎兒有可能會在實驗室中培育，但他們仍然需要由人類父母養育。當前，許多國家限制使用這些技術，是擔心這些技術帶來的法律和道德的影響，但從長遠來看，這可能是減輕婦女懷孕負擔、防止生育率進一步下降的一種辦法。

移民

從全球的角度來看，移民不會解決老齡化問題，但對於一個國家或地區來說，與鼓勵人們多生孩子相比，移民似乎要更容易和更快捷。例如，大學畢業生是一個非常受歡迎的移民群體，因為這些人可以立即開始工作並且納稅，移民接收國實際上是搭了移民輸出國的便車，無償獲得了這些人的教育投資。近年來，大多數發達國家都放鬆了移民政策，以解決勞動力短缺和老齡化的問題。

不同國家的移民問題差別很大。高收入國家通常是移民的目的地，而發展中國家是移民的輸出國。圖 5-4 顯示了從 2007-2012 年主要國家的淨移民情況。五年內美國共接納 500 多萬名移民，是最大的淨移民輸入國。而在輸出移民最多的國家中，印度排第一，其次是中國，巴基斯坦排第三位。

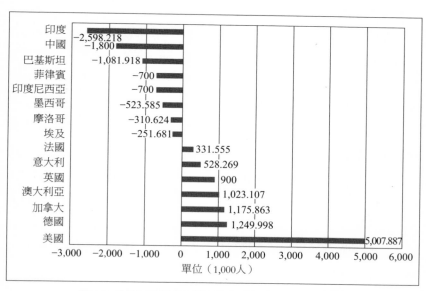

圖 5-4　主要國家的淨移民情況（2007-2012 年 5 年總量）
資料來源：World Bank, 2015.

移民不僅有助於解決勞動力短缺的問題，而且還有助於加強創業和創新。總的來說，移民更加勤勞、冒險，更具創業精神。他們也更重視家庭，會養育更多的孩子，這就有助於提高移民接受國的生育率。

然而，移民接受國的選民通常認為移民會產生很多問題，從而引發眾多爭議。對於移民的擔心，與對人口過剩的焦慮非常相似。人們擔心移民的湧入會導致就業崗位、學校、道路等方面的短缺。在此之前，我曾討論過這些，指出這些都是短期問題。雖然在短期內移民會消耗公共資源，但從長遠來看，移民，特別是其中的年輕人，將會工作、儲蓄和納稅，從而產出更多的公共資源。移民也不會增加失業率，因為他們不僅需要工作，而且會通過對商品和服務的需求創造出更多的就業機會。

對於文化融合的爭議也被過分宣揚了。雖然第一代移民可能很難完全融入當地文化，但是第二代移民通常會把當地的語言修成母語，也能完全適應當地的社會。有些人擔心歐洲的穆斯林化，我將在第九章中詳細討論這一點。對於像美國這樣的國家，想進入這個國家的人數遠多於它可以接受的數量。因此，它必須實行適當的移民政策以對移民的數量、質量等進行選擇，不是所有移民都會受到歡迎。

1. 福利移民

福利移民是指那些為了獲得他國利益而進入該國的人。很顯然，對於移民接受國來說，這會帶來負擔。例如，退休人員進入別的國家來領取公共養老金和醫療福利。然而，這類人群很可能是當地公民的親屬，拒絕他們移入在道德上是不可接受的。顯而易見，福利移民會選擇移入福利最好的國家，這將給高福利國家的政府帶來壓力。對於高福利國家來說，如果它們想獲得移民帶來的好處並保持高福利，就必須有區別地限制新移民可獲得的福利（包括投票權）。

2. 低技能移民

低技能移民，是指那些從事低技能工作的移民，如女傭、棉花採摘員、園丁等。這些移民由於其低廉的工資而有利於他們的僱主，但會傷害本地的低技能勞動者。通常而言，對於移民接受國來說，總體利益大於成本，但受益者主要是富人，成本卻由窮人承擔，從而加深了國家的不平等程度。這是許多國家不歡迎低技能移民的主要原因之一。

3. 高技能移民

高技能移民，尤其是年輕的高科技勞動者，首先有利於他們的僱主，然後這些人還將創造更多的低技能服務需求，如對女傭和園丁的需求，從而提高低技能勞動者的整體工資水平，降低移民接受國的不平等程度。曾有人認為，高技能移民可能會拉低當地高技術人群的工資。但從近年來的情況看，這種論斷可能是不正確的，特別是對於全球化的高科技產業而言並不成立。在創新的全球競爭中，當一個有天賦的中國工程師被矽谷公司僱用之後，他大概不會取代一位美國工程師，而是可能取代全球的同行公司（比如中國公司）的一個工程師。此外，創新有很強的聚集效應，集中在一個地區的創新能夠帶來更多創新。在高科技產業中，更多移民可能會創造出更多互補的高技能工作，而不是消耗它們。威廉 R. 克爾和威廉 F. 林肯發現，高技能移民對本土高技能勞動力人群沒有負面影響（William R. Kerr, 2010）。

我有個在新加坡的朋友抱怨說，在他兒子就讀高中的班級中，來自新移民家庭的孩子成為班級成績最好的學生，之前一直名列前茅的兒子現在只能排到第四。我朋友擔心孩子進入美國知名大學的機會會因此減少，而我告訴他，這部分移民家庭的優秀孩子，無論在哪裏上學都會成為大學"槽位"的競爭者。此外，全球的知名大學也會發現，這所新加坡學校的生源質量比之前更好，從而可能提供更多名額，所以他兒子的大學前景不會受到影響。恰恰相反，因為和更多優秀的同學同班，他兒子可能會更加努力學習，從而獲得更大的提升。

我希望藉此說明，想進入世界一流大學的高中生之間的競爭，其實和高科技工作者之間的競爭非常類似，二者都是全球性的競爭。高科技領域的移民對本地高技能人群的收入影響，可能是中性甚至是正面的。

大多數國家都有吸引高技術移民的政策。美國已經建立了自己的創新中心，在吸引高技術移民方面具有巨大的優勢。例如，在印度最好的工程學校的畢業生中，有 50% 的人都去了美國工作或攻讀研究生。

然而，在某種意義上，美國的 H1 工作簽證的配額正在浪費自己的優勢。事實上，美國政府最好的政策應該是接收所有擁有工程和科學學位的人。這是多麼划算的事情啊！如果美國這麼做，移民輸出國應該捶胸頓足、哭泣懊惱，因為這些移民的教育成本其實是由它們支付的。

1991 年，在拿到計算機科學學位從佐治亞理工學院畢業後，我作為一個軟件工程師在矽谷的甲骨文公司總部工作，一直工作到 1999 年返回中國，與人合作創辦攜程旅行網。當時我持的是 H1 簽證。我很幸運，因為在 20 世紀 90 年代初期的時候，獲得 H1 簽證還相對容易，而我後來在甲骨文公司工作的同伴就沒那麼幸運了。20 世紀 90 年代末，隨著高新技術產業的迅速成長，H1 簽證配額還不足以滿足日益增長的對移民人才的需求，H1 簽證的排隊等待時間長達幾年。因此，矽谷的許多公司被迫在美國以外的地方建立研發中心，主要是在中國和印度。20 世紀 90 年代後期，甲骨文公司就在印度建立了許多研發中心，僱用了成千上萬的當地工程師。後來，這些印度工程師幫助印度開始從事 IT 外包行業，使其成為印度在世界上最具競爭力的產業。

4. 內部遷徙

就像每個國家希望吸引高技能移民一樣，每個城市也希望吸引本國其他城市的高技能人才。出於類似的邏輯，城市也希望趕走低技能的農民工，因為他們會傷害當地的低技能市民。然而，作為一個整體，國家不僅要考慮當地市民的福利，也要考慮農民工（以及全國其他人）的利益。對於一個發展中國家的農民工來說，搬到一個大城市生活比待在鄉村要好得多，而且這可能是擺脫貧困的唯一途徑。此外，當一個農民搬到城市以後，其他留在村裏的農民也將會受益，因為留下的每個農民將可以耕種更多的農田。發展中國家的內部移民，是減少貧困和收入不平等的重要渠道。因此，如果考慮一個國家所有公民的總體福利，那麼政府應該取消所有內部遷徙的限制。基於同樣的邏輯，全球最好的扶貧計劃是聯合國要求所有國家都開放邊境，以使各國國民都可以自由移民。當然，這是不可能的，因為所有的國家往往只關心各自國家公民的福利。

關於人才的戰爭

越來越多的國家已經意識到了高技能移民的好處，在創新競爭中能夠吸引最多人才的國家或地區，能增加獲勝的機會。強大的聚集效應意味著世界上只會產生少數幾個創新中心。吸引創新人才是一場高投入、高回報的激烈競賽。那麼,哪些地方能吸引最好的和最聰明的人才呢?經濟學家列出了最有吸引力的城市標準,這些標準包括:交通、環境、教育、多樣性和經濟活力。顯然,在當今世界,創新競爭中的獲勝者似乎大多都位於美國:矽谷是 IT 創新中心,洛杉磯是娛樂中心,而紐約是金融創新的中心。這並不奇怪,因為在所有發達國家中,美國擁有最大的市場和人才庫。能與美國競爭的國家,唯有中國和印度,因為這兩個國家擁有比美國更多的人口。像上海、深圳和北京這樣的中國城市,人口規模龐大,正在成為新的創新中心。

城市規劃政策:城市規模有沒有限制?

中國的一線城市,如北京、上海、廣州和深圳,根據官方數據,分別有 2,170 萬、2,400 萬、1,400 萬和 1,200 萬的居民。它們正在成為世界的創新中心。然而,這些城市擁擠,存在污染問題,房地產價格問題突出。鑒於此,中國政府擔心這些城市已經達到了人口數量的上限。但是一個城市的大小有上限嗎?

限制城市規模最重要的因素是通勤時間。單程每天 1 個小時的通勤時間似乎是極限。總的來說,城市越大,通勤的時間越長。東京有 3,700 萬人口,比其他特大城市都要大得多,但它擁有非常高效的公共交通網絡和世界上最大的鐵路網。因此,緩解交通擁堵的關鍵在於對學校和醫院等公共服務與基礎設施進行充分規劃。

對大城市進行充分規劃,不僅對中國來說非常重要,而且對任何國家來說都是如此。隨著更多的創新活動集中於大城市,更多的高技能人才遷移到大城市,大城市的重要性日益顯著。如果一個國家的最大城市不僅交通擁擠,而且物價高昂,那麼它將在搶奪人才的全球競爭中落敗，失去對人才的吸引力。此外，如果一個國家的最大城市不能提供足夠的住房或學校，那麼這些城市將會陷入"低生育率陷阱"，因為居民會發現養育孩子的壓力過大，進而生育的孩子數量就會更少了。

國家之間的競爭：大國與小國

在全球的創新競爭中，大國有許多優勢。它們有更大的市場、更多的人才、更大的城市。小國可以通過自由貿易區來構建更大的市場。歐盟（EU）就是這樣一個自由貿易區，在歐盟之間，所有關於貨物和勞動力流動的限制都被解除了。然而，由於文化、語言、法律法規的差別以及其他非關稅的壁壘，一個小國很難獲得一個統一的國內市場的全部好處。即使在像歐盟這樣的單一勞動力市場上，文化和語言上的差異也會妨礙勞動力自由流動，這與美國、中國和印度那樣的統一的國內市場有所區別。

一個國家擁有大量人口，是不是有什麼壞處呢？人口增長會造成自然資源的短缺嗎？我在前面幾章中曾經論證過，自然資源已不再是現代經濟重要的制約因素。在發達國家和包括中國在內的中等收入國家中，自然資源的價值佔不到全部經濟的 10%。在現代經濟中取得成功的關鍵是創新，豐富的自然資源稟賦有時反倒會起負面作用，即所謂的"資源詛咒"的結果。大國擁有大型的國內市場和龐大的人才庫，這兩者都是創新能夠取得成功的關鍵。

大國的陷阱

我在北京大學開設了一門課程，有一次一位博士生提問："梁教授，你一直告訴我們，人口眾多對創新有好處，但在商業世界中，為什麼小公司反倒比大公司更有創新力呢？"我的回答是："如果你看一下專利的產出，很快就能否定這個問題的假設：大公司比小公司更有創新力。"但在接下來的幾天裏，我一直在思索：雖然大公司一般更具創新力，但確實有許多初創公司在創新方面擊敗了大公司，很多大公司在跟進最新技術潮流方面不如小公司。為什麼呢？

攜程旅行網的故事：公司規模和國家規模之間的類比

我的公司攜程旅行網是一個很好的研究案例。1999 年的時候，我與人合作創辦攜程旅行網，一直經營到 2006 年。通過一系列創新，攜程旅行網迅速成長為中國在線旅遊市場上的領導者，佔據了中國在線旅遊市場份額的一半以上。攜程旅行網成為一家盈利很好的上市公司，擁有數十億美元的市值。我堅信攜程旅行網的運營將會持續下去，就在 2007 年辭去了首席執行官職位，前往史丹福大學攻讀經濟學博士學位。2012 年畢業後，我成為北京大學的一名教授，繼續從事人口和創新方面的研究。然而，在我缺席的幾年，在與初創型小公司的競爭中，攜程旅行網創新乏力。從 2009 年開始，它開始漸漸失去市場份額，盈利能力遭受重創。到 2012 年的時候，它的市值就已經跌至 20 億美元。

情況變得如此糟糕，董事會要求我再次掌管公司。因此，在 2013 年的時候，我重返攜程旅行網，試圖扭轉公司的狀況。實際上，攜程旅行網的創新困境與其他大公司遇到的問題很相似。像許多成功的大公司一樣，它變得自滿和保守。此外，為了提高效率，攜程旅行網的組織機構變得過於集中，而創新的想法卻往往淹沒在官僚機構中。

為了促進創新，加快執行的速度，我將公司分散成許多業務單元。每個業務單元都有自己的研發、產品、服務和分銷功能。在試驗新產品和新技術方面，它們變得更加敏捷。為了使這些業務單元的領導者更像企業家，他們被允許購買業務單元的虛擬股票和虛擬股票期權。各事業單元之間的合作，由雙方遵循自由市場的原則協商處理，而不是由總部協調。總部不再是企業發展的瓶頸，而只負責品牌、融資、投資和戰略關係。這些功能仍然集中在總部，是因為這些功能的規模效應是最大的。隨著企業中多數功能的分權化，企業的執行速度、靈活性和創新性得到了大大提高。2014-2015 年，在很短的時間內，攜程旅行網成功地被塑造成一站式服務的移動旅遊平台，在很多領域的創新力超過了規模較小的競爭對手。在不到 3 年的時間裏，攜程旅行網再次成為市場上的領導者，擁有超過 200 億美元的市值，是中國最為成功的互聯網公司之一。

攜程旅行網創新能力的起伏，與一個大國創新能力的發展路徑相類似。自滿和過度集中往往是大國施政的缺陷。

越是龐大的國家，越容易自滿，乃至過於自信。當被問及實行閉關政策的原因時，清朝的乾隆皇帝說，中國是如此龐大，在其領土內就可以得到所需要的一切。但他錯了，因為外面的世界大得多，也有規模更大的人口。中國皇帝實施的閉關鎖國的政策，浪費了中國在創新方面的規模優勢。這是在過去的 500 年中，中國在與西方的創新競爭中失敗的主要原因。

另一個政策陷阱是過度集中。大國傾向於按照自上而下的方式，在全國範圍內實施統一的政策法規。從效率方面考慮，這顯然是一個優勢。例如，如果歐盟是一個單一的國家，那麼一家在歐洲各國經營的企業，不用擔心各個國家的不同的稅法。不過，實行統一的政策也有其不利之處。第一，一刀切的政策可能不會適合所有地區，每個區域的最佳政策可能是不同的。第二，政策的高度統一不允許不同政策進行足夠的實驗，不同地區之間也不易形成競爭。即使像中國這樣一個統一的國家，也應該允許在不同地區實驗不同的政策。成功試行的政策將被其他地區模仿，居民也能夠遷徙到推行成功的經濟政策的地方。政策法規的適度自由競爭是有益的，完全採取一刀切的代價和機會成本可能會很大。

中國推行一刀切的計劃生育政策，並不適合全國所有的省份。在中國一些邊遠地區的貧困農業省份，其發展狀況可能仍然處於馬爾薩斯經濟階段，但大部分沿海地區如上海和廣東等地已經出現極低的生育率，與韓國和日本等發達經濟體無多大差別。如果允許地方政府因地制宜地施行不同的生育政策，那麼富裕省份在許多年以前也許就會結束“獨生子女政策”。然而，我在 2011 年得知，限制生育的政策被寫入了全國的憲法修正案。

最優的政策，應當是在統一政策的高效率與區域政策的多樣性之間取得平衡。大國應允許不同地區在經濟政策上略有差異，比如允許實驗一些新技術。一般來說，對於無經濟意義的一些習慣可以優先考慮統一，例如語言、度量單位等。其他方面的事情就要棘手得多，因此，大國的中央政府（或像歐盟和世界貿易組織這樣的跨國機構），需要在統一性和多樣性方面取得最佳的平衡。

大國的陷阱是小國的機會。當一個大國設置貿易壁壘的時候，小國可以充當大國的窗口。例如，20 世紀 80 年代，中國內地剛剛開始對外開放的年代，內地希望與世界接軌卻還存在很多障礙，香港地區作為內地與世界連接的一個窗口，很快繁榮起來。近年來，隨著貿易壁壘的降低，香港地區作為窗口的作用也降低了。

大國往往傾向於統一的政策，在採取與創新相關的新政策時行動緩慢。例如，當大國在允許有爭議的新技術方面動作遲緩的時候，小國可以引進這些新技術，這樣就有可能在相關的產業領域超越大國。這些有爭議的新技術包括生殖輔助、無人駕駛和基因工程技術等。

小國的政策策略應該是實施自由貿易經濟，對新技術採取靈活的政策。然而，和大國競爭是一場艱苦的較量，因為較小的國家即使生育率很高，也面臨著國民不斷向外移民的壓力。大國擁有充滿活力和創新力的大城市，像美國這樣的大國，正在源源不斷地從較小的國家挑選最好的人才。東歐國家擁有高質量的勞動力，但它們本土的很多人才移民去了美國。為了能夠彌補人才流失的損失，小國必須實施成功的移民政策以吸引世界各地的人才，這一點至關重要。

在史丹福大學我所在的經濟學博士生班上，大部分外國學生畢業後都選擇留在了美國，包括幾乎所有來自南歐和東歐國家的留學生。只有那些來自中國和印度等大國的學生，才會考慮返回自己的國家。也有一些博士畢業生，選擇去一些英語國家的大學中工作，比如澳大利亞和新加坡等。

語言障礙與英語優勢

《聖經》裏記載過一個有趣的傳說故事。上帝希望人類在地球上的各個地方生存繁衍。而人類卻聚集在一起，並開始建造一座通向天堂的塔——巴別塔。對於他們的不順從，上帝很不高興，於是令他們說不同的語言，以迫使不同的群體在地球上生活卻彼此無法交流。思想交流和物品流通的主要障礙之一就是語言。中國在歷史上的大部分時期能夠得以統一，部分原因就是秦始皇在兩千多年以前統一了中國的文字系統。與拉丁語系語音隨著時間的流逝而演變成多種語言不同，中國的文字是象形文字,這使其在漫長的發展過程中免受各地口音的影響。統一的書面語言,是中國實現文化統一背後的關鍵因素。

今天,英語是世界上通用的商業和學術語言,所以英語國家具有優勢。講英語的小國或地區,如新加坡、中國香港地區,與美國和英國那些講英語的大國,從人才交流和流動的角度來講,具有很強的一致性。這些英語國家更易於從全球吸引人才,因為移民可以比較容易地融入當地人中。在北歐和西歐的一些小國中,英語是高科技公司和大學的通用語言,因為當地人都精通英語。對於較小的國家來說,把英語作為第一或第二語言很有好處。即使是像中國和日本這樣的大國,也應該考慮把英語作為大學中的第二語言,否則,這些國家在吸引全球人才方面將會有很大的劣勢。

貿易與移民

也許有人會說,一個國家不需要依靠移民來實現龐大人口規模的利益,而可以通過與大國進行貿易來實現規模經濟。的確,貿易開放是實現創新和經濟效率的重要因素,所以才有越來越多的國家加入WTO、歐盟等大型的自由貿易區。然而,進口貨物與進口能夠製造貨物的人仍然有很大的不同,因為這些人可以融入當地社群之中,開辦新的企業、納稅,以及參與選舉。尤其是當移民是接受過高等教育的高科技人才時。移民可以和本國人密切互動,碰撞交流,從而產生創新的想法。

英國脫歐和特朗普執政

移民和貿易對創新的有益影響是長期的,但其對當地人的負面效應往往立竿見影。有的時候,選民出於對眼前利益的考慮而做出反對移民的選擇，就像那些英國人投票贊成英國脫歐和美國人選舉特朗普當總統一樣。令大家驚訝的是，唐納德·特朗普在反全球化和反移民的平台上贏得了 2016 年的美國大選。特朗普當選和英國脫歐，主要靠老年人和低學歷的人支持。可以理解，這兩大群體當然不是創新的直接受益者。事實上，世界上最需要移民的國家是日本，因為其年輕的勞動力正在迅速減少。然而，日本中老年選民的人數超過年輕選民的人數，他們拒絕接受大規模移民的任何政策，因為老人更關心的是短期內移民對其的衝擊，並不重視長期的經濟活力和創新。正因為如此，吸引年輕的、高技能的移民作為未來的選民非常重要，只有這樣，政治利益同國家的長期利益才會相一致，否則，國家將會陷入"人口陷阱"，經濟政策會被反對移民和貿易的短視的民粹主義所綁架。

雖然英國脫歐成為現實，特朗普獲得選舉勝利，但是仍有大量人才湧入美國和英國。我相信兩國所受的挫折是暫時的，由於擁有大量的高技能移民和高生育率，美國與英國現在擁有規模龐大且在不斷增長的年輕人口。與大多數歐洲國家和日本相比，美國將仍然是最為開放和最有吸引力的地方，因為前者的政策將會越來越受制於其越來越老的選民。

教育改革

我兒子最近轉學到了波士頓的一所私立高中。讓我感到驚訝的是，與 30 年前我讀高中時相比，雖然學生比以前學習更加努力，教學設施也比以前好得多，但直到 18 歲以前，他們學習的內容都大致與 30 年前的內容相同。

另外，正如第二章所論證的，創新所需的知識需要不斷積累。今天，大多數研究領域的起點需要博士學位，有些領域甚至需要博士後學習或多年的工作經驗。此外,人們獲得博士學位的時間很晚,學生博士畢業的年齡通常在 27 歲或 28 歲。正如我們在前幾章中所討論的,創業的最佳年齡在 30 歲左右,創新的最年輕年齡在 30-40 歲。所以,從博士畢業到最佳創業時機之間的黃金窗口時期變得非常短暫(對於女性來說就更短了,因為她們還需要生育孩子)。因此,今天的孩子需要加速學習,然而教育行業缺乏一定的競爭壓力,導致教育改革舉步維艱。

在中國和其他亞洲國家或地區,高考決定了學生在中小學學習的內容,而這些考試的內容仍然和 30 年前完全相同。據估計,在中國和其他東亞國家,僅是為了準備考試,學生浪費在高中的學習時間就有兩年。在中國遍地可見的補習班,進一步消耗了中學生其他方面的精力。

在美國,即使是最有天賦的學生也沒有勇氣跳級,幾乎每個人都必須等到 18 歲才能上大學。私立高中和一些公立學校確實為有天賦的高中學生提供了大學水平的課程。例如,波士頓著名的寄宿學校菲利普斯學院(Phillips Academy),甚至為 15 歲的高中孩子提供計算機科學和微積分課程。比爾·蓋茨和馬克·朱克伯格就曾經在這些私立學校學習過,這使得他們能夠比同齡人更早地完成大學水平的課程,並且能夠在哈佛大學畢業前創辦他們的公司。但上述這些高中是例外,因為大多數高中並不能給學生提供這些選擇。近年來,隨著美國"不讓一個孩子落在後面"的倡議興起,公立高中的平均水平實際上有所下降。

互聯網技術一定可以加快學習進程。首先,對於很多學習材料,學生可以在課堂以外學到,或者等到以後再學。例如,或許可以減少歷史課和英語課的課時,如果所有的知識點都可以在網上查到。對於社會問題,學生也可以在以後的生活中學習,因為學生年齡更大一些後可以更好地理解社會問題。另外，諸如計算機科學或基礎金融等之類的學科，應該成為標準課程的一部分。即使這些科目的好教師不易獲得，也不會成為瓶頸，因為所有最好的演講和練習都可以在網上找到，教師只需要監控進度即可。

我並不提倡加速每個人的教育進度，但對於優秀的學生來說，如果能通過最新技術來重新設計中學和大學的課程安排，課程進度是可以明顯加快的。如果能讓 20% 的學生提前一年畢業和 5% 的學生提前兩年（甚至三年）畢業，不只會對這些學生個人有利，從長遠來看對整個社會的創新活力和企業活力都有好處。當然，此類改革仍需要很多研究和實驗。但不幸的是，和其他行業比起來，教育行業中創新和改革的動力明顯不足。

問題的關鍵是，高中和小學校方（甚至是家長）沒有任何動機來縮短學制。如果大學錄取是基於考試成績而不是年齡，則大部分人都有動機把學生留在中學多讀幾年書直到 18 歲，而這樣做唯一不利於的相關者是學生本人。然而，學生的不幸在於，他們浪費了寶貴的黃金歲月，卻僅僅是為了考試才去學習，而不是進行工作或從事創新。如果希望改變現狀，就必須進行重大的教育改革，首先可以鼓勵高校招收 18 歲以下的有才能的學生。個別中國大學為年輕的天才學生開辦少年班；我是少數的幸運兒，在 15 歲時就進入了復旦大學少年班。

對我來說，比別人早 3 年從大學畢業的好處，一開始並不明顯，但在後來的職業生涯中，比同齡人年輕 3 歲是一個明顯的優勢。1999 年，我與人合作創辦了攜程旅行網，並且帶領它發展為中國一家成功的互聯網企業。2007 年，我 37 歲時，決定到史丹福大學申請經濟學博士學位課程。史丹福大學的經濟學課程通常招收 20 多歲的學生，偶爾也有 30 多歲的學生，但幾乎從來沒有招收過 40 多歲的人。如果我是 40 歲而不是 37 歲,那麼我就沒有機會追求我的第二個事業,成為一名經濟學家了。現在,我 47 歲了,作為一家大型上市公司的董事長,仍然算是比較年輕的。所以,早幾年進入大學並且完成大學學業,意味著一個人一生中多了更有效率的幾年時間,這具有非常大的優勢。加速接受教育不僅可以增加勞動力的供給,而且能夠促進創新。

最近,史丹福大學宣佈,將接受 18 歲以下有天賦學生的申請,並對他們畢業的年限提供更多的靈活性。我希望其他大學也可以效仿。學習貫穿整個人生的旅程,早點畢業能為以後的生活提供更多的彈性。

縮短在學校的年限還有另一個好處。如果女性能提前完成學業,她們將會多出幾年時間來建立家庭和生育孩子。如果在學校的時間能減少兩年,這將提高 10%-20% 的生育率,即生育率提高 20%-40%。如果政府靠現金鼓勵人們生育,根據我們在本章前面的分析,達到這樣的效果將需要 1%-3% 的 GDP。這裏提出的教育改革,可以同時實現提高生育率、減少教育支出、增加稅基、促進創新等目的,應當是一項非常難得的多贏的政策改革。

第二部分

創 新 競 爭

創新競爭將在人力資源的大國之間展開。顯而易見，最值得關注的國家是中國、印度和美國。稍後我將詳細討論這三個國家的人口和經濟情況。中國和美國將直接競爭成為全球創新領導者，而印度依然還需要一代人才能成為世界經濟強國。我也將討論日本，因為它是世界上第一個受到老齡化影響巨大的國家。我還將討論歐盟，因為它是世界上貨物和勞動力的最大自由貿易區。

　　此處我所指的競爭是經濟競爭。當前各國的經濟競爭與歷史上的競爭完全不同。過去，競爭通常是一種零和遊戲，國與國之間對領土和資源展開激烈的爭奪，往往會導致衝突和戰爭。今天，在主要大國之間開展的對創新和人力資源的競爭，並不再是零和競爭，因為創新不僅對創新者有利，而且對其他國家也會產生有益的影響。此外，對於人才的激烈競爭可以提高教育的投資回報，並且促使政府加大對人力資本的投入，因此會造就更多的人才。但是，這依然是個高賭注的遊戲，畢竟世界上只能有為數不太多的創新中心。當一個城市或者地區成為某一領域的創新中心時，它就會比其他城市更具活力，也更加富裕。資源和土地不再像以前那樣重要，經濟競爭將體現為創新的競爭和對於人才的爭奪。

第六章

日　本

　　日本是研究老齡化的最佳案例，因為日本是第一個經歷嚴重老齡化影響的大型經濟體。歐洲一些小國也出現了老齡化問題，然而，由於在歐盟內部勞動力的流動相對比較自由，很多小國也輸入了不少移民，因此，老齡化對這些國家的影響要溫和得多。日本沒有吸引多少移民，使得它成為研究老齡化和低生育率的典型案例。日本的老齡化對創新和企業帶來的負面影響，已經為世人敲響了警鐘。

日本經濟的老齡化

　　在過去幾年中，我經常去日本研究其人口問題。有一天傳來這樣一條新聞：作為日本最為傑出的互聯網企業家之一，堀江貴文由於違反證券法而被逮捕了。最初，我對此並未給予太多注意，因為他的公司規模並不大，但是當我與日本的經濟學家在討論創新和創業時，堀江貴文經常被提到。有一位經濟學家評論道："您想不想知道為什麼日本的年輕企業家數量如此之少？看看我們如何對待堀江貴文就可以知道了。"後來，我得知堀江貴文在日本是為數不多的小於 40 歲的年輕企業家，他創立了一家頗受歡迎的互聯網門戶網站，叫作"活力門"。這家公司對傳統媒體的壟斷地位形成了挑戰。他特立獨行，高調古怪。他在工作的時候穿 T 恤衫而不是商務正裝；他與模特約會，開豪華跑車，並且公然挑戰和批評現狀。這些行為都不被日本的商界接受，因此，他被日本媒體妖魔化了。當他試圖收購一家電視台的時候，他被起訴了，後來因為財務問題而被捕了。很顯然，日本的經濟學家對於這位年輕的企業家抱以同情。他的失敗，打擊了任何不甘墨守成規、試圖挑戰現狀的日本人。

堀江貴文也許是有罪的，然而令人震驚的是，在他被捕之後，日本的學術界給予他如此多的同情。現在我開始理解出現這一情況的原因了，因為日本的確需要更多像堀江貴文這樣的人。日本的很多經濟學家認為，日本經濟之所以出現如此長時間的停滯，就是由於缺少企業家，尤其是年輕的高技術企業家。與美國相比，日本的高新技術企業要少得多。中國和韓國所擁有的高新技術公司也比日本的多。

日本並不是一直都缺少成功的高技術公司。在 20 世紀前半期，日本的年輕企業家創立了索尼、豐田等高技術公司，然而，過去 30 年中卻沒有再出現成功的高技術公司。難怪日本人對堀江貴文這樣的人寄予厚望。然而，商界中的老一代掌控了所有的權力和資源，年輕的企業家，尤其是那些並不服從慣例常規的年輕人不被信任，往往會被邊緣化甚至被壓制，所以人們才會對堀江貴文給予這麼多同情。

失去的幾十年

20 世紀 50 年代到 80 年代，日本的經濟在發達國家中是最具活力的。在長達 30 年的時間內，日本的年均 GDP 增長率超過 8%。日本公司成長迅速，在諸如電子工業、自動化以及工業設備等很多領域中都是創新的領導者。1990 年，在國家競爭力的世界排名中，日本高居榜首，而且日本的人均 GDP 也超過了美國。

　　然而，到了 20 世紀 90 年代，隨著日本的人口開始急劇變老，日本的經濟命運也迅速反轉。創新的引擎很快失去了動力，最具創新精神的日本公司幾乎都開始變得遲緩和保守。最初在半導體行業中，緊接著就是軟件和通信行業，最後在遺傳學領域，日本公司被來自美國和新興經濟體（如中國和韓國）的公司趕超。2008 年，在最具競爭力國家的排名中，日本掉到了第 20 位。近年來，日本的人均 GDP 已經遠遠落後於美國了，經濟增長率幾乎為零。

　　從 20 世紀 90 年代開始的日本經濟停滯，被經濟學家稱為“失去的十年”，然而，更準確的說法應當是“失去的幾十年”，因為迄今為止，日本的經濟衰退已經持續了將近 3 個 10 年了。在第一個“失去的十年”中，許多經濟學家把衰退歸因於由房地產價格泡沫破裂引發的金融危機。他們認為，等到金融危機過去之後，日本的經濟和日本的公司就會重新獲得競爭力。今天，越來越多的經濟學家逐漸認識到，金融危機儘管是一個重要的轉折點，但並非問題的本質。金融危機一般會持續 2-4 年，歷史上最深重的經濟危機——美國經濟大蕭條也才持續了 12 年。然而日本的經濟衰退已經持續超過了 25 年。還有一些經濟學家把衰落原因歸咎於日元兌美元的急劇升值，認為這削弱了其出口產業的競爭力。然而，在整個“失去的幾十年”中，日本經濟一直保持著高額的貿易盈餘。日本公司之所以落後於美國和中國的公司，並非源於高企的成本，而是因為在科技和創新方面喪失了領導地位。這一狀況的形成，與日本勞動力的老齡化直接相關。

　　圖 6-1 顯示了日本在過去 60 年中的經濟增長速度與老齡化指數。老齡化指數在 20 世紀 90 年代急劇上升，與此同時，經濟增長率放緩至 1% 左右。

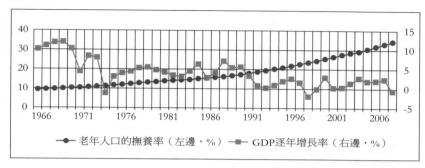

圖 6-1　日本的 GDP 增長與老齡化指數

注：老年人口指數＝（65 歲以上人口 /15-64 歲人口數）×100%。

資料來源：Statistical Survey Department, Statistics Bureau, Ministry of Internal Affairs and Communications, 2008.

　　20 世紀 90 年代以後，日本成為世界上人口平均年齡最大的國家。與美國及其他發達國家不同，日本在第二次世界大戰以後只出現了很短暫的嬰兒潮，在 20 世紀五六十年代生育率迅速下降。同時，日本人在很短的時間裏快速富裕起來。當 20 世紀 70 年代日本的人均收入達到 5,000 美元時，其生育率跌至更替水平以下。當 20 世紀 80 年代人均收入達到 10,000 美元時，日本的生育率下降到了 1.6 以下。20 世紀 90 年代，日本的生育率進一步下降到 1.5，目前為 1.3-1.4（見圖 6-2）。

　　自 20 世紀 70 年代以來，日本的低生育率導致人口結構嚴重老齡化。65 歲以上的人數從 20 世紀 70 年代佔總人口的 7%，增加到了 2016 年時的 22%。20-39 歲的人數佔總人口的比重，從 20 世紀 70 年代的 35% 下降到了 2016 年的 27%。圖 6-3 比較了 2016 年時日本和美國的人口結構，以及 2040 年時日本和中國的人口結構。正如我們所看到的，今天的美國比日本要年輕得多。雖然今天的中國要比日本年輕得多，但到 2040 年的時候，中國的老齡化程度幾乎將與日本一樣。

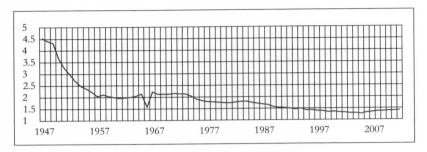

圖 6-2　第二次世界大戰以後日本的生育率

資料來源：Statistical Survey Department, Statistics Bureau, Ministry of Internal Affairs and Communications, 2011.

目前在日本，每個勞動者需要扶養 0.8 名老人，此外，許多年齡超過 65 歲的日本老人依然在繼續工作。日本每年的政府收入為 8.3 萬億日元（約合 830 億美元），但公共養老基金的規模已經超過 100 萬億日元。龐大的養老費用使日本政府成為所有高收入國家中負債最多的國家，負債超過 600 萬億日元。未來，日本政府想要解決預算赤字問題，要麼進一步提高退休年齡，要麼增加稅收，但這些舉措都不利於創新和創業。

隨著勞動力的老齡化，一家典型的日本公司的員工年齡分佈是這樣的：年齡在 40-50 歲以上的員工數量遠多於 20 多歲和 30 多歲的員工數量。通常情況下，日本企業在考慮給員工晉級的時候是論資排輩的。當一家公司中，中年甚至更為年長的員工人數佔據多數的時候，年輕員工的晉升就會放慢。在第二章中，表 2-3 顯示了日本企業中經理人的年齡。

20 世紀 70 年代，日本企業中 32% 的經理年齡在 35 歲以下，但到了 20 世紀 90 年代，只有不到 16% 的經理是 35 歲以下的年輕人。再來看看部門主管的年齡構成：20 世紀 70 年代，25% 的部門主管年

齡在 45 歲以下，但到了 20 世紀 90 年代，只有 8% 的部門主管的年齡
低於 45 歲。企業中初級管理層中年輕人的比例比整個公司年輕員工的
比例下降得更快，高級管理層中年輕人的佔比比初級管理層中年輕人
的佔比下降得更快。這是因為，在一般情況下，管理層的晉升或多或

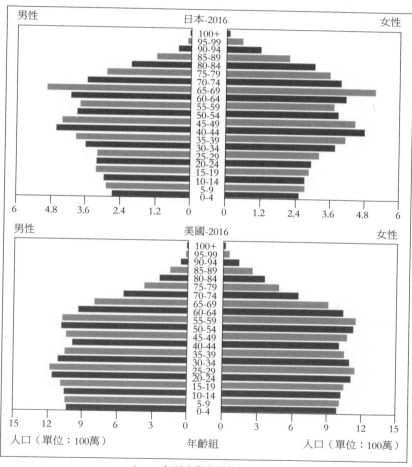

a）2016年日本與美國的年齡結構

圖 6-3

164

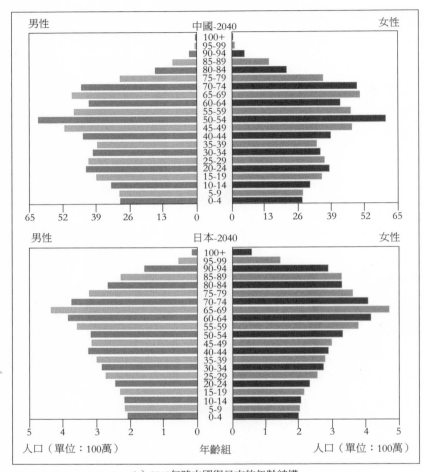

b）2040年時中國與日本的年齡結構

圖　6-3（續）

資料來源：US Census Bureau, 2015.

少與資歷有關，因此在管理層的年齡構成中，勞動力老齡化帶來的影響會被放大。這就形成了一個惡性循環，當企業的管理層變得越來越老時，他們傾向於讓晉升標準變得更保守、更重資歷，從而保護他們的權力和影響力。因此，日本的年輕勞動者只能佔據較低的職位，管理經驗較少，財務資本和社會資本也都很少，造成其創業和創新能力低下。

在第二章中，我已經論證，30 歲的人最有潛力成為企業家，他們此時已經積累了行業經驗和社會關係，並且仍然具備冒險精神，工作勤奮，可以快速學習新技術。在一個老齡化的國家裏，30 歲的年輕人不僅數量少，而且創業能力低，因為他們在社會中的地位很低，導致創辦一家新公司所需的經驗和社會資本都不足。

當經濟增長緩慢時，公司發展緩慢，新僱用的員工數量也很少。這更增加了創業的風險。在這樣的環境中，如果一家創業公司失敗了，那麼這家公司中的員工將會陷入困境，因為他們很難在其他公司再找到同等的工作。因此，年輕人不願意加入新成立的企業，導致初創企業通常很難吸引到有天賦的員工，從而使這些企業缺乏競爭力，也就更難以獲得成功。

日本是研究這種現象的一個很好的案例。圖 6-4 顯示了 1966 年和 1999 年之間日本公司的創立率。公創立率從 20 世紀 60 年代的 6-7% 下降到了 90 年代的 3-4%。

與美國人相比，日本人的創業率要低得多。事實上，日本人的整體創業率是世界上最低的，如圖 6-5 所示。

在高科技產業如軟件和互聯網業中，初創公司至關重要。讓我們比較一下 2010 年美國和日本兩國的十大高科技公司的福布斯排名。在第二章中，表 2-2 顯示了這些公司的創始人的信息。在美國的十強企業中，有八家是在過去 30 年裏創立的，而在日本，沒有一家是在過去的 40 年裏成立的。

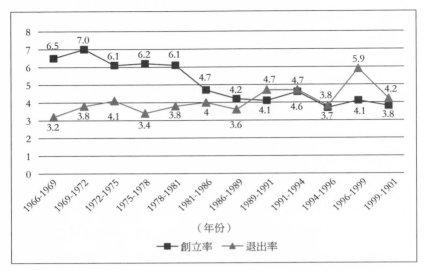

圖 6-4　1966-1999 年日本公司的創立和退出情況（％）

資料來源：MPHPT, Establishment and Enterprise Census of Japan.

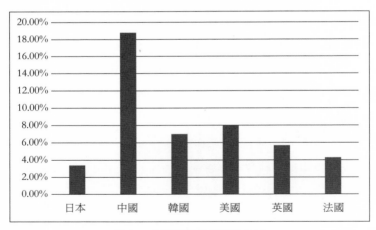

圖 6-5　不同國家的創業率（％）

資料來源：Global Entrepreneurship Monitor, GEM 2009 Global Report, 2010.

美國十大高科技公司中七大公司的創始人至今仍然健在。他們創辦公司的平均年齡是 28 歲。比爾・蓋茨創立微軟公司時年僅 20 歲；萊昂納多・波薩克和桑迪・勒納（Sandy Lerner）創立思科公司時，分別為 33 歲和 31 歲；拉里・埃里森創立甲骨文公司時，時年 32 歲；拉里・佩奇和謝爾蓋・布林（Sergey Brin）創立谷歌時，時年 24 歲；邁克爾・戴爾（Michael Dell）創立戴爾公司是在 22 歲的時候。另外，已故的史蒂夫・喬布斯在 21 歲時創立了蘋果公司。

　　這些高科技公司的股東大多是創始人、公司員工，以及其他美國公民。所以，這些公司在過去的 30 年裏為美國人創造了巨大的財富。這些公司市值總和在 2017 年超過 3 萬億美元，相當於美國 GDP 總量的 10% 以上。美國經濟的卓越表現，可以說主要得益於高技術企業。

　　然而，在過去 30 年裏，日本公司的價值卻並沒有增長多少。觀察到的一個有趣的現象是，日本領先的互聯網公司，大都是由跨國公司或大型財團的專業經理人來掌管運營的。例如，日本最大的搜索引擎是谷歌日本公司，最大的門戶網站和拍賣網站是雅虎日本公司，而最大的社交網站連我網站（line），原本是一家韓國公司的子公司。相較而言，在美國、中國甚至韓國，幾乎所有的互聯網公司都是由當地的年輕企業家所創辦的。這是日本缺乏創業精神的另一個證據。

日本企業的老齡化

　　日本不僅僅缺乏創業企業，即使是曾經領先的老牌企業，在與美國企業的競爭中也表現得行動遲緩，決策僵化。

　　幾年前，攜程旅行網的高管人員在日本參觀一家領先的旅遊公司，兩家公司的高管團隊相對坐在會議桌的兩側。儘管兩家公司的規模相似，但現場的反差異常鮮明，兩家公司的高管人員儼然是來自兩代人。攜程旅行網的高管人員都是 30 歲上下的年輕男女，而日本公司的高管人員都是 50 歲以上甚至更加年邁的老人。會議期間，偶爾也會有年輕的日本員工進出，但他們都是公司高管人員的秘書或助手。

　　通常，一名年輕的大學畢業生在加入一家日本公司後，他的晉升主要是基於資歷，一般會在同一家公司工作直到退休。在這裏使用 "他" 而不是 "她"，是因為大多數女性在結婚後就會退出工作。有一次，一個日本朋友對我說，論資排輩的文化在日本公司中仍然強大而普遍。舉一個例子，年輕員工需要用不同的方式稱呼高級員工。我就問他：一名年輕員工如果被提拔到一個比年長員工更高的職位時，那麼他是否需要改變自己稱呼年長員工的方法！我的這位朋友想了一會兒說，據他所知，這種情況在他的部門從來就沒有發生過。我問他：為什麼這種令人窒息的論資排輩的文化能夠繼續在企業中存在！他說，這是因為公司中的高層職位都被年長的員工佔據著，他們根本沒有任何動力去做出改變。

　　許多經濟學家認為，勞動力的老齡化與僵化的晉升制度相結合，削弱了日本企業的活力，導致它們在與美國年輕公司的創新競爭中落敗。例如，日本企業曾經一度主導世界的半導體產業。20 世紀 80 年代，日本公司擁有世界市場份額的一半以上。日本電氣公司（NEC）和東芝公司是世界上最大的兩家半導體公司。世界十大半導體公司中有一半都來自日本。自 2006 年後，然而，20 年過去後，世界十大半導體公司中只有兩家公司來自日本。排名第一和第二的兩家公司分別是英特爾公司和來自韓國的三星公司（見表 6-1）。日本公司衰敗的原因是，20 世紀 90 年代，半導體產業出現了重大創新。英特爾公司抓住了個人電腦領域中微型處理器的機會，三星公司則佔領了個人電腦領域中的內存芯片市場。相比之下，日本公司對新機遇的反應非常緩慢，它們繼續專注於對大型機芯片的完善，卻沒有轉換到個人電腦市場。結果，日本公司輸給了美國和韓國的競爭對手。

表 6-1　世界十大半導體製造商在各地區的市場佔有率

排名	1993 年		2000 年		2006 年		2016 年		2017 年第一季度	
1	英特爾	7.6	英特爾	29.7	英特爾	31.6	英特爾	57	英特爾	14.2
2	日電電子	7.1	東芝	11	三星	19.7	三星	44.3	三星	13.6
3	東芝	6.3	日電電子	10.9	德州儀器	13.7	高通	15.4	SK 海力士	5.5
4	摩托羅拉	5.8	三星	10.6	東芝	10	博通	15.2	美國鎂光	4.9
5	日立	5.2	德州儀器	9.6	意法半字體	9.9	SK 海力士	14.9	博通	4.1
6	德州儀器	4.0	摩托羅拉	7.9	瑞薩電子	8.2	美國鎂光	13.5	高通	3.7
7	三星	3.1	意法半字體	7.9	海力士	7.4	德州儀器	12.5	德州儀器	3.2
8	三菱	3.0	日立	7.4	飛思卡爾	6.1	東芝	10.9	東芝	2.9
9	富士通	2.9	英飛凌	6.8	恩智浦	5.9	恩智浦	9.5	恩智浦	2.2
10	松下	2.3	飛利浦	6.3	日電電子	5.7	聯發科技	8.8	英飛凌	1.9
十大製造商市場金額（100 萬美元）	47.2		108.1		118.2		202.1		56	
半導體市場總金額（100 萬美元）	108.8		218.6		265.5		365.6		99.6	
十大製造商市場佔有率	43%		49%		45%		55%		56%	

資料來源：Research Bulletin of IC Insights, 2017.

另一個例子是軟件行業。20世紀90年代在美國和歐洲，出現了許多專注於企業資源計劃（ERP）的軟件公司。ERP是指幫助大型製造企業管理其業務的軟件。領先的ERP軟件製造商甲骨文公司和SAP公司，已經進入世界上最大的軟件公司之列。規模較小的公司，包括總部設在荷蘭的Baan公司，以及總部設在美國的仁科（Peoplesoft）公司等。日本擁有世界上最大和最先進的製造企業，可是，為什麼沒有出現一家日本的全球ERP軟件公司呢？原因在於，與美國公司相比，日本公司在採用新的IT技術方面非常緩慢。ERP軟件的普及水平只有其他發達國家水平的一半（Huth, 2006），甚至比韓國和台灣地區的公司都要低很多。一項調查研究了日本公司應用ERP軟件水平低的原因：日本的管理層對信息技術的認識水平比較低，也不願意改變自己現有的業務流程（Miyoshi and Nakata, 2011）。採用IT技術的滯後與日本高管人員的保守心態有關，畢竟這些高管人員比其美國同行的年齡大得多。

日本的其他高科技產業，如互聯網和通信設備，在適應新的IT技術方面也非常遲緩。總體而言，日本不僅缺乏新的創業公司，而且現有公司也變得思想保守、行動緩慢、流程僵化。當技術創新和應用的步伐加快的時候，年長的日本高管人員就很難跟上了。

日本社會的老齡化

我經常與日本的經濟學家討論日本經濟的困境，許多人認同低生育率和老齡化社會是日本問題的根源。問題是日本政府在提高生育率方面做了些什麼呢？正如我在前一章中所討論的，與其他生育率低的發達國家相比，日本政府給予鼓勵生育政策的預算比較低。目前，日本的生育率只有1.4，仍然是世界上最低的國家或地區之一。我問一位經濟學家，為什麼日本沒有花更多的錢來提高生育率？我得到的答案是：日本政府的主要服務目標人群是老年人。

隨著日本老齡化日益加重，相對於年輕選民來說，老人和老年選民越來越多，因為與年輕人相比，老年人更多地出現在投票站前。2003 年，在日本選民中，年齡為 60-69 歲參加投票的人佔比 77%，而年齡在 20-29 歲參加投票的人佔比僅為 35%（Coulmas, et al., 2008）。由於老年人主導選票，公共政策自然會傾向於老年人。隨著越來越多的預算被用來支持老年人，日本政府沒有意願也沒有能力拿出更多的錢來資助養育子女的年輕夫婦。

在過去幾年中，日本經歷了持續的經濟衰退，工資毫無增長。年輕員工的利益受到了嚴重損害，但是針對老年人的福利一直保持穩定。日本經濟的通貨緊縮，也是以犧牲年輕人的利益為代價來幫助老年人，因為即使沒有名義上的加薪，在職老員工的實際工資也在不斷上漲，而企業不願僱用年輕人或給年輕人加薪。圖 6-6 顯示了不同年

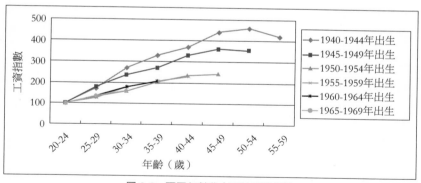

圖 6-6　不同年齡段人群的工資趨勢

注：設 20-24 歲的工資指數為 100。

資料來源：Basic Survey on Wage Structure（annual edition）, Ministry of Health, Labour and Welfare; Consumer Price Index, Ministry of Public Management, Home Affairs, Posts and Telecommunications.

齡段人群的工資趨勢。這表明,最近一段時間以來,年輕員工的工資增長速度遠遠低於他們的父母一代,而老年員工的工資和福利基本上不受影響(Coulmas, et al., 2008)。

隨著人口老齡化的加劇,越來越多的社會資源和注意力投向老年人。2016 年,當我在日本一家醫院填表的時候,醫院提供了三副度數不同的老花眼鏡。難怪日本被認為是老年人的天堂。日本退休老人所享有的福利和權益,讓全世界都羨慕不已。退休後,日本員工可以領取原來工資的 70%,遠高於年輕員工的工資。政府通過稅收和福利制度的設計,將本應屬於年輕人的一大筆收入轉移給了老年人。

把年輕人的收入轉移給老年人並非一定不公平,因為最終每個年輕人都會變老。然而,就像當老年人佔據更多的管理崗位後,公司就會變得不那麼具有創新精神一樣,當老年人相對於年輕人擁有更多的財富和權力時,政府和整個社會都會變得更加保守。日本的政治家往往比他們的美國同行年長,他們採取了更加保守的經濟政策。20 世紀 90 年代,當日本的房地產泡沫破裂時,政府採取了零利率政策。這是一種非常保守的做法,使得那些管理不善的銀行或企業能夠繼續生存下去。許多西方經濟學家無法理解為什麼日本政府不允許這些低生產率的企業倒閉,從而使得創新和創業所需的能量得以釋放。這一政策選擇也可能與勞動力的老齡化有關。日本人的中位年齡是 45 歲(而美國人的中位年齡是 35 歲)。如果政府允許這些企業倒閉,與一個 35 歲的勞動者相比,一個 45 歲的勞動者被解僱後學習新技能和找到新工作都要困難得多。讓這些低生產率的企業得以生存,也許是日本政府做出的正確選擇,畢竟中老年僱員的調整成本實在太大了。

出於類似的原因,日本政府在移民政策上也過於保守。由於日本政府過於關注公共資源的短期負擔或吸收移民的短期痛苦,日本的移民政策仍然非常嚴格。但是同樣地，從控制選票的老年人的角度來看，這是一個理性的選擇，因為老年人通常只關心短期利益（在他們在世的那一段時間內）。在一個老齡化社會中，公共政策會趨於保守和短視，年輕人的利益則被邊緣化，因為他們本就在政治的邊緣。

　　年輕人的邊緣化，對結婚和生育率也有負面影響。為了省錢，更多年輕人不得不和父母一起生活。父母一般來說更加富裕，也很高興有自己的孩子留在家裏，並願意提供額外的資金支持。有一個詞來形容那些和父母住在一起的年輕人，即"食草男"。這些"食草男"通常只有臨時的工作或沒有工作，在經濟上主要依賴父母。因為職業前景暗淡，他們既沒有努力工作的動力，也沒有追求婚姻伴侶的動力。他們通常是媽媽的寶寶，不怎麼做家務，顯然對於女性也沒有吸引力。據一本叫作《"食草男"正在改變日本》的暢銷書估計，在 20-34 歲的日本男性中，有 2/3 是"食草男"，按照傳統的標準，日本女性越來越難以找到合適的丈夫，因此，許多日本女性仍然單身。近年來，所有年齡段的日本單身女性比例都在迅速增加（見表 6-2）。在 30-34 歲的年齡組中，單身女性的比例從 1985 年的 10% 上升至 2005 年的 32%，她們中的許多人將終生不會結婚。晚婚或不婚進一步加劇了低生育率的問題，形成了惡性循環。

表 6-2　日本女性的初婚率與初婚年齡

年份	15-19 歲（%）	20-24 歲（%）	25-29 歲（%）	30-34 歲（%）	35-39 歲（%）	40-44 歲（%）	45-49 歲（%）	50 歲（%）	初婚年齡（歲）
1950 年	97	55	15	6	3	2	2	1	23.6
1955 年	98	67	21	8	4	2	2	2	24.7
1960 年	99	68	22	9	6	3	2	2	25.0
1965 年	99	68	18	9	7	5	3	3	24.8

（續）

年份	15-19 歲（%）	20-24 歲（%）	25-29 歲（%）	30-34 歲（%）	35-39 歲（%）	40-44 歲（%）	45-49 歲（%）	50 歲（%）	初婚年齡（歲）
1970 年	98	72	18	7	6	5	4	3	24.7
1975 年	99	69	21	8	5	5	5	4	24.5
1980 年	99	78	24	9	6	4	4	5	25.1
1985 年	99	81	31	10	7	5	4	4	25.8
1990 年	98	85	40	14	8	6	5	4	26.9
1995 年	99	86	48	20	10	7	6	5	27.6
2000 年	99	88	54	27	14	9	6	6	28.6
2005 年	99	89	59	32	18	12	8	7	29.4

資料來源：台灣社會保障與人口研究所，2008 年。

　　總而言之，深陷低生育率陷阱，老齡化導致創業和創新活力的缺失，使得日本在高科技創新的競爭中被美國和其他新興國家擊敗。老齡化社會的影響會自我強化，因為老年人控制著選票和公司的管理職位，使得年輕人更加難以擺脫束縛。因此，在老齡化社會中，年輕人越來越軟弱，面臨諸如結婚率下降、生育撫養後代的能力降低等困境。

第七章

美　國

美國的創新史

　　超級大國美國的出現，改寫了 20 世紀的世界歷史。美國經濟在創
新方面取得了巨大的成功。如圖 7-1 所示，19 世紀後期，美國的專利

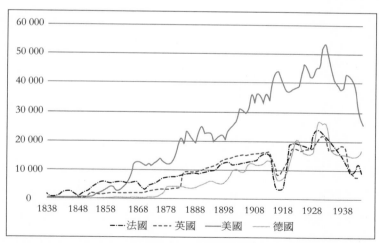

圖 7-1　法國、英國、美國和德國的專利數量（1838-1945 年）

資料來源：B. Khan "An Economic History of Patent Institutions". EH.Net
Encyclopedia, edited by Robert Whaples. March 16, 2008.

數量已經超過了法國、德國和英國,成為世界創新的引領者。細細數來,電燈、電報、電話和量產汽車等最負盛名的創新,要麼誕生於美國,要麼最早在美國取得商業化成功。19 世紀 70 年代,美國人均國內生產總值仍比英國低 30%,但到了 1929 年,情況逆轉,美國人均國內生產總值已高出英國 30%,其中有相當一部分應當歸功於創新驅動所帶來的增長。

美國在創新方面的異軍突起曾令人驚訝,畢竟美國 19 世紀 60 年代時仍處於南北戰爭的漩渦。而與之形成鮮明對比的是,英國、法國特別是德國等歐洲國家的工業化程度更深,擁有世界上最好的企業和最好的大學,似乎佔據著創新的所有優勢。

那麼問題來了:美國是如何迅速取得成功的呢?有觀點認為,應該歸因於南北戰爭之後的鐵路延伸和領土擴張。我對此有不同的看法,認為終極推動力是人口擴張。人口的增長致使大批人口湧向原為西班牙殖民地的美國西部和南部地區,從某種程度上講,美國的領土擴張大獲成功正是獲益於人口的增長,最終幫助美國在美西戰爭中擊敗西班牙。而鐵路延伸則是由於人口擴張和領土擴張的雙重推動。換言之,美國在 19 世紀後期獨樹一幟的根本推動力,在於人口的迅速增長。

如圖 7-2 所示,1865-1925 年,美國人口從 3,000 萬增加到 1.1 億。對比同一時期的歐洲主要大國,法國人口僅從 3,800 萬增加到 4,000 萬,英國人口從 2,400 萬增加到 4,500 萬,德國人口從 3,800 萬增加到 6,300萬。數據顯示,美國當之無愧地成為這一時期最大的移民接納國家。

此外,與當時的其他新興國家相比,美國的人口規模也更為龐大。1870 年,美國人口已經達到 4,000 萬;相比之下,墨西哥和巴西的人口不足 1,000 萬,阿根廷的人口甚至不足 200 萬。到了 20 世紀初期,美國市場已經相當於法國和英國市場的 2 倍、德國市場的 1.5 倍。

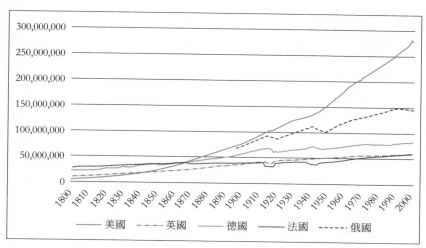

圖 7-2　美國、俄國、德國、英國和法國的人口變遷數據（1800-2000 年）

資料來源：B. R. Mitchell. International historical statistics (ed. 3 ＋ 4); Statesman's yearbook（1930-2001）; Demographic yearbook / United Nations (195X-); "Suomen tilastolinen vuosikirja" 1998; A hundred year (1890-1990) database for integrated environmental assessments / C.G.M. Klein Goldewijk and J.J. Battjes (1997).

　　19 世紀 90 年代早期，儘管美國的創新數量更多，但是美國在基礎科學和研究方面仍然落後於歐洲。比如，美國諾貝爾獎獲得者的數量遠遠少於德國。然而，儘管缺乏世界級的科學家，美國在創新領域仍能超越歐洲，其法寶則是美國國內的巨大市場，這為發明家和企業家提供了最誘人的商業機會。歐洲人發明了電力，然而卻是托馬斯・愛迪生、尼古拉・特斯拉這些美國企業家拉開了電力商業化應用的時代大幕。到 1925 年，紐約儼然已是世界城市之最，人口超過巴黎和柏林的兩倍，達到 700 萬之多。藉助於最廣闊的市場，在電力和相關技術商業化方面，美國企業總能比其歐洲同行更早實現規模經濟。也正是依托於其龐大的市場，美國企業率先引進裝配生產線的大規模生產方式。1908 年，福特公司的流水線生產出第一輛 T 型車，自此，單位生產成本的急劇下降和生產率飆升，推動美國汽車企業躍居成為世界領先的創新者。

規模優勢不僅體現在對消費產品創新的促進上，也體現在對資本產品創新的助推上。以 19 世紀 90 年代早期機械行業的創新為例，擁有眾多製造企業作為其潛在客戶，美國機械設備生產商成功地研發了專業化的機械加工設備，成為這個領域世界領先的創新者。

19 世紀 90 年代初期，在西方國家裏，美國人口規模已經是第二大國的兩倍之多，早在第一次世界大戰前，美國已是經濟超級大國。後來，美國強大的經濟實力被用於戰爭，起到了決定性作用，美國贏得了兩次世界大戰，重新書寫了 20 世紀的世界歷史。第二次世界大戰後，美國在人口方面更具有不可比擬的優勢。許多科學家特別是猶太科學家進入美國大學，填充並夯實了美國的基礎科學研究實力，從而使美國在這方面的實力最終超越歐洲。

美國在持續吸引更多優秀移民方面比歐洲更具優勢，其出生率又高於歐洲，因此到了 21 世紀，美國人口已經增至 3 億，這一規模比英國、德國、法國和意大利的人口總和還大，差不多相當於日本人口的 3 倍。直到不久前，中國的市場規模才與美國相匹敵。在 20 世紀的大部分時間裏，美國一直擁有世界上最優秀的大學和最優秀的企業，長期佔據世界創新的領頭羊之位。

得益於規模優勢，美國在信息技術、金融服務、媒體產業和軍事技術方面遠遠領先於其他國家。當然，也有例外，歐洲企業和日本企業在部分製造業中佔有領先地位。歐洲企業和日本企業在國內市場規模較小的劣勢下，之所以仍能與美國企業同台競技，原因在於製造業的產品特徵。製造業的產品規格有嚴格而客觀的質量標準，因此出口製造產品要比出口服務、軟件或電影容易得多。芬蘭諾基亞公司在國內市場狹小的背景下，照樣可以在世界範圍內實現產品的規模效應。在移動手機產品的競爭中，諾基亞曾經有過輝煌的、引領時代的創新。

　　然而，製造業在現代經濟中的份額正被侵蝕，逐漸讓位於服務、軟件和互聯網產業。在這些非製造業的行業內，所生產的產品不便出口，因為服務產品的完善需要企業與客戶的合力打造。正因為如此，龐大的國內市場成為服務和信息技術行業的重要競爭優勢。我們可以看到，在服務和信息技術行業，美國企業一枝獨秀。美國擁有最大的物流企業，如聯邦快遞和 UPS，還有最大的餐廳、連鎖酒店以及最大的金融服務公司。美國企業在全球服務業中所佔的市場份額比其歐洲或日本同行大得多。通常，這些美國企業首先會在美國市場實現規模經濟和產品完善，之後再進軍其他國家的市場，成為響當當的全球品牌。毫無懸念的是，美國軟件和互聯網企業主宰了許多國家的市場。當移動手機成為服務 / 軟件產品而不僅僅是製造業產品時，美國的蘋果公司也就取代了諾基亞的昔日王者地位。

美國擁有創新的固有優勢嗎？

　　現在的問題是：美國能否擋住來自中國的競爭？美國前副總統拜登曾經說過，美國的創新優勢不可動搖。他還指出美國的創新優勢在於政治體制、經濟制度和教育制度三個方面。我不同意這種看法，上述三個方面根本不是美國創新競爭力的源泉。

　　首先，政治制度與創新無關，許多民主國家就不是創新的成功例證。幾乎所有歐洲國家都是民主國家，但受制於市場規模小、人口老齡化，南歐和東歐國家的創業創新水平很低。而在 20 世紀七八十年代，中國大陸、新加坡、中國台灣地區和韓國都沒有實行西方式的民主制度，但不能否認上述經濟體都是相當成功的創新者。

其次，經濟制度的優勢不可持續。創新的政策要素囊括貿易自由化、最低限度的監管、良好的基礎設施，以及包括知識產權在內的完善的產權保護體系。大多數國家深諳於此，並制定相應的政策。中國已經實行了市場經濟、對外開放和知識產權保護的政策，並擁有良好的基礎設施。從這個意義上講，良好的經濟制度並非美國所獨有。

最後，教育制度僅代表部分而非全部優勢。美國高中教育比大多數發達國家差，甚至比東亞國家還要糟糕。有人認為，由於死記硬背的應試教育制度，中國學生不會成為創新者，這純屬臆斷。儘管中國高中生的學業壓力沉重，但是沒有證據顯示超負荷學習會對創造力有明顯的弱化影響。其實，日本學生的教育壓力何嘗不是與中國一樣呢？然而日本人卻在 20 世紀七八十年代為世界貢獻了隨身聽、電子遊戲等許多偉大的發明。直到最近，日本創造的質量才因其勞動力老化而飽受重創。韓國的教育制度也與中國相似，但韓國在汽車工業、家電行業等領域的創新非常成功。近年來，許多中國企業已經在發揮高技術產業創新引領者的示範作用，可見 20 世紀七八十年代形成的中國教育體系並不會抹殺創新。

另外，由於美國大學能吸引來自世界各地最優秀的學生和學者，美國在高等教育方面仍居於世界領先地位，特別是在研究生和博士生的培養項目方面。如果非要找出美國無法被搶走的固有優勢，那就是能吸引和留住更多的優秀人才，維持相對較高的生育率。這是世界其他地區無法做到的。

生育率優勢

美國人口的高增長源於高生育率和移民兩方面的貢獻。首先來看生育率，美國的生育率居於所有發達國家最高位——2.0，該生育率接近世代更替水平，遠遠高於歐洲平均 1.5 的生育率水平。即使我們只觀察美國的白人人口，其生育率仍高於歐洲（見圖 7-3、圖 7-4）。

圖 7-3　美國的總體生育率趨勢（經濟下行期間美國生育率下降）

①據美國人口資料局（PRB）估計。

資料來源：National Center for Health Statistics, 2012.

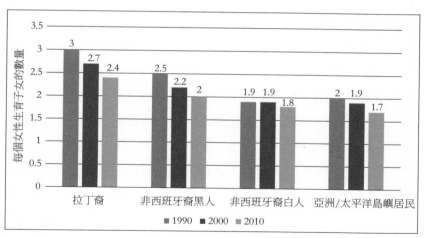

圖 7-4　美國的少數民族生育率

資料來源：National Center for Health Statistics, 2012.

　　與其他發達國家相比，為什麼美國的生育率特別高呢？學者仍在研究、討論這個問題。看起來，原因似乎不止一個。原因之一可能要歸結於宗教。在美國，人們對於宗教的熱衷程度高於歐洲，而宗教理念傾向於教導信徒重視婚姻和大家庭。例如，摩門教徒和天主教西班牙裔的生育率通常較高。

　　另一個原因是美國的住房相對便宜。與東亞國家的中國、韓國和日本相比，大多數美國人居住在住房成本低廉得多的郊區，因而居住空間通常不會成為生育更多孩子的限制。

　　但是，美國的生育優勢是可持續的嗎？我的判斷是，美國的生育優勢會隨著時間的推移而逐漸減少。在媒體和文化日益全球化的背景下，美國年輕一代的生活方式必將大為不同，相應地，他們對生小孩的態度將會與歐洲人趨同。越來越多的美國年輕人湧向大城市，而由於聚集效應，大城市的房價將變得高不可攀，也會抑制未來的生育意願。

移民優勢

　　美國在創新方面的終極優勢在於移民，這也是美國成為超級大國的主要原因（見圖 7-5）。美國要維持創新之路的領導地位，唯有再次依靠移民。目前，美國每年大約吸引 50-100 萬名移民，這些移民的技能水平呈現兩極分化：一方面，大多數移民只有高中學歷或更低層次的受教育水平；另一方面，移民人口中擁有碩士、博士學歷的比例要遠遠高於美國本土人口。在這裏，我把低技能勞動力定義為沒有大學學歷的人口，相應地，高技能勞動力具有大學或更高的學歷。在這些移民中有一半以上是來自拉丁美洲的低技能家庭的移民，但是不可忽略的是，也有幾十萬來自歐洲和亞洲的高技能勞動力。

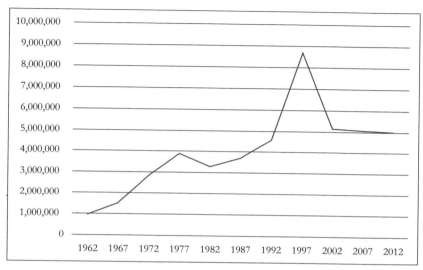

圖 7-5　美國淨移民率

資料來源：World Development Indicators, 2012.

　　許多研究也顯示，移民往往更具有創新精神和創業精神，比本土人口的生育率更高，更加重視子女教育。與美國本土人口相比，美國的高技能移民在申請專利上的概率約為本土人口的兩倍，而創業成功的概率高出 30%（Hunt, 2010）。

　　每年，美國大學都會吸引來自全世界的優秀學生。根據專業的統計數據，來自美國之外國家的博士畢業生的比例從 10%-50% 不等（見圖 7-6）。以計算機和信息科學以及工程學為例，這一比例分別為 45% 和 47%。絕大多數博士生畢業後會留在美國就業，他們都是自己國家最為優秀和聰明的頂尖人才，許多人後來成為行業內的領軍研究人員和企業家。在美國大約一半的成功高科技企業有移民身份的創始人。如果我們把第一代移民的孩子計算在內，那麼矽谷一半以上的工程師來自移民家庭。

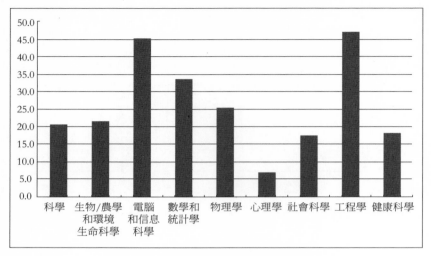

圖 7-6　美國大學外籍博士生的比例（%）

資料來源：National Science Foundation, National Center for Science and Engineering Statistics, Scientists and Engineers Statistical Data System, 2012.

　　美國在吸引移民方面的獨特優勢，在於其國內已有的龐大移民群。這一典型的網絡效應，是世界其他任何國家都不可比擬的優勢。新進入美國的移民，更容易利用美國本族裔的群體尋找朋友和工作。此外，不斷增長的人口、極具活力的經濟，都為移民提供了更多的就業機會和創新機會，從而吸引更多的移民加入。最後，越來越多的移民，使得美國在文化和政治方面呈現更大的多樣性與包容性，進而對移民產生更大的吸引力。美國在移民規模和網絡效應方面的優勢，是其他任何國家都沒法在短期內效仿的。相反，中國（以及其他大型經濟體）擁有相對單一的種族，但很難想像中國會成為能夠吸引大量移民的國家。

　　語言是另外一個優勢，英語的使用讓新移民更容易融入和同化。英語系國家是最受移民和留學生歡迎的目的地。圖 7-7 比較了美國、英國、加拿大和澳大利亞四個國家的外國留學生數量。而在所有英語系國家中，美國憑借人口最多和經濟總量最大的絕對優勢，能夠為留學生在畢業後提供更多的定居和工作機會，從而對留學生的吸引力最大。因此，許多英國、加拿大和澳大利亞的留學生在本科畢業後，會選擇赴美國就業或攻讀研究生。

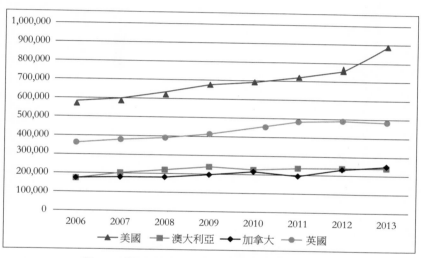

圖 7-7　美國、英國、加拿大和澳大利亞的留學生數量

資料來源：Project Atlas Australia, International Students in Australia, 2013.

　　移民是美國不可比擬的獨特優勢，但這種優勢會不會持續下去呢？美國歷史上曾經多次出台限制移民的嚴厲舉措。我認為，除非美國重蹈大幅削減移民的覆轍，否則移民優勢將得以延續。縱觀美國歷史，移民開放時期恰逢繁榮時期，這並非偶然。1924 年，美國出台了新的移民法，這一舉措的後果是移民人數大大減少，而這適逢大蕭條前夕。一旦經濟遭遇困難，政客卻常常把移民作為失業和不平等一系列問題的替罪羊，這實在是很荒謬的選擇。

收入不平等會是問題嗎?

如圖 7-8 所示,近年來,美國的收入不平等也在加劇,1% 最富有的美國人的稅前收入佔比,從 2009 年的 13.3% 上升到 2011 年的 14.6%。2012 年,1% 最富有的美國人的收入增長了近 20%,而其餘 99% 的美國人收入僅增長了 1%。

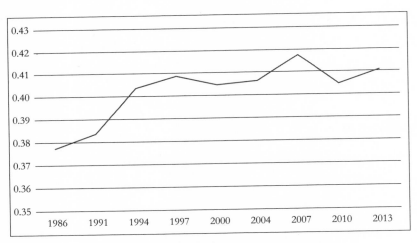

圖 7-8　美國的堅尼系數(世界銀行估計)

資料來源:World Bank, United States GINI Index, 2015.

美國在全球收入不平等方面的統計排位是第 30,這意味著有 70% 的國家的收入分配比美國更為平等。

與此同時,美國擁有最強大的經濟體和最具活力的 IT 產業。不平等的加劇和 IT 業的崛起同時發生,並非只是巧合。IT 技術提高了 IT 工程師和其他與 IT 技術互補的高技能勞動者的生產率。因此,IT 相關行業的高技能工程師和企業家賺了個盆滿缽滿,美國的收入貧富差距越拉越大。

收入再分配並非藥到病除的良方，因為這將抑制創新和創業的動力。更為有效的方式是創造公平競爭的環境和提高貧窮群體的技能水平。但知易行難，僅僅向窮人直接投放資源，並不足以顯著提升他們的教育水平，貧窮背後的文化等複雜因素，都在阻礙窮人接受更高水平的教育。

高技能移民有助於解決不平等問題。高技能移民人數的增加，將加大高技能勞動力的供應，從而降低高技能的工資溢價。與此同時，高技能勞動力也會增加對園丁、管道工、家政服務等的需求，從而增加對低技能勞動力的需求。結果是，低技能勞動力的工資隨之增長，收入不平等問題得以緩解。

中國和美國

大約 10 年內，中國的經濟總量或許將超過美國，躋身富裕國家之列。由於擁有相當於美國 4 倍的人口規模，中國的國內市場將更加龐大。不過受益於移民優勢和英語的母語優勢，美國仍然有機會脫穎而出。

而對個別市場，比如遊戲和娛樂業，市場邊界將是語言或文化，而不是國界。例如，一部中國電影的國內市場規模為近 14 億人口，而英語電影的市場規模接近 20 億人口（歐洲和印度的大部分人群都是潛在消費者）。互聯網、軟件產品等大多數服務產品的情況也類似電影行業，文化和語言會取代國家成為主要的邊界。

就人才庫規模而言，中國的大學生和研究人員的數量將超過美國。然而，比較學生和研究人員的素質，美國大學的研究生教育仍將強力吸引著世界各地最優秀的學生。這意味著，美國將有全球人才庫作為後盾，可利用的人才規模將超過中國。

此外，由於高生育率和移民率，美國人口將比中國更加年輕化。

以 2040 年為例，誠如我在第二章中所解釋的美國人口中位數僅為 40
歲，屆時中國的中位年齡將超過 45 歲，而老齡化國家的創新和創業活
力會疲弱很多（見圖 7-9）。

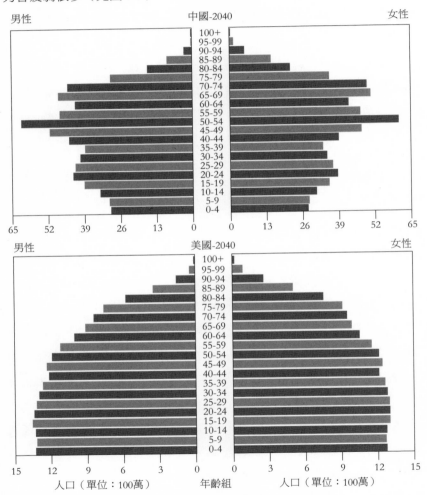

圖 7-9　2040 年人口結構預測（單位：100 萬）

資料來源：U.S. Census Bureau, 2015.

政策建議

美國應該努力吸引更多留學生在畢業後選擇留在美國居住和就業。

1. 為在美國大學畢業後的外國留學生提供更多的工作簽證

據估計，在美國的留學生已經超過 100 萬人。他們當中的大部分人支付全額學費，並希望畢業後留在美國。美國應該允許這些學生在沒有附加條件的情況下留美工作。捶胸頓足的應該是這些留學生的輸出國，美國其實正在獲得這些國家的寶貴人才，而無須為他們祖國所資助的高中教育或大學教育埋單。

2. 擴大本科和研究生課程

外國人對美國教育的需求一直非常高。僅以來自中國的學生為例估計，未來 10 年將會是現在的 4 倍之多。同樣地，隨著印度家長的經濟實力增強，富有的印度父母也會更多地將孩子送到美國學習。由於印度和中國的需求增加，美國大學將會出現巨大的供應短缺。讓我們對中國需求進行粗略的計算，預測中國大學生群體中，有 10% 的學生希望到國外求學，每年 800 萬名大學生中的 10% 即 80 萬人。在每年 80 萬名中國留學生中，我估計 50% 的學生會去美國，換句話說，每年將有 40 萬名中國學生申請美國大學。而印度、韓國和越南等其他國家，也會迎來赴美留學人數的大幅上升。目前，每年在美國大學獲得學士學位的人數約為 200 萬。10 年後，僅僅來自中國的需求就可以佔整個學位數量的 20%。

如果高等教育是私人產業，那麼高校自然樂見生源數量的高漲。但不幸的是，大多數教育實體都是非營利機構。和企業經營不同，大學更看重低錄取率下的高門檻，它們本身未必願意擴張。但對美國而言，如果美國的頂級名校能夠通過擴大設施，或允許更多的在線教學，以滿足不斷增長的教育需求問題，那麼上述問題也就不成為問題。高校在此意義上的擴張，將大大帶動教育行業和經濟的長足發展。

3. 允許更多高技能的移民進入美國

如果把高技能移民定義為至少具有大學學歷的人群，那麼每年美國可以至少接納 40 萬名高技能移民。然而，目前美國每年的 H1 簽證的上限只有略超 10 萬人。美國應該盡可能採取一切措施保證高技能移民的進入。一年才 10 萬個工作簽證限額低得可笑。

許多經濟學家認為，美國應該允許所有具有大學學歷的外國留學生在美國工作和生活。美國目前每年大約有 200 萬人獲得學士學位。假設將 20% 的學位授予外國留學生，而他們當中有 80% 的人希望留下來工作，這就相當於 32 萬（=20%×200 萬 ×80%）大學畢業生。因此，10 萬個 H1 簽證配額還不足潛在高技能移民的 1/3。20 世紀 90 年代，當時我在甲骨文公司工作時，親眼見證，由於 H1 簽證要排長隊，結果甲骨文和矽谷的許多高科技企業不得不在美國以外的地區新設大型研究和開發中心。無論從短期還是長期來看，這都將有損美國經濟。

美國應該將每年的 H1 簽證大幅增至 60 萬個左右，其中 30 萬個面向應屆畢業生，另外 30 萬個對經驗豐富的高技能勞動力開放。平均而言，假如每個高技能勞動者攜帶一位家屬，那麼目前每年移民人數將從 100 萬增加到 200 萬。按絕對值計算，每年 200 萬人的移民數量，將達美國歷史之最。而從總人口的比率來看，每年佔比不過 0.7%。與 100 年前相比，移民比率仍然偏低。在每年 0.7% 移民率的基礎上，美國仍然有能力吸收新移民，並提供基本公共服務。而每年高達 60 萬的高技能勞動力，將會成為美國競爭力提升的助推劑，同時有助於減少不平等。

4. 擴大基礎設施和公共服務

為了獲得公眾對接納更多移民的廣泛支持，美國需要在道路、醫院和學校等基礎設施方面加大投資力度，以滿足新移民對公共資源的需求，這樣做同時也不會引起原有國民的不滿。考慮到新移民人數即便在翻倍之後的佔比也只有 0.7%，應該說對於上述投入，美國完全有能力負擔。此外，這些基礎設施投資將促進經濟增長，創造更多的就業機會。

特朗普總統任期前瞻

特朗普站在反全球化的舞台上，宣稱旨在幫助低技能勞動力，但他的舉動實則不利於企業發展和經濟增長。好的方面是，特朗普傾向於低稅收和小政府，這對企業與經濟增長都有利。

我認為反全球化其實不會從實質上幫到工人，這是因為特朗普試圖找回的製造業就業崗位，屬於低技能工作，發展趨勢是這些崗位最終將被機器人取代。極為諷刺的是，特朗普想要 iPhone 在美國本土製造；與此同時，生產 iPhone、擁有數百萬員工（大多數在中國）的富士康公司，正努力使用機器人取代工人。他真的願意看到美國工人和在中國的機器人相互競爭嗎？

答案當然是否定的。美國應該試圖在美國生產更多的機器人。這就需要美國擁有世界最好的科學家和工程師。美國就業的關鍵是吸引工程師、研究生和教授等最優秀的人才留在美國居住與工作。為了創造更多的就業機會，美國需要更多的移民，這一邏輯看似矛盾。但是，正如本書所解釋的，由於聚集效應，移民尤其是高技能移民創造了更多的高技能工作，這使得美國作為全球創新中心的地位得以鞏固。此外，高技能移民還對低技能工作產生需求，從而拉動低技能工作的就業，有助於彌合收入不平等的鴻溝。如果一個人清楚地了解創新和移民的經濟學邏輯，允許更多的高技能移民進入便是必然的政策選擇，而這也是觀察特朗普總統任期是否明智的試金石。

超級大國之間的修昔底德陷阱

以古希臘歷史學家命名的修昔底德陷阱，指的是現任超級大國與一個新興超級大國必有一戰的預言。

顯而易見，如果中美之間發生軍事衝突，對兩國乃至世界都可能是災難性的。歷史上，比如德國和英國，又比如雅典和斯巴達等國家之間的對立通常要爆發衝突。

但我仍然堅持認為，這次會有所不同。在農業和工業時代，各國競相爭奪的是土地、勞動力和自然資源。時至今天，人類頭腦中的創新和技術已成為經濟中最重要的要素。換句話說，創新者的大腦是最關鍵的資源。一個國家通過戰爭，可以征服另一個國家，爭奪所有的自然資源，但人力資源或人類的大腦是任何外力都無法搶奪的。假設外國軍隊佔領矽谷，那麼矽谷就會立即停止創新。谷歌的工程師只會離開美國，在其他地方啟動新的搜索引擎。一旦人力資源和創新人才成為最寶貴的資產，傳統戰爭的動機自然也就消失了。

今日，經濟競爭已經是人才之爭而不再是資源之爭。人才之爭與戰爭不可同日而語，它更像是一場選美比賽。為了吸引最優秀的人才，需要各國"八仙過海各顯神通"，競相亮出最美麗、最安全的城市名片，輔以最好的公共服務和基礎設施。今天，最聰明的大腦具有移動屬性，任何侵略性的軍事對峙都會製造恐懼和不安全感，導致最有天賦的人才移民到更安全的國家，所以侵略者基本上不能從戰爭中獲利。

到 2040 年，中國經濟將面臨人口老齡化的嚴重威脅。經驗顯示，一個老齡化的國家在國內外政策上將趨於保守。因此，中國的創新能力將受制於老齡化社會的不利影響。與之形成對比的是，來自世界各地源源不斷的人才湧向美國，美國人口總量穩步增長，美國很有可能在 21 世紀後期恢復技術和創新的領導地位。

第八章

歐　洲

　　歐洲不是一個國家，所以我們主要分析歐洲一些較大的國家，即英國、法國和德國，這些是創新領先國家的潛在競爭者。儘管歐盟建立了單一的關稅貿易區，使用歐元作為單一貨幣，但不可否認的是，每個歐洲國家都有自己的語言、文化、法律和公共機構，所以其一體化程度不如美國單一的市場。因此，就規模而言，德國、法國、英國這些歐洲較大的國家，其商品和勞動力市場規模，都比不上美國，也遠遠小於中國、印度和日本等國家。此外，歐洲人口老齡化速度加快，平均生育率僅為 1.6，遠低於美國。因此，從人口角度看，歐洲弱於美國。以上因素都將成為歐洲大國挑戰美國和中國創新領導地位的障礙。

昔日的創新之王

　　在羅馬帝國統治下，歐洲曾經是一個大一統的國家（如果把羅馬帝國看作歐洲的前身，當然，羅馬帝國並沒有涵蓋與現代歐洲完全相同的地區）。在地理和人口方面，羅馬帝國都是當時世界上當之無愧的最大國家，甚至比漢朝時的中國都要大得多。據估計，羅馬帝國人口達到 8,000 萬，比漢朝人口多 30%。羅馬是世界上最大的城市，人口已達百萬之巨，面積是當時中國最大城市長安的兩倍之多。和中國擁有統一的語言一樣，羅馬的官方語言為希臘語和拉丁語。在整個地中海區域，羅馬各地區間的商品、人員和思想交流極其活躍，充滿活力。羅馬帝國自然是創新和科學的全球引領者，其工程、軍事、航海和運輸技術一直居於領先地位。不幸的是，公元 400 年左右，羅馬帝國大廈轟然倒塌，分崩離析為許多小領地。在同一時期，中國的漢朝也被推翻。不過幾百年後，中國在唐宋時期再次統一，並在此後的 1,000 年中一直是世界領先的創新者，直到公元 1500 年左右，中國的統治者奉行閉關鎖國的政策，完全隔斷與外部世界的貿易往來。

在同時期，一些歐洲國家特別是西歐國家，開始嘗試利用航海技術在大西洋探險。新大陸的發現，就是幸運的突破口。包括葡萄牙、荷蘭、西班牙和英國在內的這些西歐國家，都是中小國。正是由於規模小，這些國家才有很強的探索海洋的動力，試圖尋找連接亞洲的新貿易路線。這就解釋了為什麼是這四個較小的國家帶頭在大西洋探險，而非規模更大的法國或奧匈帝國。新大陸給這些國家帶來了豐厚的自然資源，新貿易路線使其能夠進軍亞洲新市場，從而增強了國家財力。它們的人均收入遠遠高於歐洲其他非貿易國家。在 18 世紀前 10 年的後期，經過一系列戰爭，作為上述四國中最大的國家，英國憑藉皇家海軍的優勢，在四國的競爭中脫穎而出，樹立了海上霸權地位，成為世界貿易和殖民爭奪的主導者。

在這一期間，英國是世界上最富裕和最先進的國家。儘管人口規模不及法國，但是受益於印度和中國等更大的市場，英國是全世界生活水平最高的國家之一（僅次於荷蘭，而後者的規模要小得多），國內企業家和工程師的數量要遠多於歐洲其他國家。這是 18 世紀末工業革命出現在英國的關鍵因素之一。18世紀末、19世紀初,英國是無可爭議的世界霸主,引領全球創新。

工業革命發祥於英國,並很快蔓延到歐洲和美國。在很長一段時間裏,法國都是歐洲最大的國家,人口最多,國內生產總值最大。但是法國飽受多次戰爭之擾,導致人口大量流失,政局動蕩不安。此外,頻繁的革命導致生育率偏低。再看此時剛剛統一的德國,其人口數量很快超過了法國和英國。德國享受規模優勢的紅利,在19世紀末第二次工業革命時期,它已扮演領導者的角色。德國科學家創立了現代化學,而德國企業成為現代化學工業的世界領軍者。到1925年,德國的人均收入已經躋身全球前列。

20世紀初,德國雖然算得上是歐洲最大的國家,但它的人口規模仍遠低於美國。事實上,如果視當時的蘇聯為歐洲國家,那麼德國也不能被稱為歐洲最大的國家。當時的蘇聯,人口規模遠大於德國,而且人口增長速度極快,在工業化和創新方面也正在迅速迎頭趕上。第二次世界大戰時期,納粹德國嚴重低估了蘇聯的實力,直接後果是在與蘇聯的戰爭中吃了敗仗。事實上,蘇聯是比法國強大得多的大國,人口是法國的3倍之多。當然,由於對手中還有美國這一更為強大的霸主,納粹德國的失敗命運早已注定。

縱觀歐洲歷史的通常模式,短期內小國可以取得新技術或組織形式的幸運突破。然而從長期來看,技術或組織創新會在更大的國家傳播和被應用。一旦大國趕上,發揮出其規模優勢,也就自然地成為創新中心,在創新中贏得競爭,也包括贏得戰爭。

現在斷言德國出局是否為時過早?

在19世紀統一後,德國成為歐洲的超級大國。在19世紀末的一個較短時期內（在被美國趕超之前），德國的人口規模位居歐洲第一，也是西方世界的老大。這一時期，德國在技術、創新和科學研究方面引領世界。隨著東德和西德重新統一，德國再次成為歐洲最大和最強的經濟體，在許多行業特別是高端製造業中處於領先地位。德國的跨國高科技公司遍及全球，比如我們熟知的奔馳和西門子。與日本一樣，德國可能會在高端製造業的強有力競爭中佔據一席之地。但問題是，在未來，製造業的重要性將日漸式微。未來的主導產業是信息技術、娛樂業和高端服務業，它們在經濟中的佔比將日益增大。對充滿活力和創新的行業而言，國內市場的規模尤為重要，由此美國企業可能會更成功。

再來看互聯網產業，幾乎找不到歐洲本土的互聯網企業。在服務業領域中，也只有法國雅高酒店（Accor）這一唯一的大型連鎖酒店品牌。法國是德國統一之前最大的歐洲市場，雅高酒店創建於法國並不令人驚奇。歐洲的大型軟件公司也很少，唯一的例外是 SAP 這家軟件製造企業。諾基亞曾是非常成功的手機生產商，但當手機成為移動互聯網時代的掌上電腦時，諾基亞已經完全不是蘋果公司等矽谷企業的對手。在娛樂業，除了英國，歐洲大陸其他國家遠遠落後於美國。正是受益於英語這一遺留的語言優勢，英國基本上可以視全部英語國家的市場作為本土市場，從而創造出了《哈利波特》等文化創意的成功案例。

為什麼歐洲沒有在服務、信息技術和娛樂行業形成更多的創新？還是市場規模的老問題。為單一歐洲國家開發的網站或手機 App 難以在研發支出方面和美國企業競爭。製造業的產品規格和質量有嚴格的客觀標準，因此製造業的創新企業可以藉助出口，將產品銷往世界各地，從而享受世界市場規模的好處。但在服務、軟件和互聯網行業中，一家企業需要與客戶合力打造服務產品體驗，因此擁有龐大的國內市場作為服務產品的試驗田，將體現出巨大的優勢。德國軟件巨頭SAP 取得成功的原因在於其軟件服務的對象是製造企業，而其大多數製造企業客戶的基地位於德國或歐洲其他地區，因此 SAP 具備類似國內市場的優勢。在服務、信息技術和娛樂行業，擁有龐大的國內市場，就是巨大的先天優勢。

在速度就是一切的互聯網行業中，規模優勢尤為重要。捕獲一項新技術的早期使用者的能力，對於在競爭中獲得先機至關重要。做一個假設，如果 100 萬是判斷社交網站質量優劣與否的關鍵，那麼臉書要做的只是等待在美國的普及率達到 0.25%，而在不到美國人口 1/4 的英國，任何潛在的本土社交網站都要等待普及率達到 1.3%。這樣下來，美國社交網站臉書將會佔盡先機，可以預留出足夠的時間在美國啟動和完善產品，然後進入英國市場，扼殺掉英國本土的所有競爭對手。英國的慘敗卻不會在中國重演，因為中國的市場比美國更大，中國本土企業可以研究和試驗自己的突破性技術與發展。

歐洲本土企業在軟件和互聯網行業中的糟糕業績反映在風險投資方面的數據中（見表 8-1）。

表 8-1　部分歐洲國家、中國、美國及其他國家的風險投資情況（2009 年）

國家	風險投資（100 萬美元）
美國	180,000
中國	15,285
英國	7,174
意大利	2,958
法國	2,786
印度	2,765
德國	1,363

（續）

國家	風險投資（100 萬美元）
俄羅斯	1,308
日本	1,100
西班牙	879
韓國	711

資料來源：歐洲風險投資協會（EVCA）年報，2011。

　　歐洲的第二個問題是創業精神的缺乏。互聯網和電子商務等最具顛覆性的技術，通常來自新企業。有人分析，歐洲創業精神的缺乏源自文化。相比之下，源於更具創業精神的移民文化，美國文化更加多元和富有創造力。然而我認為，這並非主因，關鍵還是市場規模。在一個較小的國家內，獲勝的激勵太小了。如果有人創立一個法國旅遊網站，贏者回報只有一個美國旅遊網站的 20%（因為市場規模只有20%），更不用說美國旅遊網站還有擴展到其他國家的機會，佔領世界市場。相關的解釋已經在前面提及。我認為市場小是歐洲缺乏 "創業文化" 的真正原因。中國的情況與歐洲完全相反，文化方面雖然不如歐洲人崇尚個人主義，但憑藉巨大的中國市場規模，即使一個非常小眾的產品，也能創造出巨大的利潤。因此，中國的創業精神非常強。

　　第三個問題是勞動力市場缺乏競爭。從表面上來看，歐洲人工作時間比美國人要少，但我會將這歸因於市場規模。儘管歐盟國家沒有限制勞動力的自由流動，但是由於語言和文化差異，勞動力的流動並不充分。舉個例子，一位在法國大學任教的教授，實際上只需與其他講法語的教授競爭，而不是參與更大的英語學術界的競爭。對於其他高技能勞動者，道理也是如此。因此，相比美國，歐洲的高技能勞動者更悠閑。這也是大城市居民更加努力工作的原因，換句話說，城市的人口規模促進了勤奮。

英國會有所不同嗎？

英語優勢使得英國成為其他歐洲國家的例外。英國的國內市場雖然不大，但其勞動力市場與其他英語國家有著高效的連接（簽證不會成為障礙，畢竟大多數國家都會歡迎高技能移民）。會有一些人認為，德國人和法國人也能講一口流利的英語，但是，如果要在英語語系國家成為商業領袖或電影作家，英語作為母語是顯而易見的優勢，尤其對於高技能工作更是如此。

對英國而言，英語是一把雙刃劍。一方面，英國的優秀人才能夠更容易融入美國，從而移民美國；另一方面，在娛樂業等某些行業中，英國企業可以視龐大的英語語系國家作為自己的本土市場。此外，英語也是吸引移民的優勢之一。最後，考慮到英語的語言優勢，美國跨國公司甚至中國跨國公司更可能將研發中心落戶英國。

總的來說，對於英國、加拿大和澳大利亞等國家，英語是一個優勢。這些國家可以和其他英語國家共享一個巨大的商品與勞動力市場。理論上，它們能夠實現美國式的成功，但成敗的關鍵在於能否與美國及其他英語語系國家更加緊密協調，成為一體。

俄羅斯屬於歐洲嗎？

俄羅斯的情況與英國恰恰相反。俄羅斯雖然地處歐洲大陸，但它不是歐盟成員國，這意味著與歐盟市場的隔離。此外，俄羅斯在文化和政治上與西歐都存在不同，而更相似於東歐。在第二次世界大戰之後，蘇聯的人口甚至一度超過美國。儘管企業家精神在計劃經濟體系下被嚴加遏制，創新活動也處於嚴格的國家控制之下，但蘇聯仍向太空發射了第一顆人造衛星。然而，與其他中央計劃經濟體一樣，由於缺乏私人創業的激勵措施，創新之泉終將乾涸，經濟最終走向坍塌。隨著蘇聯解體，其人口規模銳減過半。目前俄羅斯人口僅為 1.44 億，不到美國的一半，略高於日本。更糟糕的是，較低的生育率（1.6）使該國前景相當暗淡。充裕的自然資源可能起不到太大作用，反而會因大宗商品價格的波動，引發"資源詛咒"。正如本書前面所述，自然資源其實並非經濟發展、創新活動的積極因素。一般情況下，資源豐富的國家通常面臨不穩定的政府、低效的公共機構和不完善的財產保護法律，這些都是創新的禁忌。俄羅斯確實存在這些方面的問題。

歐洲創新前景

歐洲整體作為創新動力的前景疲弱。由於固有的文化、政治和語言障礙，旨在打造單一市場的歐洲一體化很難實現。此外，提高生育率舉措的效果不是很理想。移民是解決方案之一，但受制於語言，歐洲大陸對高技能勞動力的吸引力遠不如美國。因此，總的來說，與美國和中國相比，歐洲在創新方面的競爭力要弱得多。

生育率和老齡化

平均而言，歐洲的生育率為 1.6，是更替水平的 75%（兩者的差是 25%），但不乏個別亮點。如圖 8-1 所示，高生育率國家包括英國、法國和北歐國家。英國的生育率為 1.9，法國的生育率為 2.0。低生育率國家是德國和南歐、東歐國家。

作為歐洲最強的經濟體，德國的生育率只有 1.4，當屬世界生育率最低的國家之一。即使每年有大量的移民流入，德國的人口增長率仍然為零或為負。許多德國人不想生孩子，這也是所有工業化國家共同面臨的問題。更糟的是，德國女性的受教育程度居於全球前列，德國政府從來沒有像其他歐洲富國一樣提供慷慨的兒童撫養津貼。好在德國經濟強勁，有財力增加家庭福利。最近，德國政府在家庭友好政策方面加大了支出。關於政策成效，讓我們拭目以待。

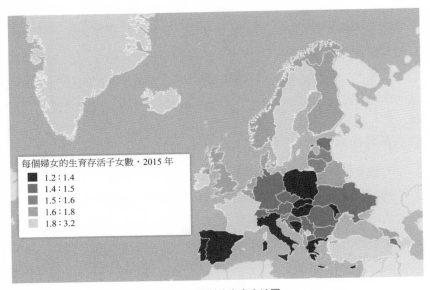

每個婦女的生育存活子女數，2015 年
- 1.2：1.4
- 1.4：1.5
- 1.5：1.6
- 1.6：1.8
- 1.8：3.2

圖 8-1　歐洲的生育率地圖

資料來源：World Bank, 2015.

其他低生育率國家出現在南歐和東歐。意大利的生育率為 1.4，西班牙和波蘭的生育率為 1.3。因此，這些國家正在迅速走向老齡化。與德國形成對比的是，這些國家經濟較弱，不在最具吸引力的移民目的地之列。事實上，他們正在受累於人才流失，本國許多有天賦的年輕人，正在流向美國及其他歐盟國家。此外，這些國家財政積弱，沒有財力實行如德國般的家庭津貼，因此這些國家成為創新中心的希望更加渺茫。

與之相對比的高生育率國家，如英國、法國和北歐國家。英國的生育率為 1.9，法國和瑞典都為 2.0。這就引出了下一個問題：高生育率國家和低生育率國家之間的區別是什麼？

生育率差異的原因是什麼？

高生育率國家和低生育率國家之間的不同之處在於，高生育率國家的政府提供慷慨的財政支持，以及其他有利於提高生育的福利，比如日托中心。平均而言，高生育率國家的家庭資助支出佔國內生產總值的 3-4%，而低生育率國家的此項平均支出為 1-2%。一般來說，家庭資助開支與較高的生育率之間有明顯的正向關係。當然，對於大多數低生育率國家來說，這項發現可不是好消息，因為大多數南歐和東歐國家的經濟疲弱，政府預算原本就很吃緊。

另一個不同是對婚姻和婚外生育的態度。隨著女性受教育人數和就業的增加，結婚率普遍下降。當然，如果非婚生育率隨之上升，那麼結婚率的下降就不是生育問題的主因。然而，低生育率國家的非婚生育率通常比北歐等高生育率國家低得多。非婚生育率低的原因可能是文化，這些國家仍然重視傳統家庭觀念，對單親家庭有所歧視。另外，也可能是經濟原因，如前所述，低生育率國家的政府家庭補貼開支較少，單親母親更難獨立撫養孩子。如果原因在於經濟壓力，那麼德國倒是可以通過增加對大家庭和單親家庭的資助支出來提高本國的生育率。

移民

美國從移民特別是高技能移民中受益匪淺，那麼歐洲國家能否把移民作為緩解人口短缺的解決之策呢？讓數字說話，圖 8-2 顯示了主要歐盟國家和美國的移民人數。

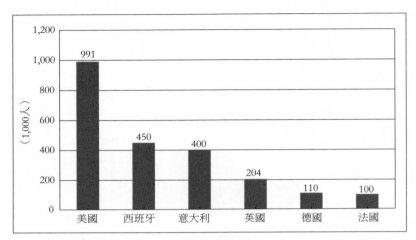

圖 8-2　主要國家的年均淨移民情況（2005-2010 年）

資料來源：UN, World Population Prospects (the 2010 Revision), New York, 2011.

從圖中的數據來看，以移民佔總人口的比例計，主要西歐國家所接受的移民數量與美國相當，有些國家的移民所佔份額甚至更大。

1. 移民的技能水平如何？

對歐洲國家來說，和美國比較移民數字有點不公平。歐盟可以被認為是一個國家，在歐盟內部從一個國家到另一個國家的遷徙，相當於從美國一個州遷徙到另一個州。表 8-2 將移民人數區分為歐盟移民和非歐盟移民。

表 8-2　進出歐盟的移民數

國家	2010 年總人口（1,000 人）	外國勞工總人數（1,000）	佔比（％）	出生地為歐洲其他國家的人數（1,000 人）	佔比（％）	出生地為非歐洲其他國家的人數（1,000 人）	佔比（％）
歐盟	501,098	47,348	9.4	15,980	3.2	31,368	6.3
德國	81,802	9,812	12.0	3,396	4.2	6,415	7.8

（續）

國家	2010 年總人口（1,000 人）	外國勞工總人數（1,000）	佔比（%）	出生地為歐洲其他國家的人數（1,000 人）	佔比（%）	出生地為非歐洲其他國家的人數（1,000 人）	佔比（%）
法國	64,716	7,196	11.1	2,118	3.3	5,078	7.8
英國	62,008	7,012	11.3	2,245	3.6	4,767	8.1
西班牙	45,989	6,422	14.0	2,328	5.1	4,094	8.9
意大利	60,340	4,798	8.0	1,592	2.6	3,205	6.5
荷蘭	16,575	1,832	11.1	428	2.6	1,404	8.5
希臘	11,305	1,256	11.1	315	2.8	940	8.3
瑞典	9,340	1,337	14.3	477	5.1	859	10.2
奧地利	8,367	1,276	15.2	512	6.1	764	9.1
比利時	10,666	1,380	12.9	695	6.5	927	7.3
葡萄牙	10,637	793	7.5	191	1.8	602	5.7
丹麥	5,534	500	9.0	152	2.8	348	6.3

資料來源：Eurostat, *Migration and Migrant Population Statistics* , 2013.

從表 8-2 來看，非歐盟移民人數較多，幾乎是歐盟移民人數的兩倍。事實上，歐盟內部移民的數量遠遠低於美國各州之間的人口移動，這意味著歐盟國家之間的勞動力流動低於美國各州之間的勞動力流動。由此，這也從另一個方面佐證了本書仍然將歐盟視為國家的集合而非單一國家的合理性。大約 2/3 的移民來自非歐盟國家，而且往往是那些低技能勞動力。

問題是：歐洲大國是否像美國一樣吸引高技能創新者？如圖 8-3 所示，德國、法國和西班牙的移民當中受過大學教育的比例低於本土人口。此外，接受大學教育的比例並不代表全部，美國比歐洲吸引了更多的頂尖人才（比如擁有博士學位的人）。

在某種程度上，歐洲國家正在吸引"錯誤的"移民群體。顯然，可以設計移民政策以吸引尋求工作機會而非福利的合適的移民。加拿大正是根據教育、技能和年齡來優先遴選移民的，而這一制度也在世界各地被其他國家採用。然而，總的來說，由於缺乏最好的大學或創新企業（更不用說是否具備語言優勢），西歐國家對高技能勞動力的吸引力遠遠弱於美國。

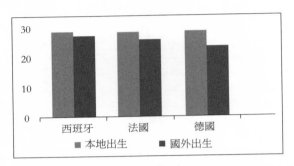

圖 8-3　2011 年按出生地劃分的受高等教育的程度（佔 25 歲以上的比例，%）
資料來源：Eurostat (Census hub HC34 and HC45).

2. 穆斯林移民潮

大約 100 年前，美國也接納過比本土人口受教育程度更低的低技能移民。這些愛爾蘭、中國和印度移民的子女很好地融入了當地社會，積極參與社會和政治生活。他們中的許多人成為了出色的企業家和創新者。

一些人擔心穆斯林很難融入當地文化，而且他們的高生育率將使歐洲變色為穆斯林大陸。這種擔心可能是杞人憂天。

目前，穆斯林只佔歐洲人口的 6%。穆斯林人口的生育率比當地人口平均高出 50%，這意味著經歷一代人的時間，到 2050 年，穆斯林人口將佔比 10%，而經過三代人口的更迭到 2100 年，穆斯林人口佔比將達 20%（見表 8-3）。即使真的佔比達到 20%，也不能就認為會形成災難。然而，在穆斯林人口佔比已經超過 10% 的部分國家和城市中，穆斯林人口的增長態勢仍引發當地人的隱憂（見圖 8-4）。

表 8-3　按地區劃分的穆斯林的生育率（2010-2015 年）

	所有地區	穆斯林	兩者之差
撒哈拉以南非洲	4.8	5.6	0.8
中東—北非	3.0	3.0	0.0
北美	2.0	2.7	0.6
亞太地區	2.1	2.6	0.4
歐洲	1.6	2.1	0.5
世界	2.5	3.1	0.6

注：兩者之差是根據前兩項計算而得，選取的是數據可得的區域。

資料來源：The Future of World Religions: Population Growth Projections, 2010-2050.

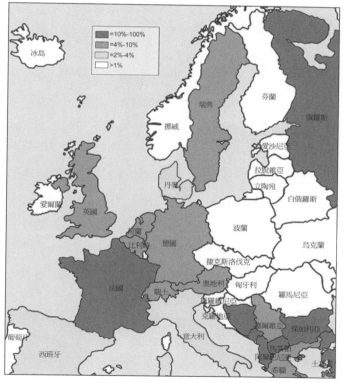

圖 8-4　歐洲國家的穆斯林所佔的比例

注：捷克斯洛伐克現已分為捷克和斯洛伐克兩個國家，原文如此。

資料來源：Pew Research Center, 2014.

以上預測的前提是，所有穆斯林移民在第二代或第三代，其生育率仍然遠遠高於本地人。正如在第一章中所討論的，穆斯林女性生育率更高的主要原因，是她們的教育水平和勞動力參與率較低。所以，最大的疑問是，這些移民歐洲的穆斯林女性的第二代甚或第三代人，是否會在將來接受更多的教育，更加職業化，而不是生更多的孩子呢？

80 年前，人們認定天主教徒要比美國新教徒更熱衷於宗教，回頭來看這一觀念經歷了兩三代人後有何變化。在世界各地，人們愈發世俗化，女性追求接受更多的教育和擁有獨立的事業。在世界許多地區，穆斯林生育率也在隨著城市化和收入的增加而下降。伊朗的生育率已經低於更替水平。未來，歐洲穆斯林的生育率可能會與當地人口趨同。因此，迄今為止經歷兩代人到 2100 年，歐洲人口當中穆斯林的比例更有可能是 15% 而非 20%。即使佔比達 20%，也不能就認為會形成災難。

其實在歐洲，穆斯林女性的生育率並沒有高出更替水平太多，問題是當地人只有 1.6 的生育率。面臨的最大挑戰是，如何鼓勵受過高等教育、擁有更高收入的當地居民多生孩子。新加坡的穆斯林人口有相當大的佔比，它曾出台生育政策給擁有大學學歷的女性發放生育現金獎勵。在民主國家中，這一特殊政策可能在政治上並不可行，但可以制定傾向於職業女性的其他生育福利政策，例如產假和免稅，這些都有助於高收入群體選擇多生多育。

英國脫歐和歐盟的未來

英國脫歐對歐盟是一個沉重的打擊。正是基於對美國巨大市場的規模優勢的響往，歐盟旨在構建超過美國人口的單一市場。根據設立的初衷，理想中的歐盟應該是歐洲合眾國，但現實上，歐盟更接近於由不同國家組成的一個大型自由貿易區。首先，由於語言和文化的差異，勞動力的流動性與美國根本不具有可比性。更重要的是，不同歐洲國家的發展水平差距過大，遠遠高於美國各州內部的發展差異。比如，最富有的西歐和北歐，其人均收入是羅馬尼亞等最貧窮國家的5 倍之多。相比之下，美國最富裕的新澤西州的人均收入只是最貧窮的阿拉巴馬州的兩倍。我認為，歐盟太過於雄心勃勃，其試圖在短期內納入太多發展水平差異巨大的不同國家。正確的思路應該是，首先吸納富國加入。由於歐盟成員國間的巨大差異，很難實施一刀切的公共政策。當一個國家的選民認為歐盟政策不再適合他們時，便有動力脫歐。

英國脫歐的原因，是選民不贊成歐盟過於慷慨的移民和社會政策。大多數經濟學家表示，由於對歐盟的出口可能受到關稅報復，英國脫歐的成本將會極其高昂。然而，英國的獨特之處在於，相比服務貿易，其對歐盟的商品出口份額很小，英國從歐盟的商品進口多於對歐盟的商品出口。更重要的是，英國是一個金融強國，向歐盟和世界出口大量的金融服務。假如歐盟認為英國脫歐會成為其他國家效仿的先河，從而一定要對英國實施懲罰性措施，比如對來自英國的出口施加重稅，傷害的不只是英國，更是歐盟，這會削弱單一市場的規模優勢。另外，我並不確定歐盟能夠危及英國作為歐洲金融中心的地位。目前，倫敦擁有世界級的由金融行業的高技能工作者所構建的龐大企業網絡，沒有其他歐洲城市能夠與之相比。

相比其他歐盟國家，英國的高技能勞動力市場和金融市場，實際上更傾向於與美國的一體化。此外，得益於相對開放和自由的經濟，還有英語語言的便利，英國也是最受中國以及其他國家歡迎的經商和投資的歐洲目的地。最近，為了服務歐洲市場，中國攜程公司（ctrip.
com）以 14 億英鎊投資了一家英國互聯網公司。如果英國能與美國和
中國建立更緊密的關係，並繼續維持歐洲的金融門戶之位，我對脫歐
後的英國仍然相當樂觀。

政策建議

相比英國和法國的高生育率，德國是一個生育率偏低的歐洲大國
（意大利的生育率與德國相當），而且最有可能提高本國的生育率。以
北歐國家為參照對象的話，德國還有許多政策空間可以利用，比如動
用 2-4% 的 GDP 來鼓勵生育。德國當然有財政實力實施類似的生育支
持的政策。

關於移民問題，雖然各國應繼續開放各類移民，不過也需要通過
制定傾斜性政策，以吸引更多的高技能勞動力移民。歐洲大陸各國應
該致力於營造更友好的英語環境，類似像新加坡那樣創造出雙重官方
語言系統。此舉可能使歐洲國家更好地吸引母語或第二語言是英語的
高技能移民。

對於德國來說，焦點在於發展高端製造業，因為這些行業對市
場規模的依賴性不如服務業。此外，對於較小的國家而言，總體戰略
在於應該積極引進略有爭議的高新技術。比如基因工程和無人駕駛汽
車，小國家完全可以為這類新技術提供寬容的法律環境。相反，大國
在法律和條例的調整方面通常較為緩慢。例如，雖然美國一直致力於
無人駕駛汽車的法律推進，但是新加坡更早宣佈將在未來 5 年內實施
無人駕駛汽車。

擁有世界第一語言 —— 英語的優勢，英國不僅在製造業，而且在
高端服務業領域中脫穎而出。它可以充當歐洲的門戶，連接美國和世

界其他地區。英國已經是歐洲金融中心，也是美國和中國跨國公司進軍歐洲的第一站，英國將繼續成為歐洲最強大的經濟體之一。

其他發達國家

為了成為經濟體系的門戶，一個國家（地區）不需要非得在技術上有所創新，也可以在政策和制度方面創新。中國香港地區在 20 世紀下半葉成為世界通往中國內地的門戶，雖然它算不上技術方面的偉大創新者，但其門戶地位成就了其繁榮。新加坡是另一個很好的例子，它正在迅速成為東南亞國家和世界其他地區的門戶。事實上，新加坡之所以比中國香港地區更為成功，根源在於東南亞對新加坡的依賴度高於中國內地對香港地區的依賴度。作為門戶戰略的一部分，新加坡和中國香港地區都正確奉行了非常開放和自由的經濟政策：以市場為中心、低稅收、低福利。這些政策是門戶戰略的得力要素，因此也成為吸引合適移民必不可少的利器。

在歐洲、東亞和北美以外，富裕國家的數量有限。有些是充當門戶城市的富裕的小國，比如新加坡。有些則是資源豐富的英語語系國家，比如澳大利亞。有些人把這些國家的成功歸因於國內豐富的資源，但是別忘了，在南美洲和中東地區存在著許多資源豐富的窮國。那些資源豐富的英語國家之所以脫穎而出，是因為擁有良好的制度，得益於英語的語言優勢，且與其他富裕國家保持緊密的聯繫。然而，這些國家的劣勢也是顯而易見的：國家太小，沒有足夠的人才。

以色列人極具創新性，是一個特殊的例子，但是仍然受制於規模小，所以不能建立大企業。以色列的大部分技術創新在研發初期就會被售賣給中國或美國的企業。隨著中國和印度的競爭實力不斷上升，以色列必將面臨人才流失到美國、印度和中國的壓力。事實上，正如我們在第二章中所解釋的，生活在大國（美國和俄羅斯）的猶太人要比留在以色列的猶太人成功得多。

結論

總而言之，由於分散化的市場、低生育率和語言障礙，與美國或中國相比，未來歐洲在經濟上和創新上的前景都要暗淡得多。然而，如果歐洲國家對來自世界其他地區的高技能移民的政策更趨向開放，營造更友好的英語環境，著力增加鼓勵生育的力度，那麼歐洲在經濟方面尤其是高端製造業上的創新前景仍然樂觀。

第九章

印　　度

　　讓我們先討論印度的人力資本。圖 9-1 標注的是 2006 年獲得美國理工科博士學位的非美國裔的人數按照國籍區分所佔的比例。一個國家在美國研究生院所獲得博士學位的份額，可以很好地反映一個國家人力

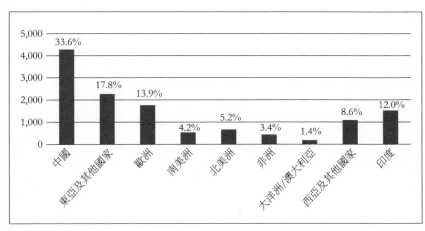

圖 9-1　2006 年按國籍授予理工科博士學位的非美國公民人數

注：共有 25 個學位被授予了來自美國之外的非美國公民。

資料來源：National Science Foundation, Science and Engineering Doctorate Awards: 2009-10.

資本的實力。這一數字表明，被授予博士學位的中國學生人數幾乎是歐洲學生人數的兩倍。被授予博士學位的印度學生所佔的份額比歐洲整體小，但比歐洲任何一個國家都要大，甚至大於美國以外的美洲和非洲所佔份額的總和。以此作為未來 GDP 的預測指標，印度的創新將排在中國和美國之後，居於第三。一個國家從中等收入水平邁向高收入水平的驅動力在於創新，而創新取決於人力資本的規模和質量。因此，圖 9-1 可以被視作未來主要國家 GDP 分佈的預測指標。

其他經濟學家也做出了同樣的預測。彭博社預測，未來 15 年，印度經濟將保持每年 7% 左右的增速，經濟總量翻兩番，2030 年人均收入將達到 8,000 美元的規模。屆時印度將超過日本和德國，成為世界第三大經濟體。與中國相似，當印度到達中等收入水平時，將出現數以億計的中產階級消費群體和受過良好教育的勞動力，預示著印度將成為創新的沃土。印度的長期前景將更加光明。2030 年之後，與中國不同，印度雖然仍會相對貧窮，但得益於更龐大、更年輕而且越來越多的人口紅利，印度可以繼續發揮後發優勢，實現比美國和中國更快的增長。從現在起的兩代人時間裏，印度的勞動力人口將比中國龐大得多，而青年勞動力的數量將達到中國的兩倍。預計到 21 世紀末，印度經濟將反超中國和美國，成為世界最大的經濟體。

肯定有人認為上述判斷很牽強，但這種發展趨勢曾經得到過歷史的證明。請關注中國和亞洲四小虎（泰國、馬來西亞、菲律賓和印度尼西亞）在工業化後的增長史，觀察其人均 GDP 的增幅。第二次世界大戰之後，亞洲四小虎的人均 GDP 從佔美國的 5% 增長到 50%，實現這一切的時間跨度還不足 50 年。中國的人均 GDP 的增長速度甚至更快。自 20 世紀 80 年代以來，30 年間中國的人均 GDP 從美國的 5% 增長到 20%。此外，中國極有可能在不到 50 年的時間內增長至美國人均 GDP 的 50%。沒有理由說，中國會是最後一個加入富國俱樂部的國家。下一個國家，將是擁有大量高質量人力資本的印度。

印度的歷史

如何解釋印度仍然是世界上最貧窮的國家之一？歷史上的印度，曾經擁有和中國一樣偉大的燦爛文明，位居四大文明古國之列。在過去的 60 年裏，印度的民主制度平穩運行。但是，在工業化的道路上，為何印度是姍姍來遲的後發國家呢？

在歷史上的大多數時期，印度並不是一個單一的國家。相反，它是許多獨立小王國的集合。我曾對工業革命始於西方、早於東方做出解釋。第二次世界大戰後，世界其他地區的經濟體開始奮力追趕。日本、韓國和中國台灣地區在此時期採取了開放的市場經濟體制，而印度奉行的卻是截然不同的自給自足的社會主義制度。

從政治意義上講，儘管印度絕非蘇聯式的政權，但不可否認的是，在 20 世紀 90 年代前，印度實行的經濟政策正是蘇維埃式的中央計劃制度。計劃經濟的政策給創新和創業加上了沉重的枷鎖，比如許可證制度。如果希望經營企業，企業家首先需要獲得許可證，而其獲取成本通常極其巨大，有時乾脆就是不可能完成的任務。此外，根據一項初衷是幫助小型企業的法律，任何企業如果要擴大規模，擁有超過百餘名僱員，就需要經過政府的特別審批程序。此外，不計其數的煩瑣的法規政策，都成為企業擴大經營規模的桎梏，比如超過一定規模的企業如果要解僱工人必須經過政府批准。因此，假設一家企業經營成功，想再擴大規模，擴大到一定規模後，突然面臨不能解僱任何工人的情況（需要政府審批）。對於企業經營者來說，不能解僱任何工人是很可怕的情形。由於這些條條框框，許多行業的企業規模很小，相當多的企業不得不冒著法律風險大量僱用臨時工。

　　這從根本上扼殺了創新和創業的動力。而正是由於擴大經營規模的目標和潛在回報，激發了企業家創業與創新的動力。既然創業開公司沒有發展前景，理性的聰明人會轉行做其他工作。一旦企業成長失去動力，那麼印度的最大優勢——巨大的市場規模造就的規模優勢也會消失殆盡。我曾經對比過中國和印度兩國的紡織企業，結果發現印度企業的平均規模遠比中國小得多，而企業的生產效率與企業規模密切相關，即大紡織企業的生產效率遠遠高於小企業。中國的大型企業動輒有成千上萬名員工，其生產率具有世界領先的競爭力，因此兼具大型出口商的身份。相比之下，印度幾乎沒有大型的紡織企業。當我問到印度企業家為何不擴大生產規模時，得到的答案是，現行的法律和法規更有利於小企業，在此背景下將企業做大的成本高昂。所以，與中國不同，印度沒有以出口為主的勞動力密集型製造業。

　　印度政府在 20 世紀 90 年代改革前所犯的另一個錯誤是，沒有實行開放貿易。部分原因是國內企業的規模有限，無力在世界市場上競爭。為了保護印度的小企業，政府對進口商品徵收高額關稅。外國直接投資在印度企業的上限不得高於 50%，由此阻礙了許多跨國公司的投資。與許多拉丁美洲國家一樣，印度的進口替代戰略慘遭失敗。印度企業沒有與世界同行的競爭機會，這進一步拖累了印度的追趕和創新戰略。最後，限制性貿易政策不僅切斷了與世界市場的聯繫，還減緩了與世界其他國家的人員、思想和技術交流。凡此種種，都對印度的創新和經濟增長施以沉重打擊。

　　1950-1990 年，印度經濟的年均增長率只有 3.9%；相比之下，1960-1990 年，韓國經濟的平均增長率為 9.6%。第二次世界大戰後的初期，印度的人均收入與韓國不相上下，但是到了 1991 年，印度的人均收入僅為韓國的 1/10。印度並不是深受錯誤經濟政策之害的唯一國家，部分國家在某些時期也都有過糟糕的經濟表現。中國自 20 世紀 70 年代實行改革開放以來，經濟實現了驚人的兩位數增速，這與 1991 年前的印度經濟形成了鮮明的對比。

20 世紀 90 年代初，經過對中國改革開放成果的 10 年密切觀察，印度終於下定決心開啓自己的改革之路。但是，在其國內民主政治體制下，印度的改革之路比中國慢得多。直到 2004 年，經濟學家辛格成為印度總理，改革步伐才得以大幅加快。在辛格任期內，幾乎完全廢棄了許可證制度。印度的關稅和其他貿易壁壘大幅減少。大多數行業取消了對外資持股的比例限制。隨著新經濟政策的實施，印度經濟增長步伐顯著加快。近年來，GDP 年均增長率為 6-7%，而在未來兩三年，預計 GDP 增速有望達到 8-9%（見圖 9-2）。此外，印度出口和外匯儲備也隨之快速增長。

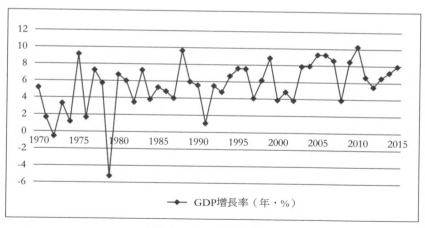

圖 9-2　印度 GDP 的增長率

資料來源：World Bank, 2015.

印度能否實現持續增長？

正如本書所述，人力資本和市場規模才是推動創新的基本要素。近年來，印度的人力資本存量得以顯著提升。自 20 世紀 90 年代改革以來，大學入學率從 6% 穩步提高到 10%，印度現在每年輸送超過 200 萬名大學畢業生。按照美國最優秀的研究生院的生源指標來衡量，印度本土培養的大學生的素質過硬，是美國研究生院招生的最大來源之一。比如，印度理工學院享譽世界，每年培養數以千計的工程和科學領域的頂尖人才。

印度以其龐大的人力資本為槓桿，撬動了世界級的 IT 外包產業和服務業。IT 服務的年出口額，已經從 2000 年的 50 億美元增長到 2010 年的超過 200 億美元（Hyvonen and Wang, 2012）。印度在創新指數的排名上，遙遙領先於大多數同等人均收入水平的經濟體。印度的風險資本投資迅猛發展，從 2006 年的 7.18 億美元增長到 2015 年的 44 億美元（見圖 9-3）。

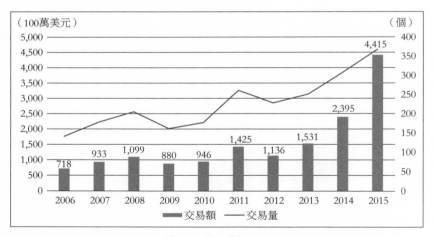

圖 9-3　印度風險投資

資料來源：Snigdha Sengupta, "10 Years of Venture Capital Investing in India: Time to Pause, Reflect & Correct".

規模優勢

坐擁 13 億龐大人口的印度，當然具有類似中國的規模優勢。印度的移動電話和互聯網市場位居世界第二，印度的本土互聯網企業在與國際同行的競爭中毫不遜色甚至拔得頭籌（見圖 9-4、圖 9-5）。例如，在印度，電子商務巨頭 Flipkart 正領先於亞馬遜；主營出租車和汽車訂購的 Olacab，正與優步激烈競爭印度市場。如果換做小國，幾乎不太可能發展起本土互聯網公司。

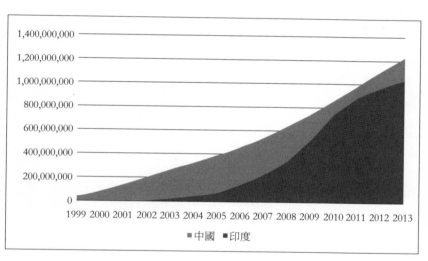

圖 9-4　中國與印度：手機用戶數量

資料來源：Official data from India and China regulators till October 2012.

不可否認的是，與高收入國家相比，印度在人均研發投入和人均專利等創新指標方面還存在相當大的差距，這要歸因於印度仍然處於趕超發展階段。現階段的主要任務，是吸收和轉化已有的成熟技術，其實這一過程也離不開創業和創新，但不需要大量的原創研發。例如，為了滿足收入低人群的需求，印度本土電話製造商 Mircomax 將智能手機的生產成本壓低到約 100 美元，結果該公司一躍成為世界排名前 10 的手機製造商之一。作為優步的本土競爭對手，Olacab 不斷拓展業務範圍，從打車服務到人力車夫服務一應俱全，企業規模已經超過優步（印度）。本土版的空中住宿（Airbnb）OYO 酒店，除了提供傳統酒店業的服務，還兼營業主的房屋翻新，提供酒店管理服務。億客行的本土競爭者 Makemytrip，在酒店和機票預訂服務之外，延伸出火車和公交票務服務。這些本地化技術和商業模式，都是為適應印度本土市場的創新產物。在印度巨大的市場的鼓勵下，這些吸收和轉化式的迅速模仿創新，均獲得了商業化成功。

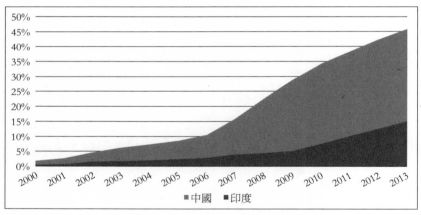

圖 9-5　中國與印度：互聯網普及率

資料來源：International Telecommunication Union (ITU), World Bank, and United Nations Population Division.

印度的基礎設施問題

許多人對印度的基礎設施心存疑慮，擔心這會成為經濟增長的瓶頸。這一擔心不無道理，由於投資不足，印度的基礎設施確實非常貧乏。但不要忘了，處於經濟起飛階段的所有窮國，無一例外都面臨過破爛不堪的基礎設施。隨著經濟增長，儲蓄率和投資率隨之提升，印度的基礎設施投資自然會相應增加。事實上，在印度，儲蓄率與基礎設施投資相繼攀升（見圖 9-6、圖 9-7）。近期去過德里的人都會有切身體會，當地的高速公路和機場正在逐步改善。

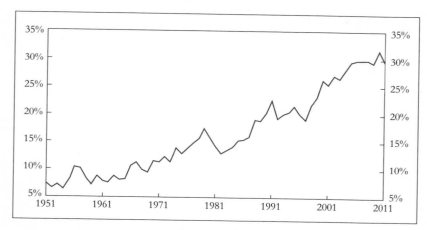

圖 9-6　印度的家庭儲蓄率

資料來源：Ministry of Statistics and Program Implementation, 2012.

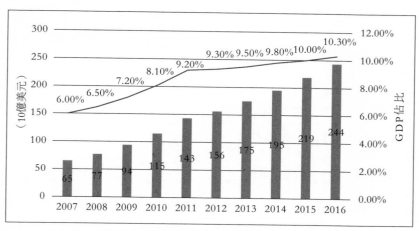

圖 9-7　印度的基礎設施投資佔 GDP 比例（2007-2017 年）

資料來源：Citibank Macro Economy Report, 2012.

出口和貿易平衡

　　拉丁美洲國家的出口以初級產品和自然資源為主，這也是拉丁美洲國家頻發經濟危機的癥結所在。一旦大宗商品市場價格低迷，貿易平衡被打破，貨幣應聲貶值，就會引發金融危機和宏觀經濟衰退。印度和拉丁美洲國家不同，出口產業尤其是 IT 外包業在國際市場上具有明顯的競爭優勢。近年來，印度貿易穩步增長。2015 年，印度外匯儲備已超過 3,200 億美元（見圖 9-8）。

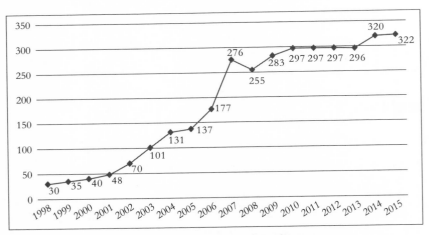

圖 9-8　印度的外匯儲備總額（10 億美元）

資料來源：Reserve Bank of India, 2015.

政治體系

　　有人會說，對於與印度相似的國家，民主政治制度會減緩經濟發展。這種斷言確實有些道理，當印度在 1991 年實行經濟改革時，經濟增速並不很快，比中國更是慢得多。直到最近，印度才開始趕上中國的貿易開放度和營商便利性，並開始大舉投資基礎設施。以上都是印度經濟增速最近才趕上中國的原因。

　　緩一緩，照顧人民的情緒，有時也是有好處的。20 世紀 80 年代，中國政府採取獨生子女政策，使得生育率下降。這個政策在當時的歷史環境下是有理由的。但是到了 2010 年以後，當生育率已經降到更替水平以下，其他主要國家都已經掉頭鼓勵生育時，中國政府也開始意識到繼續獨生子女政策的負面影響，開始放寬生育政策，鼓勵二孩。其實，印度在 20 世紀 70 年代也曾試圖控制人口。英迪拉‧甘地（Indira Gandhi）試圖推行限制生育的政策，對育有二孩以上的男子實施強迫絕育，但事實證明，這在民主社會的政治體系下，得不到選民的支持，在政治上不可能被執行。時至今日，印度人口的正增長和年輕化，已被廣泛視為一種國家資產而非負擔。民主制度使得印度得以避免重大的政策失誤。

貧困和不平等

　　隨著經濟迅速增長，不平等程度不可避免地會加大。相比普通群體，企業家、IT 工程師等社會成功人士的收入增長一定會更快。這實際上是正能量，恰是獲得成功、取得高回報的示範效應，會帶動其他人奮發工作，敢於冒險求新。改革前，印度的最高邊際收入稅率高達80%，嚴苛的高稅率確實保證了人人平等，不過平等的結果是大家共同貧窮。現在，最高的邊際收入稅率降為 40%。超級富豪不再是神話，但獲益的並不只是少數富豪，畢竟漲潮可以推高所有的船隻。隨著經濟的發展，數以億計的印度人已經擺脫貧困。未來，這一群體將逐漸形成中產階級。印度是種姓制度，以前人們根據種姓來判斷高低貴賤，但隨著更多的印度人步入中產階級，種姓制度會逐漸消失，新的評判標準將是受教育程度、工作和收入。

人才流失還是人才增益？

　　一些人擔心，印度大學所培養的優秀工程師和研究人員中的大多數人，在畢業後會移民美國，從而出現人才流失的狀況。但實際上，印度每年約有 10 萬名大學畢業生到國外工作和學習，佔年度畢業生總數的 0.5%。相比印度的整體人才庫，0.5% 的比例不值得大驚小怪，再者，這 0.5% 的人才可能形成巨大的增益。以中國為例，隨著中國經濟的騰飛，許多海外僑民紛紛回國，一同帶來的是他們在海外獲得的教育、經驗和資本。據估計，大約 50% 的中國留學生已經返回中國。此外，那些沒有回國的人，也可以在許多方面襄助母國。許多跨國公司正在印度和中國建立研發中心，部分原因是高管的印度裔或華裔身份使然。印度裔高管在國際跨國公司的成就斐然。例如，目前谷歌和微軟的首席執行官都是印度移民，這些跨國公司自然會繼續擴大在印度的經營，設立研發中心。

自然資源

　　就像中國一樣，印度的大國工業化發展，必將消耗大量的自然資源和能源。如第四章所述，世界能源足以養活 100 億的人口規模。在農業方面，綠色革命之後，13 億印度人的糧食已經實現完全自給，並已成為世界糧食市場的主要出口國。

　　印度是主要的石油進口國，因此石油價格低廉會使得印度獲益。如本書之前所述，由於頁岩氣、太陽能和電池技術的創新，我們預測石油和能源供應將很豐富，這對印度經濟來說是利好。而在需求方面，由於中國已經邁向下一個發展階段，發展重點轉向服務業和高端製造業，對能源與資源的需求將在近期放緩。全球需求的低迷同樣會壓低資源價格，這正合印度心意。

環境

　　印度環境在變好之前，必將經歷變壞的糟糕階段。一般的發展模式便是如此：一個國家在人均收入達到 8,000-10,000 美元的區間時，才會產生改善環境的真實意願和具備相應的能力，屆時環境才會真正好轉。就印度而言，由於未來清潔和控制污染的技術不僅更為先進，而且成本更為低廉，所以印度可能無須等到人均收入 8,000 美元的門檻。但在短期內，印度環境不可避免將變得比今天更糟，但是，一旦印度駛向下一個發展階段，環境質量必將有所改善。

經濟前景展望

　　印度天然擁有高收入國家的必備要素：穩定的政府、開放和自由的市場、高素質的教育、不斷增長的出口業，最重要的是正增長和年輕化的人口。目前，中國也擁有正增長和年輕化的人口要素。然而，中國人口很快就會增長緩慢並且步入老齡化。有鑒於此，印度經濟將有很大的機會在遠期趕超中國。

　　讓我們比較一下印度和中國的人口結構（見圖 9-9）。

　　正如圖 9-10 所示，中國存在顯而易見的人口問題，而印度如今的人口結構，呈現出近乎完美的金字塔形，印度的中位年齡是 28 歲，而中國的中位年齡是 38 歲。印度的生育率在 2.4 左右，而中國的生育率為 1.4，正如圖 9-10 所示，中國存在顯而易見的人口問題，而印度如今的人口結構，呈現出近乎完美的金字塔形。印度的中位年齡是 28 歲，印度生育水平高出中國 70%。印度新生兒的數量約為 2,200 萬人，而中國只有 1,600 萬人。這就意味著，每年印度新生兒的數量比中國多40%。此外，據估計 10 年內這一差距會增加到 60%。

　　當印度在 2040 年達到中等收入水平時，印度將擁有世界上最大的人口數量，具有最大的規模優勢。而英語也是印度的優勢，英語更好的印度人才更容易進入世界市場，印度企業更容易在世界各地經營，印度學術界會更輕鬆地與世界其他地區融合。此外，英語優勢使得印度能夠吸引更多的移民。

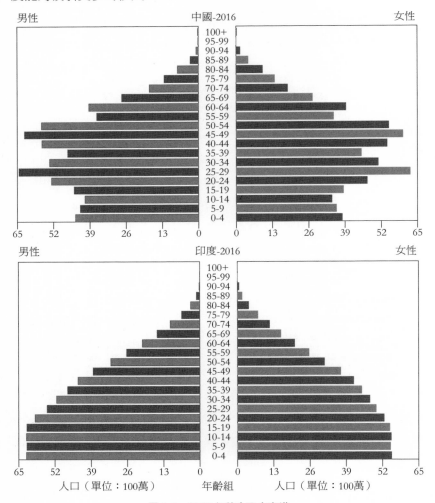

圖 9-9　2016 年的人口金字塔

資料來源：U.S. Census Bureau, 2015.

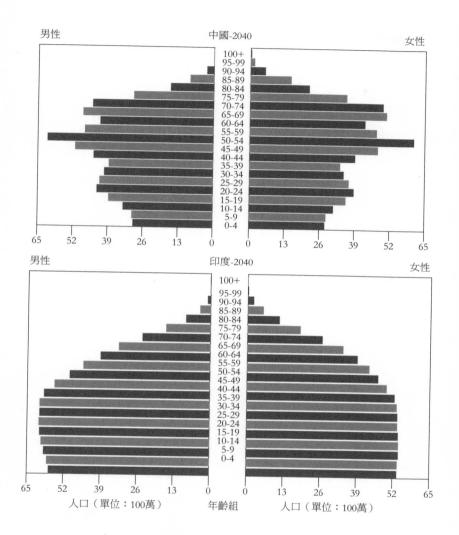

圖 9-10　2040 年的人口金字塔

資料來源：U.S. Census Bureau, 2015.

　　到 2040 年，印度經濟增長快於中國，從而進一步縮小印度與中國的人均 GDP 差距。與此同時，印度的生育率將繼續顯著高於中國。因此，印度的人口預計將達 16 億之巨，比中國人口高出約 30%（12 億人）。印度的勞動適齡人口約為 8 億人，而中國的數字為 5 億人，幾乎高出中國 60%。因此，即使印度的勞動生產率只能實現中國的 2/3，印度的經濟規模也終將大於中國，遠遠高於美國。

我們來看一下長期的青年勞動力人數，到 2080 年，印度年齡在 20-39 歲的青年勞動力將超過 4 億人，是中國的兩倍（見圖 9-11）。我認為，青年勞動力是勞動力人群中最有創造力和最具創業精神的群體。印度不僅會有更多的年輕勞動力，相比中國，印度的年輕人會成為更好的創新者和企業家，因為如本書中所探討的那樣，中國將受制於老齡化經濟的阻擋效應。到 21 世紀末，印度的創新性極有可能超過中國。

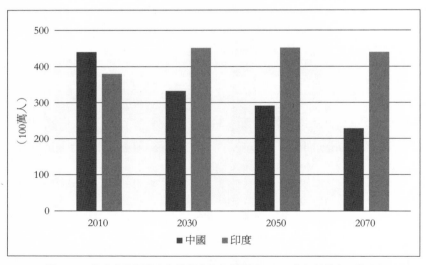

圖 9-11　印度和中國的青年勞動力人口預測（20-39 歲年齡的人口數量）
資料來源：U.S. Census Bureau, 2015.

　　總而言之，中國也許將在 2025 年後超過美國，成為最大經濟體。此後印度將取代中國成為世界上最大的經濟體。人口形勢的變化將成為美國、中國和印度三個主要經濟體相對競爭力演變的主要驅動力。

其他發展中國家

　　未來 20 年內，走向中等收入水平的貧窮國家當然不止印度一個。印度尼西亞和越南等許多貧窮國家也將迎頭趕上。輔以正確的經濟政策，這些國家都將迎來迅速增長，達到中等收入水平（人均年收入接近 10,000 美元）。

　　然而，在其他條件都相同的背景下，這些小國將比大國發展得更為緩慢。舉個例子，如果印度的年均經濟增速是 7%，在其他條件都相同的情況下，小國的年均經濟增速只能達到 5-6%。原因就是人力資本的質量和國內市場的規模，這些小國不具備印度的先天優勢，其國內的創新和創業活力會相對較弱。一個國家，在經濟追趕階段，主要依靠吸收和轉化高收入國家已有的成熟技術，而非直接進行前沿創新。市場和人才市場規模較小的小國，對成熟技術的吸收和轉化過程必定較慢。年均經濟增速 1-2% 的差異，長期將變得相當顯著。數學上，每年相差 1.5%，20 年內將累計成為 34%。如果年均增速 7%，需要 20 年實現經濟翻兩番，而如果每年增長 5.5%，那麼小國經濟翻兩番需要 25 年的時間。

　　人們可以說，在走向中等收入水平的征程中，5 年的時間差也並不能造成天壤之別。但是，當一個國家達到中等收入水平，其規模優勢會更加重要。特別是在前沿創新方面，國內市場的規模效應和大型人才庫的集聚效應，是能否成為一個創新中心關鍵的要素。其他發展中國家的人力資本在數量和質量方面都較低，市場規模較小，在與印度、中國和美國三大巨頭的競爭中將不堪一擊。較小的新來者很難參與競爭。韓國的人力資本非常高,規模相對較大,還有機會加入富國俱樂部。但是,對於中國台灣地區而言,其規模不過韓國的一半,成為創新中心之路將愈加艱難。儘管人力資本質量較高,但是台灣地區將會越來越難以集聚任何重要行業成功所需的關鍵人才數量。台灣地區那些有天賦的年輕人,會轉向美國或中國大陸這些更大的創新中心。台灣地區的超低生育率,會形成雪上加霜的效果。

當然,這些較小的經濟體不失成為旅遊勝地和適合居住的地方。例如,雖然中國台灣地區在經濟上不及韓國、中國大陸地區那般強大,但其優勢在於能夠提供更休閒的生活方式、更高生活質量。因此,小經濟體也終將在人類的創新和經濟進步中佔有一席之地。

第十章

中　　國

中華民族是富有創新精神的民族

從歷史上看，中華民族本來就是富有創新精神的民族。維基百科的詞條 "歷史性發明時間表"（Timeline of Historic Inventions）列出了人類有史以來共 133 項重大發明。在這些發明中，15 世紀之前的有 78 項，其中 30 項出自中國，佔 38%，遠超其他可比地域。

實際上，中國人口的基本素質與任何國家相比都毫不遜色。認知科學認為，智商測試能很好地反映受試者的整體智力，包括理解、抽象、推理、演繹等能力及記憶力、注意力、想像力和創造力，而設計合理的測試結果不受文化背景影響（Neisser et. al, 1996）。理查德・林恩（Richair Lynn）和塔圖・萬哈寧（Tatu Vanhanen）在 2006 年出版的《智商與全球不平等》一書，因涉及族群間的智商差異這一敏感話題備受爭議，但該書囊括 113 個國家和地區的數百個智商測試結果等翔實的資料，極具參考價值。不同文化和國家的基礎教育質量存在差異，按照 PISA 測試中學生的閱讀、數學和語言能力的結果，東亞文化圈包括中國、韓國、日本學生的成績最高，歐洲和美國其次，中東和印度隨後，撒哈拉以南的非洲最低。其中，中國大陸及中國台灣和香港地區、新加坡的數據分別來自當地的 10 個、11 個、9 個、2 個不同智商測試結果的綜合,每個測試的樣本人數從幾十至幾萬不等,其結果是最低 100,最高 122。

在國際比較上,《智商與全球不平等》根據 192 個國家和地區的數據,得出人均智商與人均 GDP 相關性高達 0.7,證明並非由於人均 GDP 高導致智商高,因而說明國際間人均智商的差異,可在很大程度上解釋經濟成就上的差距。按認知科學的結論,中國人均智商處於世界最高之列,但中國發展水平依然較低,說明要達到與人均智商相適應的水平,中國科技和經濟還有巨大的發展空間。

華人的高智商也表現在經商方面。在海外經商表現最突出的地區是東南亞,雖然華人只佔東南亞人口的 6% 左右(莊國土,2009),但根據福布斯 2012 年世界最富排行榜,在東南亞擁有 10 億美元以上資產的富豪中華裔約佔 2/3;其中最富裕的 10 人中,華裔佔了 9 人。根據 Rigg(2003)的估計,華裔分別只佔菲律賓 1.3%、印度尼西亞 3.8% 的人口,但在兩國的上市公司中,華裔資本所佔份額分別為 55% 與 73%。

在教育方面,美籍華人學生也取得了優異的成績。比如,旨在獎勵青少年傑出科研成果的"英特爾科技獎"被稱為小諾貝爾獎,該獎項設立 11 年以來,獲得最優獎的 110 名學生中,華裔有 23 名,佔 21%;在過去 5 年的 50 名獲獎者中,華裔有 14 名,佔 28%。"英特爾科技獎"推崇原創性,華裔學生的傑出表現印證了華人的出色不僅體現在優異的考試成績上,更體現在超群的想像力和創造力上。又比如,在美國最著名的初中數學競賽 Math Counts 中,過去 5 年的冠軍有 4 人是華裔,而華裔僅佔美國人口的 1.14%(美國人口普查局,2012)。

中國中學生的各項綜合能力也領先於世界。一項名為國際學生評估項目（PISA）的測試，對 65 個國家和地區超過 100 萬名學生測試後發現，我國上海市高中的學生得分最高，比同在得分靠前的來自其他亞洲國家如新加坡、日本和韓國的學生的得分高得多（見圖 10-1）。上海是中國唯一接受測試的地區，但該項目認為中國其他大城市也會取得類似的成績。

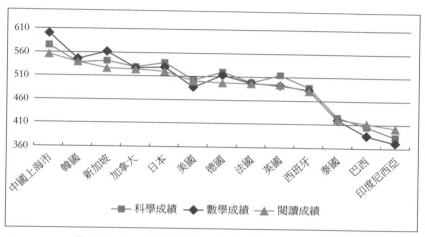

圖 10-1　2009 年國際學生評估項目測試中學生的表現比較
資料來源：經濟合作與發展組織：國際學生評估項目 2009 年數據庫。

　　除人均智商不低於任何民族外，中國的文化特質也非常有利於現代科技和經濟發展。中國人追求世俗成功，勤勞程度不在任何民族之下。在中國隨處可見夜以繼日作業的工地，而這在其他國家難覓蹤影。中國人有更強的忍耐力，注重長期和整體利益。當然，無論是智商還是文化特質都只是潛能，只有通過後天的發揮才能推動經濟和技術的發展。

　　雖然中國古代在經濟和科技方面長期領先於世界，但為何到近代落後了？前面幾章已經對此做過論述，主要是明清統治者推行"海禁"

和 "閉關鎖國" 政策，阻礙了中外聯繫，影響了中國吸收先進的科學技術。

另一個是地理上的原因。由於中國在地理上相對封閉，遠離其他文明，所以即便中國是人口最多的國家，但作為一個文明並無人口優勢。至於巴比倫、埃及、波斯、希臘等古文明，雖不像中華文明這樣一脈相承，但它們之間存在相當多的交流並具有一定的傳承關係。在承載著這些古文明的地域上，其整體人口規模要超過中國。近代，隨著航海技術的發展和地緣政治的變化，歐洲與近東、中東及後來的美洲不斷有人員接觸和思想碰撞，提升了整個區域的交流，而中國則在地理上遠離這些文明，又實行了閉關鎖國的政策，導致科技創新落後。

但是在全球化的今天，先進的交通和通信工具很大程度上弱化了地理上的劣勢。只要中國保持開放，其人口規模的優勢就會充分發揮。

人口眾多是中國經濟和科技發展的優勢

前面幾章已經充分論證了，人口規模是創新的一大優勢。

產業競爭是科技競爭的重要體現。很多產品的競爭首先在本土區域內進行，人口眾多的國家容易形成更細分、更多樣化、競爭更激烈、規模更大的市場。在有 13 億人口的中國，很稀奇的創意產品，哪怕萬分之一的人需要，也可形成 13 萬人的市場，足以催生一個行業。對於成熟的產品，龐大的市場能容納更多參與者，讓優勝劣汰下的勝出者更強大。此外，龐大的本土市場可讓本國企業在全球率先達到規模效應，實現盈利，並嘗試和發展先進的技術，再逐步佔領海外市場。

由於地理、語言、文化的分割乃至政治邊界的存在，全球化的經濟循環並不能完全取代較小範圍內的經濟循環。尤其是在越來越重要的現代服務業中，如互聯網和人工智能行業，在這些行業中，創新公司需要和客戶共同來磨合新的商業模式和業務流程。在這方面，中國公司的優勢是擁有龐大的本土客戶群和數據。

在發達國家中，美國人口最多。依靠龐大的國內市場培育出來的大批美國企業，憑借本土成功所積累的先進技術和雄厚財力，走向國際市場成為跨國公司。因為信息產品的生產成本幾乎不隨市場規模增加，規模效應在信息產業中尤為突出。同樣得益於龐大的人口規模，美國的生物醫藥技術遙遙領先。一種藥品的開發需投入 5-20 億美元，而藥物被批准前要經過的臨床試驗常涉及數以千計的特定疾病患者。這種規模的資金投入和臨床試驗非一般國家所能承受。像瑞士的羅氏和諾華、英國的葛蘭素史克等製藥公司，在美國僱用的人數都多於在其本土僱用的人數，而產品銷售的最大市場也在美國。

中國正在取代美國成為世界上最大的市場。過去經濟發展水平較低、交通和通信條件落後，中國的眾多人口並未形成有效市場，但現在中國已成為能源、鋼鐵、建材、電器、汽車、網絡等行業的全球最大市場。2013 年，中國的電子商務規模超過美國居世界第一，這意味著整體規模較小的中國商業在電子化程度上已高於美國。這種新興行業的異軍突起，反映了人口優勢對扭轉技術競爭態勢的意義。在可預見的未來，中國將在幾乎所有行業中擁有世界第一的規模，這將有助於中國企業依托本土市場的規模優勢走向世界，如華為、聯想、騰訊等就已經在海外嶄露頭角。

高鐵建設高歌猛進，成為中國向海外拓展的名片。美國在 1965 年就曾討論高鐵計劃，但現在依然是空中樓閣，原因是人口密度不夠，經濟合理性不大。中國航天事業循序漸進，而美國雖在冷戰時期因關乎存亡曾竭盡全力，但現在有些難以為繼。這種新興行業的異軍突起反映了人口優勢對扭轉技術競爭態勢的意義。中國是全球唯一擁有聯合國產業分類中全部工業門類的國家，雖然領先的行業還很少，但幾乎可以在所有行業中參與國際競爭，這點無國可比。

人才規模的優勢

人口眾多不僅促進市場多樣化和層次化，也是形成龐大人才規模的基礎。大學教育是目前從事科技事業的基本條件，大學及以上程度的人口規模才體現為科技發展的優勢。雖然美國人口僅為中國的四分之一，但是在 2007 年前，美國的大學及以上學歷的總人口一直多於中國。這是美國科技力量長期領先中國的重要原因之一，但這一情況在2007 年發生了逆轉。中國大學生的增量和存量將在未來遠超美國。

從質量上來看，中國大學畢業生的質量也毫不遜色。為證明這一論斷，不妨看看美國博士學位候選人的種族構成。美國大學擁有世界上最好的博士研究項目，世界上最好的大學畢業生會在美國大學裏競爭博士學位。來自某個國家的博士候選人的份額，可以反映那個國家的大學畢業生的質量。2006 年，在美國大學的科學和技術領域中，來自中國的博士生數量達到 33.5%。來自歐洲和印度的畢業生分別佔13.8% 和 11.9%，而所有來自拉丁美洲的學生總數一共佔 4.2%，僅為中國學生總數的 1/8。

得益於人口規模優勢，中國在研發資金和人員方面正迎頭趕上，超過了許多發達國家的水平。圖 10-2 比較了中國和其他國家的研發投入佔 GDP 的比例。明顯可以看出，高收入國家研發投入的強度普遍更高。對於中國，我們畫出了 1996-2014 年的研發投入強度。2002 年，中國的收入水平連經濟合作與發展組織國家均值的 1/5 都不到；2010

年，中國的研發投入強度超過經濟合作與發展組織國家的中位數，到2012年則超過了經濟合作與發展組織國家的均值（1.88%）；截至2014年，中國的研發投入強度上升至2.05%，整體上甚至超過了許多發達國家。

在研發人員方面，1996年，中國每100萬人口中研發人員數量是443人。截至2014年，中國的研發人員比例上升至每100萬人口1,113人，仍不到美國、日本、德國和以色列等科技發達國家的1/4。但由於中國人口眾多，研發人員絕對數量上已經超過它們。

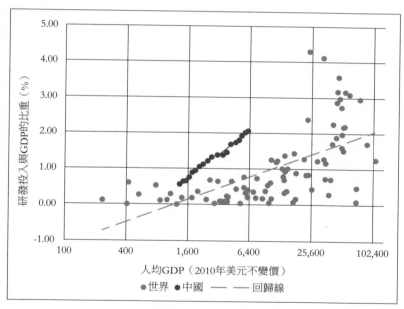

圖 10-2　研發投入佔 GDP 的比重（國際比較）

注：中國的數據範圍是 1996-2014 年，其他國家是 2014 年或能獲取的最新年份。

資料來源：Word Bank, 2015.

科技創新大國正在崛起

科研人才和研發投入的規模優勢，為中國科技的突飛猛進奠定了堅實的基礎。中國國家知識產權局的專利申請數，從 1995 年的 83,045 件火箭般地上升到了 2014 年的 230 多萬件，年均複合增長率達 19%。根據世界知識產權組織（WIPO）的數據，中國於 2011 年超過美國成為世界最大的專利申請接收國。2016 年，來自中國的 PCT 國際專利申請量為 4.32 萬件，較前一年激增 45%，僅次於美國的 5.6 萬件和日本的 4.52 萬件。事實上，中國的專利不僅數量增長快，質量增長也很快：一是從專利結構看，技術含量最高的發明專利的佔比，從 1995 年的 8% 上升到了 2014 年的 18%。2005 年，授權給外國申請人的專利佔比超過 20%，而 2014 年這一比例下降至 7%。這說明自 2005 年以來，自主創新在中國經濟增長中扮演著越來越重要的角色。二是中國企業在其他國家獲得的專利數量，在 1995-2014 年年均增長達到 30%，超過在中國獲得專利數量的增長率。

雖然中國直到 2015 年才有第一位科學類諾貝爾獎獲得者屠呦呦，但中國在基礎科學領域中已經取得了巨大的進步。自然指數（nature index），是由出版《自然》科學期刊的集團發表的指標，以反映不同國家和地區及機構在頂尖科學期刊上發表的論文。該指數基於全球自然科學領域的 68 份科學期刊，雖然數量不到世界全部科學期刊數量的 1%，但涵蓋了路透社所列的科學引用文章中的 30%，對高質量的科研成果具有廣泛的代表性。指數數值是指各國和地區及機構在所列期刊論文中所佔的份額。

在基於 2015 年全年數據的國家和地區的自然指數排名中，中國名列第二，達到第一名美國的 37.7%，超過英國和日本之和。此外，中國的指數在主要國家裏上升最快；與該指數首次發佈的 2013 年相比，中國上升了 43.4%，美國則下降了 8.1%。從機構排名來看，中國科學院穩居第一；北京大學超過耶魯大學和哥倫比亞大學；南京大學超過加州理工學院和霍普金斯大學；清華大學和中國科學技術大學超過康奈爾大學和普林斯頓大學；浙江大學和復旦大學超過芝加哥大學與杜克大學。另外，遍佈印度各地的印度理工學院，僅排在 137 位，列在蘭州大學和吉林大學之後。中國在該項排名中的表現說明，中國在基礎科學領域中正快速接近世界頂尖水平。

　　有些人看低中國的理由是，中國沒有很多世界一流的大學或諾貝爾獎得主。然而，這也是正常的，因為諾貝爾獎通常在科學家做出成就後的許多年才頒佈。美國在 20 世紀之初就已經成為創新的領導者，但它的大學成為世界翹楚是 20 世紀 40 年代以後。中國一流大學在政府龐大的教育預算支持下，已經能夠吸引世界上最好的學者。此外，中國學術出版物的數量也很快就要趕上美國。再過二三十年，我們一定會看到更多的中國學者獲得諾貝爾獎。

中國未來經濟展望：中國會掉入中等收入陷阱嗎？

　　21 世紀世界的一件大事，就是中國經濟的快速崛起，2016 年中國的人均 GDP 已經達到 8,100 美元。按照目前每年 6.7% 的速度增長，到 2020 年中國人均 GDP 將達到 1 萬美元，經濟總量接近美國。如果美國 GDP 年增長率保持在 2% 左右，中國人均 GDP 將在 2030 年接近 2 萬美元，雖然還只有美國的 1/3，但屆時經濟總量已經超過美國，成為世界上最大的經濟體。

　　那麼 2020 年以後，中國經濟還能以每年 6% 左右的較快速度增長嗎？一般發展中國家人均 GDP 到達 1 萬美元以後，有些會像亞洲四小

龍一樣繼續快速增長，有些則會像拉丁美洲的國家一樣明顯放緩，即
進入所謂的"中等收入陷阱"。中國大陸的經濟究竟更像拉丁美洲的國
家還是亞洲四小龍呢？種種跡象表明，中國大陸的經濟更像 20 年前的
亞洲四小龍。

其一，拉丁美洲的國家和亞洲四小龍的差別之一是儲蓄率，亞洲
四小龍在經濟起飛時的儲蓄率遠高於拉丁美洲的國家，使這些國家或
地區有能力做大量的基礎設施和工業投資，而中國大陸的儲蓄率比當
時的亞洲四小龍還要高（見圖 10-3）。

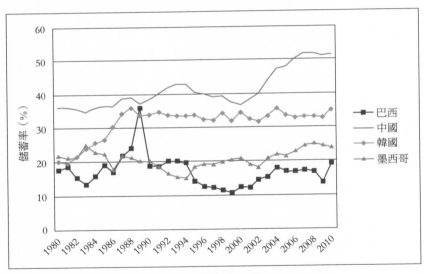

圖 10-3　各國與地區的儲蓄率比較

資料來源：World Bank, Gross savings (% of GDP), 2010.

其二，從出口競爭力來看，亞洲四小龍在經濟起飛時的出口能力
遠高於拉丁美洲的國家，使它們大量順差、貨幣穩定且逐步升值，而
拉丁美洲的國家卻在後期受累於貨幣貶值和金融危機。至於中國大陸

目前的順差和金融狀況，比當時的亞洲四小龍還要好。

其三，不同於拉丁美洲國家，亞洲四小龍在經歷了勞動密集型的產業發展階段後，在 20 世紀八九十年代，開始成功進入資本密集型和技術密集型行業，從而培養出了一批具備國際競爭力的企業。中國大陸的出口企業還有相當一部分是勞動密集型企業，但是近幾年的發展，已經和二三十年前的韓國和中國台灣地區相似，開始進入高技術行業。中國出口產品的構成已經從以輕紡產品為主，轉變成以機電產品為主。圖 10-4 比較了中國在 2006 年和 1993 年的出口產品構成。在短短的 13 年中，中國紡織品出口的比例已經從 29% 下降到了 12%，而機械類產品的比例已經從 17% 上升到了 48%。有經濟學家做過分析，中國出口產品的技術含量，已經遠遠超過同樣人均 GDP 的國家，也超過人均 GDP 10,000 美元的拉丁美洲國家。

有人指出，中國的出口中有一半是外資或合資企業實現的。其中，至少有一半是港台企業。這些企業大多已經把運營中心遷到了中國大陸，和本土企業沒有什麼兩樣。即使是歐美企業，很多也正在把部分研發中心移到中國，這也有利於中國產業水平的進一步提升。還有，中國很多名義上的外資企業實際上是本土企業，這些本土企業在香港註冊或在海外上市。

在機電設備和通信設備領域中，華為、中興、三一重工等公司已經在世界市場上佔有一席之地。在某些新的設備製造業中，比如風能和太陽能發電，中國企業已經處於世界領先地位。

中國在科技創新能力方面遠勝於拉丁美洲國家的根本原因還是在於人才方面的優勢。無論是從大學生、博士生，還是從研發人員佔總人口的比例來看，中國的水平遠超拉丁美洲的國家（舉例來說，是巴西和墨西哥的 2-4 倍），而且正在快速接近發達國家。

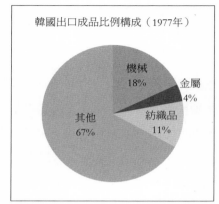

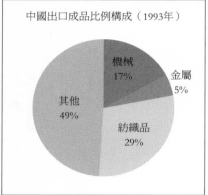

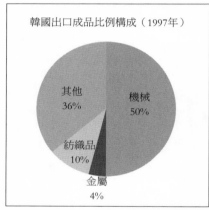

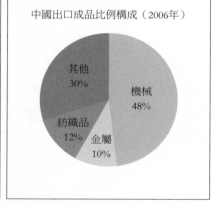

圖 10-4　中國和韓國的出口成品比例構成比較

　　此外，中國還擁有只有印度才能媲美的一大批海外高科技人才。
光是在矽谷，就有 20% 的工程師是華人。就像當年台灣地區的留學生
回台創業推動了當地高科技產業的發展那樣，這批海外的高科技人才
也可以回中國起到同樣的作用。

　　綜上所述，有理由相信，中國大陸經濟能夠沿著亞洲四小龍前
二三十年的發展軌跡，繼續持續快速增長二三十年，達到現在韓國和

中國台灣地區的水平，即人均 GDP 20,000 美元以上，經濟總量超過美國。實際上，在過去的 20 年中，中國大陸經濟的發展軌跡和 20 世紀六七十年代的亞洲四小龍的確非常相似。

中國經濟的風險

從製造業向服務業轉型中的風險

到 2020 年，中國的人均 GDP 將達到 1 萬美元的水平，是低收入國家如印度、越南和巴基斯坦的五倍。中國企業和跨國公司，將把它們的勞動密集型工業轉移到這些低收入國家。屆時機器人會在中國得到廣泛應用，使中國成為機器人的最大市場。那麼，這會不會導致中國出現大規模失業？

答案是，這些被機器人擠出的勞動者將被服務業吸收。中國的服務業目前佔國內生產總值的 50% 左右，該比例比其他中等收入國家以及發達國家要低得多，甚至也比印度的服務業佔比低，印度的服務業佔國內生產總值的 60%。中國的服務業從目前只佔 GDP 的 50% 增長到比較正常的佔 GDP 總量的 60-70%，就可以創造出足夠多的工作崗位來吸收這些被擠出的工人。

有人認為中國經濟結構不夠健康，投資過多，製造業過多，出口過多。因此，當投資和出口不可避免地放緩的時候，經濟增長也將會放緩。毫無疑問，中國的投資和出口在整體經濟中的佔比將下降，但事實上，當前佔比仍然非常高。這表明中國經濟比其他中等收入經濟體具有更高的增長潛力。

高投資率是高儲蓄率和高潛在投資回報的結果。例如，中國政府在機場、高速鐵路、地鐵等基礎設施項目上投入巨資，產生了良好的社會效益和經濟效益。高投資率也反映了創業的活躍水平。例如,根據全球創業監測的觀察,在中等收入國家和高收入國家中,中國的人均企業家數量是最多的。2011 年,中國企業家利用留存收益或個人儲蓄(而不是從銀行或其他金融機構貸款)進行投資的資金數額,達到中國 GDP 總量的 11%,該比例在世界上是最高的。這表明,在中國投資的回報率還是比較高的。

同樣,高水平的製造業和出口是中國企業具備競爭力的標誌。近年來,中國企業已經能夠出口更多的高科技製造業產品,在創新方面表現出進步。高水平的投資、出口特別是強大的製造業,是中國經濟的強項而非弱點。相信拉丁美洲的國家都希望能夠獲得這些快樂的"煩惱"。

隨著中國越來越富裕,國民對於服務業的需求將會增長。醫療、旅遊、金融和教育行業是增長速度快於製造業的幾個領域。發展這些產業要比發展製造業容易得多,因為服務業通常不會受到專利或專有技術的限制。只要當地有需求,醫院就可以進口最先進的醫療設備發展其業務。相比之下,醫療設備製造商卻需要在世界市場上競爭。因此,發展服務業要比發展製造業容易得多。事實上,隨著製造業和出口業增長放緩,服務業自然會增長更快。任何經濟體都會羨慕中國製造業在過去 40 年中的高速增長。

收入差距擴大的風險

在過去 30 年裏,中國城市居民和農村居民之間,以及高技能勞動者和低技能勞動者之間的收入差距增加了。直到 21 世紀初,中國過剩的農村勞動力成為城市中的農民工,但他們的收入仍然很低,而高技能勞動者的收入卻在持續增加。2010 年年初,中國的堅尼系數達到了 0.46，一些人擔心收入差距的日益擴大會威脅到中國社會的穩定。

　　然而，正如我在前面所解釋的，20 世紀 90 年代實行的獨生子女政策大大減少了出生人數，所以到了 2010 年前後，農村的剩餘勞動力大量減少，非熟練農民工的工資在過去幾年裏大幅上漲（見圖 10-5）。由於留在農村的農民有了更多的土地可以耕種，他們的收入也增加了。結果，中國的堅尼系數也趨於穩定。大學教育的擴張，也有助於減少高技能勞動者和低技能勞動者之間的收入差距，因為由於大學畢業生的數量大幅增加，減緩了畢業生工資的上漲。

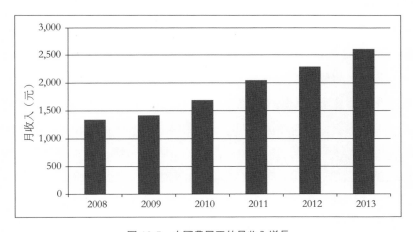

圖 10-5　中國農民工的月收入增長

資料來源：中國國家統計局，《中國農民工監測報告》，2013 年。

　　中國的不平等主要是農村和城市的不平等。長期限制城鄉人口流動可能是造成問題的主要原因。2015 年，中國的城市化率僅為 50%，比其他中等收入國家要低得多，即使與印度相比，還要更低一些。改革開放以來，億萬農民為了脫離貧困，來到大城市成為農民工，但他們仍然面臨著住房、教育、醫療服務等方面的問題。未來，許多農民工將定居在城市，只要政府能夠繼續放寬對國內人口流動的限制，城鄉不平等的問題將會得到解決。由此，中國的不平等問題不會像其他國家一樣難於解決。此外，中國的文化和種族相對來說更為同質化，並且中國重視教育，而新一代城鎮居民子女的生活狀況的確普遍比他們的父母要好得多。

環境與自然資源風險

我在前幾章中曾論證過，自然資源已經不再是現代經濟的重要因素。即使中國對自然資源的需求越來越大，但得益於新能源技術，世界上也還是有豐富的可再生資源供人們選擇的。事實上，石油和其他商品的價格近年來是有所下降的。

此外，中國並不是一個資源貧乏的國家。中國的人均資源佔有量比大多數亞洲國家（比如印度、日本、韓國和越南等）都要高。據估計，中國的頁岩氣儲量比美國的還要豐富。對於中國來說，之所以開發頁岩氣在經濟上還不太可行，是因為在世界市場上還能夠使用更便宜的替代能源。在農業方面，中國有比能養活 13 億人還多的土地，然而，中國可能會進口更多的糧食，因為中國的勞動力價格越來越貴，不是所有食品自己生產都具備比較優勢。

隨著城市和工業的快速發展，中國一些城市的環境問題較為棘手。然而，正如我在前幾章中已指出的，污染問題最嚴重的階段，通常出現在人均 GDP 達到 8,000 美元的時候，而中國正在接近這一水平。隨著社會越來越富裕，中國會投入更多的資金和精力來消除污染。最近，隨著製造業增長放緩和更嚴格的環境標準得以執行，中國沿海地區的霧霾狀況正在有所改善。

中國經濟的最大風險是惡化的人口形勢

1. 惡化的人口形勢

像其他發展中國家一樣，中國的人口轉變也遵循一種典型的模式。中國在 20 世紀五六十年代生育率很高，人口增長很快。中國的生育率在 20 世紀五六十年代高達 6（除了 1959-1962 年的大饑荒時期）。與此同時，在五六十年代，公共衛生狀況大為提高，而嬰兒死亡率大幅降低，年均人口增長率為 2-3%。因此，中國的人口從 20 世紀 50 年代的 5 億迅速增長到了 70 年代的 8 億。

自 20 世紀 80 年代實行計劃生育政策以後，中國的生育率迅速下降。結果就是，人口年齡結構發生了比任何其他國家都要劇烈的變化。即使中國的總人口仍在不斷增長，但是勞動年齡人口（15-64 歲）的數量自 2012 年已經開始下降。2012 年是人口數量變化的拐點。在 2012 年以前的幾十年裏，勞動年齡人口每年增長約 1%，但從 2012-2025 年，勞動年齡的人口數量將不會增長，並且在 2025 年之後，將會每年下降 0.5%-10%。這部分解釋了中國經濟為什麼會在 2012 年以後大幅放緩，經濟增長率從每年 10% 下降至不到 7%。

20 世紀 90 年代末出生的嬰兒平均每年為 1,600 萬人，比 80 年代少了近 40%。在未來的 5-10 年，出生於 20 世紀 90 年代的人將為人父母，如果這一代人的生育率低於 1.5，那麼新出生的嬰兒數量將僅為每年 1,200 萬人。與之形成鮮明對比的是，印度每年將有 1,600 萬多個新生兒出生。2040 年以後，中國將擁有世界上頂部最重的人口結構，而且每年人口將減少 1,000 萬，這在世界歷史上是前所未有的。

中國政府於 2015 年 10 月 29 日宣佈把獨生子女政策改為二孩政策。現在的問題是，未來的生育率能夠達到多少？如果看看與中國擁有相似文化的其他東亞國家或地區的生育率，我們就可以得出以下結論：無論有怎樣的政策干預，中國的生育率都將變得非常低。日本、韓國、新加坡以及我國台灣和香港地區的生育率，都在 1.1-1.4，是全世界最低的。與中國的文化類似的越南，當前處在一個較低的發展階段。在沒有推行過獨生子女政策的情況下，其生育率為 1.8。所以，中國的自然生育率將可能只有 1.6。隨著中國越來越富裕，其生育率將繼續下降。目前中國人均 GDP 為 8,100 美元，預計在 2020 年將達到 10,000 美元。在日本和韓國達到人均 GDP 10,000 美元水平的時候，它們的生育率降到了 1.5。

我們有理由相信中國未來的生育率將比日本和韓國還要低，因為與日本和韓國女性相比，中國女性受到的教育更多，工作參與率也更高。最近在中國做的一項調查發現，每名女性理想的子女數量約為 1.8。與之相比，日本的這一數字為 2，美國的這一數字為 3。而在通常情況下，平均每個女性實際生育孩子的數量會比理想子女數量低 30%。所以，在沒有任何人口控制政策干預的情況下，今天中國的生育率會只有 1.2，類似於新加坡以及中國香港和台灣地區。事實上，即使公佈了二孩政策，中國的城市生育率仍處於世界最低水平。

中國年輕農民的情況如何呢？他們會不會生育比城市中同齡人更多的孩子呢？答案是他們也不太可能生育很多孩子。因為年輕的中國農民大多成為城市中的外來務工人員，他們在經濟上面臨比其父輩更沉重的經濟負擔。

當然，在放寬計劃生育政策的最初幾年裏會有一種生育反彈，即之前被壓抑的生育第二個孩子的需求會被釋放。因此，預計在 2016-2018 年，中國新出生嬰兒的數量會出現激增，但此後，中國的生育率和新出生人口數量將會再次下降。表 10-1 顯示了幾個亞洲國家或地區在廢除了生育控制政策之後生育率的反彈情況。只有新加坡經歷了高於此前生育率 0.2 的反彈並保持了 3 年，其他各經濟體都沒有出現明顯的反彈。

表 10-1　某些國家或地區在生育政策改變前後五年的生育率變化

	停止控制生育					開始鼓勵生育					
	年份	−2年	−1年	終止年份	+1年	+2年	年份	−2年	−1年	開始年份	+1年	+2年
日本	1974	2.14	2.14	2.05	1.91	1.85	1994	1.46	1.50	1.42	1.43	1.39
韓國	1996	1.66	1.63	1.57	1.52	1.45	2005	1.18	1.15	1.08	1.12	1.25
中國台灣地區	1990	1.86	1.68	1.81	1.72	1.73	2005	1.26	1.18	1.12	1.12	1.10
新加坡	1988	1.43	1.63	1.96	1.75	1.87	1988	1.43	1.63	1.96	1.75	1.87
伊朗	2012	1.90	1.91	1.92	/	/	2012	1.90	1.91	1.92	/	/

注：新加坡和伊朗的人口政策從停止控制到開始鼓勵出生是在同一時間發生的。
資料來源：中國台灣地區的數據來自台灣當局戶籍部門（Department of Household Registration, Taiwan）。其餘數據來自 World Bank。

　　基於這些國家的經驗，中國生育率的反彈將可能是輕微的和短暫的。據我們分析，2016-2018 年，中國的出生人數預計將由 2015 年的 1,600 萬上升至約 1,800 萬，2020 年之後，將再次下降。

2. 如果採取鼓勵生育的政策會有多大作用

　　就像其他東亞國家或地區一樣，中國遲早需要徹底扭轉其限制生育的政策，採取力度更大的鼓勵生育的政策。然而，我們有理由相信，在中國提高生育率的工作將會比亞洲其他國家或地區更難。

　　首先，在關注孩子的教育成就方面，中華文化超過了其他任何一種文化對此的重視程度。"虎媽"式的教養方式在中國父母中相當普遍。對家長來說，孩子的課外活動和補習班費用高昂，費時耗力。中國父母更關心的是投入資源以確保他們的孩子獲得最好的教育成果，而不是孩子的數量。

　　其次，與其他國家的女性相比，中國女性有更多的教育和職業要求。中國女性比其他大多數國家的婦女接受的教育更多，也更加獨立。在毛澤東時代，幾乎所有的女性都參加工作，即使在今天以國際標準來看，中國女性的勞動參與率都是很高的。

　　最後，中國的女性結婚率低，非婚生子女率也很低。中國女性和日本女性一樣，有一種不下嫁的文化。因此，許多受過良好教育的中國女性很難找到一個合適的丈夫，而這種所謂的"剩女"現象，在中國大城市中越來越普遍。此外，非婚生子女在文化上仍然是不可接受的。與斯堪地納維亞半島國家 40% 的非婚生子女率相比，日本、中國和韓國的非婚生子女率小於 3%。

　　總之，中國女性更可能不婚，更注重事業，更關心孩子的質量不是孩子的數量，因此，即使有鼓勵生育的政策，她們生育孩子的數量也會比其他國家女性生育的更少。

3. 人口萎縮和老齡化的經濟風險

　　中國人口的迅速老齡化將會給中國經濟和政府帶來沉重的負擔。圖 10-6、圖 10-7 說明了中國人口撫養比的變化。撫養比是指每個勞動者所需撫養的人數（包括老人和兒童在內）。從 20 世紀 80 年代開始，與其他發展中國家相比，中國的撫養比以非常快的速度下降，因為需要養育的兒童數量下降了。但這些消失的孩子在 20 年後就意味著消失的工人。到了 2015 年，撫養比開始逆轉，逐年增加，預計將在 2030 年以後迅速上升。圖 10-8 給出了 2010 年和 2040 年的中國人口結構比較。

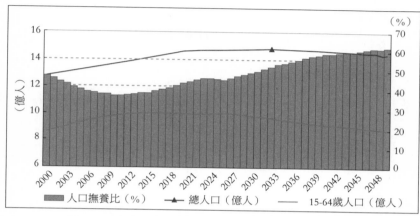

圖 10-6　中國的總人口數量、勞動人口數量以及撫養比的預測

資料來源：國民發展戰略研究‧人口發展預測，2007 年。

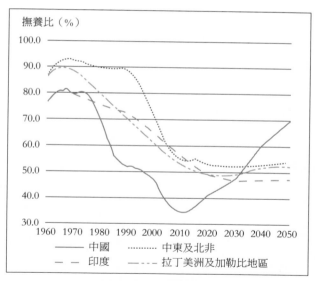

圖 10-7　中國的撫養比

資料來源：Data 1960-2015 is from World Bank 2015. Data 2015-2050 of India is from United Nations Population Division. The rest of the data is from Department of Economic and Social Affairs, World Population to 2300.

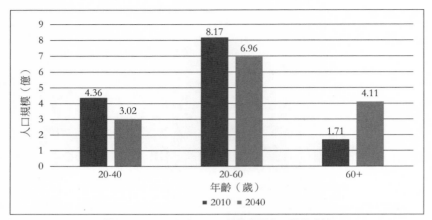

圖 10-8　2010 年和 2040 年的中國人口結構比較

資料來源：U.S. Census Bureau, 2015.

2030 年以後，相對於勞動人口而言，中國老年人的數量將迅速增長。圖 10-9 比較了中國 2008 年和 2040 年的人口結構。2040 年，總人口預計約為 14 億，但年長者將由原來的 1.71 億增加至 4.11 億。到 2040 年，年齡為 20-60 歲的勞動人口人數，將從 8.17 億下降到 6.96 億。20-40 歲的青少年人數將從 4.36 億下降至 3.02 億人。由於這些變化，中國的年齡結構圖將是一個頂部大、底部小的倒金字塔形狀。

4. 對創新的影響

這些急劇的人口變化將對中國的經濟尤其是其創新能力造成巨大的負面影響。

目前，中國的人口結構還相對年輕，因為在 20 世紀 80 年代，平均每年新出生的人口數量是龐大的 2,500 萬。他們現在正值 30 多歲，是收入和消費的黃金時期。他們對房屋和其他物品的需求是過去 10 年中國經濟發展的主要驅動力。然而，未來二三十年間，他們將變老、退休。20 世紀 90 年代的出生人口比 80 年代的出生人口少 40%。無須多少時間，這一代人也將達到 30 歲的黃金年齡，與上一代人相比，他們對商品和服務的總需求也會放慢。

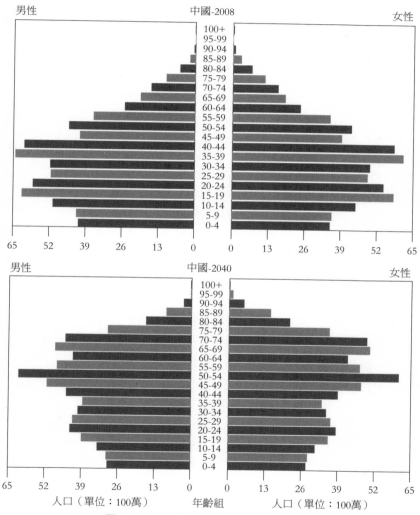

男性　　　　　　　　中國-2008　　　　　　　　**女性**

100+
95-99
90-94
85-89
80-84
75-79
70-74
65-69
60-64
55-59
50-54
45-49
40-44
35-39
30-34
25-29
20-24
15-19
10-14
5-9
0-4

65　52　39　26　13　0　　0　13　26　39　52　65

男性　　　　　　　　中國-2040　　　　　　　　**女性**

100+
95-99
90-94
85-89
80-84
75-79
70-74
65-69
60-64
55-59
50-54
45-49
40-44
35-39
30-34
25-29
20-24
15-19
10-14
5-9
0-4

65　52　39　26　13　0　　0　13　26　39　52　65

人口（單位：100萬）　年齡組　人口（單位：100萬）

圖 10-9　2008 年、2040 年中國的人口結構

資料來源：U.S. Census Bureau, 2015.

在創新能力方面，30-40歲是最具生產力的年齡，也是創業的最佳年齡。目前，中國30-40歲的年齡組是由20世紀80年代出生的那個龐大的人群組成的。然而，在未來10年之內，當規模較小的90年代出生的群體達到30歲時，創新和創業的整體水平將會受到影響。隨著年輕人口的規模在中國的萎縮，中國在創新方面的規模優勢，將會轉移到印度乃至美國。

圖10-10比較了中日兩國年輕工人（20-39歲）佔全部勞動力的比重。方塊線表示的是日本的比例，三角線表示的是中國的情況。在日本，年輕工人的比例迅速下降，從20世紀70年代的55%下降到今天的約40%。我們在前幾章中曾經論證過，勞動力老齡化會阻礙年輕員工的晉升機會，使他們缺乏創新和創業精神。由於勞動力老齡化而導致的缺乏創新和創業精神，是日本過去25年經濟停滯的主要原因之一。中國勞動力的老齡化與日本的趨勢非常相似。到2025年時，中國勞動力的結構將和20世紀90年代日本勞動力的結構一樣老，而到2040年的時候，中國勞動力將比日本勞動力的年齡更大。如果日本是前車之鑒，那麼中國的經濟將從2025年開始遭受缺乏創新和創業精神的重創。

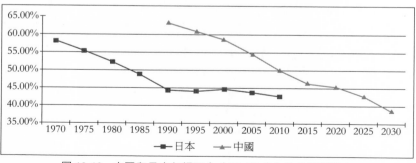

圖10-10　中國和日本年輕工人（20-39歲）佔全部勞動力
（20-59歲）的比重
資料來源：U.S. Census Bureau, 2015.

　　人口老齡化將成為中國經濟的致命弱點。由於生育率長期低於更替水平，2040 年以後，中國的人口結構已經嚴重老化，並且中國的人口規模也開始急劇萎縮。21 世紀下半葉，中國作為世界上最大的經濟體的地位將被具有人口規模和結構優勢的印度所取代。

中國、印度和美國的比較

　　從人口規模來看，2050 年印度人口將達到 17 億。從人口結構來看，印度遠比中國年輕。2014 年，0-14 歲人口佔總人口的比例，印度是 28.5%，中國是 16.5%，未來這種差距會進一步拉大，而 65 歲以上的人口佔總人口的比例，印度是 5.8%，中國是 10.1%。印度人目前的平均年齡是 26 歲，而中國人的平均年齡是 35 歲，而且中國社會變老的速度遠快於印度。

　　大量的年輕人是創新和創業的活力之源，更是驅動經濟發展的需求之本。從人才資源趨勢來看，印度將超過中國成為在校大學生最多的國家。就 18-24 歲的大學適齡人口，印度目前是中國的 1.2 倍，而中國和印度的大學毛入學率分別為 26.5% 和 18.8%。到 2040 年，印度大學適齡人口將是中國的 1.7 倍。到時就算中國的毛入學率能達到 60%，印度只要達到 35%，其高等教育在校人數將超過中國，此後印度超出中國的幅度會越來越大，最終在人才規模上壓倒中國。

　　儘管中國對美國的人口優勢會維持較久，但如果中國的生育率無法提升，只要兩三代人以後，美國每年出生的人口將超過中國。即使不考慮美國作為傳統移民國在吸引全球人才上的優勢，中國的人才規模也將被美國反超，退居世界第三。

　　總之，中國的人口結構將成為阿喀琉斯之踵。從 2040 年起，中國經濟將遭受快速老齡化的衝擊，這一衝擊由於 20 世紀 80 年代一直實施到 2015 年才終止的獨生子女政策的影響而變得更加嚴重。印度將很快超越中國，成為人口最多、經濟增長最快的國家。美國由於其無與倫比的吸引外來人才的能力，將在短暫落後於中國之後，於 21 世紀後半期重新奪回其創新領導者的地位。

未來人口政策的建議

推動城市化和大城市化

城市化進程是農村人口轉化成城市人口的過程。由於中國在 20 世紀 50 年代中期以後建立了城鄉二元分割的社會結構，使得城市化長期處於停滯狀態。在 1950-1980 年的 30 年中，世界城市人口的比重由 28.4% 上升到 41.3%，其中發展中國家由 16.2% 上升到 30.5%，但是中國大陸僅由 11.2% 上升到 19.4%。改革開放以後，中國城市化進程明顯加快。截至 2016 年年底，中國城鎮常住人口佔總人口比重達到 57.35%。

經濟越發達，農業在經濟中所佔的比例越低，可支撐的人口也越少。城市具有人口的規模和集聚效應，在促進需求與供給的匹配上，以及提高勞動生產率和資源使用效率上，有著農村不可比擬的優勢。只有真正的城市化才能更好地發揮中國人口的巨大潛能。城市化不充分，如只利用 "農民工" 的生產能力，卻不盡力協助他們完全融入城市生活，會把很大一部分人口排除在正常的經濟循環之外。農村留守兒童和空巢老人等現象違背人倫常理，也不利於中國充分城市化和經濟健康發展。如果擔心大城市過度膨脹，就應當通過財力和政策傾斜，加強中國數百個中小城市和上千個縣城吸納轉移人口的能力。中國目前的城市人均建設用地只有農村的 1/4（劉彥隨，2010），充分城市化實際上可以節省大量土地。

　　然而，近年來中國政府出台的嚴控大城市人口規模的政策，在一定程度上制約了大城市的發展潛力，削弱了這種集聚效應。在嚴控特大城市人口規模的思路下，北京市"十三五"規劃綱要要求，全市常住人口總量控制在 2,300 萬人以內，城六區常住人口比 2014 年下降 15% 左右，以期有效緩解大城市病的各種問題。為了實現這些控制目標，北京市在落戶、租房、買房、就業、就學等各方面不斷推出限制外來人口工作和居住的各種措施。比如，2016 年 12 月 21 日公佈的北京網約車管理細則就要求，想要從事專車運營，司機需要具有北京市戶籍，車輛必須是北京市交管部門核發的本地號牌。

　　中國大城市的活力，在很大程度上依賴外來人口。深圳是外來人口最多的城市，於是成為最具創新活力的城市。在其他的一線城市中，科技和文化創新產業也都集聚了來自全國的優秀人才。但是，中國現在限制大城市發展的政策，使土地供應不足，導致房價上漲，同時也使教育資源供應不足，導致入學困難。總體而言，抬高了優秀人才進入大城市的門檻。

　　推出"嚴控大城市規模"的政策是基於"人口多導致城市病"的觀點。實際上，交通擁擠、入學難和污染等城市病不是因為城市人口過多，而是因為城市規劃不足而引起的。比如，按 2004 年制定的規劃，北京中心城區人口規模到 2020 年將控制在 850 萬人以內。其實，只要跳出違反自然規律的人口控制思想，從經濟常識的角度來分析就會發現這種規劃完全脫離實際。如果一個城市按照 4,000 萬人來規劃，實際住 3,000 萬人才不顯得擁擠。

　　此外，一個國家的人口規模越大，其最發達的城市的人口規模通常也越大。從經濟活動和國際可比角度來看，一個城市一般可以定義為建成區的連續空間區域，這種界定往往超出行政區劃。按此界定，日本最大的城市東京就有約 3,700 萬人口，而日本全國人口才 1 億多。北京作為一個人口 10 多億國家的政治、文化和高科技中心，不含遠郊區在內的建成區人口甚至不到 2,000 萬，在全球排不到前 10 位。可以說，北京的人口不是太多，而是太少。花園城市新加坡有約 600 萬人口，其面積卻不到北京的 1/10。

至於水資源匱乏等問題，在現代技術條件下不應該成為阻礙城市發展的理由。比如，新加坡雖然地處熱帶海洋氣候區域，但因為土地狹小，其人均水資源就與北京不相上下，但新加坡正在大力吸引移民以增加人口。美國洛杉磯所處的南加州年降雨量只有北京的 70% 左右，而且用水量大的夏季幾乎無雨。北京的外地調水佔用水量不到 10%，而洛杉磯 85% 的用水靠外地調入。

大城市人口規模的控制措施之一，是嚴厲限制大城市的土地使用。實際上，由於人口的集聚效應，大城市單位面積土地能創造和體現的價值遠遠高於偏遠地區。大城市最需要土地來建設，但難以獲得土地，而偏遠地區的土地卻被嚴重浪費。雖然限制大城市土地使用的目的是保護耕地，實際上卻造成全國土地資源的巨大浪費。目前，中國城市人均建設用地只有農村的 1/4，特大城市人均建設用地會更低。因此，實現真正意義上的城市化，讓人口向城市特別是大城市集中，是在節省而非浪費土地。目前嚴控大城市土地使用的做法，人為推高大城市的房價，讓很多來城市工作的人只能蝸居在大城市，然後把賺來的錢在家鄉建造一年可能就住上幾個星期的房屋。

城市規模大具有很多好處。比如城市越大，公共交通的效率就越高。北京、上海等地的人口集聚帶來的需求和財力，就可以支撐遠比目前更大的地鐵密度，乃至像東京那樣，可以很好地解決城市交通和環境污染問題。現在中國西部一些省份都建造了利用率較低的高鐵，但如果在一、二線城市建設區域內高速交通網絡，其效率可能要高得多。城市規模越大，各種產品和服務的分工就越細，能夠更有效地匹配，可大幅提升生活的便利性。比如，特大城市就會有分工特別細的專科醫生，會有最有特色的各國美食，也會有更多的地鐵線路和更多直達世界各地的航班。另外，城市規模越大，各行各業的人才就會聚集得越多，思想碰撞和交流就會越頻繁，創造力就會越旺盛。世界各國的創新都不成比例地集中在最發達的城市裏。中國最好的創新型企業和人才也集中在幾個一、二線城市中。因此，合理的城市化的策略不是僅僅發展中小城市，而需要進一步加大對特大城市的投入。

北京、上海、廣州、深圳等特大城市，是中國為數不多的全國性城市。作為高校、科研機構和高科技企業的集中地，在這些城市產生的需求和供給的匹配，更能體現出中國科技發展的人口規模優勢。但嚴控特大城市人口規模的政策在阻止這些匹配，讓很多科技創新的機會消弭於無形，嚴重影響中國經濟最有創造力和活力的部分，對中國經濟提升將是極其不利的。就像我們不應刻意阻止年輕人創業一樣，也不應阻止年輕人去大城市實現自己的夢想。中國經濟現在面臨升級的挑戰，尤其需要創新來推動，而大城市則是最具有創新經濟的引擎。現在中國幾乎各個行業都面臨產能過剩，找不到很好的投資方向。對三、四線城市的投資收益已經越來越低，唯有對一、二線城市的投資還有比較高的回報率，所以這些城市的地產和基礎設施建設依然是拉動內需和消化產能的良藥。

中國的教育制度改革

我在前面的章節中說過，沒有證據能夠證明教育方式對創新可以產生影響。日本和韓國也有與中國類似的應試教育制度，但是這兩個國家的教育制度並沒有阻止它們成為創新大國。當然，這種低效的死記硬背的應試教育，的確有著效率提升的巨大空間。尤其是在中學階段，學生花費大量時間搞題海戰術卻僅為應付升學考試，往往形成巨大的浪費。

一方面，很多人都認為現有的教育制度存在問題，無數家長在呼籲“減負”；另一方面，那些高呼“減負”的家長，往往還是怕輸在起跑線上，為此熱衷於將孩子送往各類收費不菲的培訓班。至於以上矛盾的核心，其實只有一個關鍵詞——高考。目前整個社會都對高考制度表現出極度無奈，管理者不知從何改起，徹底取消又怕滋生腐敗，導致更加不公平。

而在研究人口問題的過程中，教育也是一個必須加以重視的領域。理順了教育制度，就可以更好地釋放中國的人口優勢。有鑒於此，根據全球各國的教育制度和未來就業市場對人才的要求，我們建議推進如下教育制度改革：

（1）自主招生：本科全國統一考試，各校自主招生。

（2）縮短學制：取消中考，將初中三年和高中三年合併，並且縮短為中學四年。大學和研究生也可適當加速。

1. 自主招生

現在中國教育被一刀切的統考統招制度綁架，自主招生可以解決這個問題。雖然還是統一考試，但是各個學校和專業可以有多元化的錄取標準。這樣可以避免一些在某一方面有天才的學生只為高考內容而學習，從而讓其天賦得到更充分的發展。

當然，有人會擔心自主招生會讓教育不平等現象加劇。自主招生後，農村或者低收入家庭的學生，在名牌大學錄取競爭中，更加處於劣勢嗎？這種擔心聽起來有道理，但經不起數據的考驗。事實上，近幾年，農村學生的名校錄取率一直在下降，已經到了非常低的水平。這一點不奇怪，富裕家庭可以讓小孩上各種補習班來提高考試分數。從世界範圍來看，自主招生後，學校從多元化等方面進行考慮，反而對劣勢家庭會有一定的照顧。美國的名校對於低收入家庭的小孩的錄取分數線會遠低於其平均分數線。所以，從世界經驗來看，自主招生後反而可能緩解教育的不平等現象。此外，政府還可以要求名牌大學錄取一定比例的低收入家庭的學生，比如說 20%。這比現在用一個一刀切的公式來定錄取標準要好得多。如果實行自主招生，現有的地區歧視的問題也就迎刃而解了，而且很可能緩解收入不平等造成的教育不平等現象。

美國和絕大多數國家一樣實行自主招生，美國的名校也會照顧一些特別富裕的家庭的學生，因為這些學生會捐錢給學校。這從表面上看好像不公平。但是，在中國對於富人會佔更多的名校資源的擔心是多餘的，因為有條件的富裕家庭可以把小孩送到國外留學。我們這裏說的富裕家庭絕對不只是富豪，甚至還包括中產階級。據統計，大城市裏已經有 20% 的家庭，把小孩送到了國外上學。能夠通過捐錢而取得名校資源的，都是金字塔裏頂尖的人群，這些家庭短期不會考慮中國的名校。

從長遠來說，即使中國的富豪家庭通過捐錢來獲得一些名校資源，這一定是壞事嗎？如果一個富人學生能夠給學校捐錢提供 100 個低收入家庭學生的獎學金，那麼學校不是可以辦得更好，可以錄取更多的貧困學生嗎？很多富豪現在樂於給美國名校捐錢。實行自主招生後，如果有更多的富豪願意把小孩留在中國上學，那便是教育改革的巨大成功，但是至少在 5-10 年裏，即便是教育改革立即實行，中國大學的競爭力不可能提高得這麼快，也難以吸引富豪家庭的學生回流。

另一種擔心是腐敗。大學自主招生後，當然會存在極個別的開後門和腐敗等問題。但是世界上絕大多數國家和大學都實行了自主招生，中國就會特別差嗎？一些管理差的大學，還是可以用簡單的統考分數來錄取學生的。大多數管理到位的大學則可以有更加靈活的招生制度。就像企業招人一樣，任何大學出於自身競爭力和聲譽考慮，都會很有動力建立一個公平和有效的高考制度。自主招生後，一個學生可能在一所學校受到不公的待遇，但是不可能在多所學校受到不公的待遇。在現在這種一考定終身的制度下，如果一個人高考作文審題錯誤，就會貽誤終身，這樣公平嗎？招生多元化可以提升優質學生篩選的整體公平性和可靠性。

2. 縮短學制

如果自主招生不能實行，縮短學制也是一個有效的辦法。比如取消中考，就解決了戶籍改革的一些障礙，也很容易把義務教育的範圍從原先的 9 年制，調整為涵蓋全部中小學階段的 10 年義務教育制。另外，與國際比較，中國的初中生和高中生普遍比美國的高中生學得多、成績好，程度幾乎高了兩年。但是到了大學畢業階段，這種優勢往往就沒有了。原因是中學尤其是高中階段有兩年完全是為了考試，不學新東西，反而一旦進了大學，就完全放鬆，學習努力程度遠不如美國的大學生。縮短中學教育，可以適當減少人文科學的學習和濃縮自然科學的課程

（因為有些知識在互聯網上搜索就可以獲取），高考科目也可適當簡化。把另一項重要考試放在大學本科畢業以後的研究生入學考試（中國的GRE）中，就能很好地解決這個問題並且與國際接軌。

此外，通過簡單的時間調整，會從根本上改變大家對名校的追求。因為大學本科畢業的人只有 20 歲，碩士生是 23 歲，所以大公司主要會招碩士生。這樣學生就有兩次進入名校的機會，可以大幅度減輕高考一考定終生的壓力。更進一步看，年輕人所獲得的還不只是兩次機會，因為研究生考試不同於高考，本科生已經具備了工作和養活自己的能力，可以一邊工作，一邊多次參加考試。此外，如果考得好的話，很多企業也可以把好成績作為招工的依據，而不是一定要靠本科名校。另外，把重要的考試放在研究生入學考試中進行統考，可以順利對接現有研究生考試的自主招生模式。

或許有人會問，中學從六年變成四年，學生能夠掌握這些學習內容嗎？當然可以。現在中學裏面的初三和高三，基本都用來複習考試，所以僅僅取消中考和簡化高考，就能省下很多時間。很多學科比如物理、化學，往往是初中為了中考學一遍，高中為了高考再學一遍。另外，現在很多課程如歷史、地理等的內容不必再依賴死記硬背，因為大量知識可以輕易地從網絡上檢索到，從而可以大幅度提高學習效率。

總之，相比 30 年前的學習情況，現在的學生可以投入更多的時間，能遇到更專業的老師，並且可以藉助互聯網等更先進的教學工具。然而安排他們在 18 歲前學習的內容，相對於 30 年前卻沒什麼進步。各行各業的效率都在過去 30 年裏突飛猛進，唯獨教育系統的效率卻下降了。歸根結底，現有的中考和高考制度，限定了學生 15 歲前必須學這些東西，到了 18 歲之前還是必須學這些東西。

　　放眼世界，回顧歷史，會發現 16 歲開始大學學習在歷史上其實很普遍，我 30 年前就讀於復旦大學期間，很多同學就只有十六七歲，因為當時很多農村孩子 4 歲就已經上學，現在有些國家比如荷蘭等，也是 4 歲就可以上小學。美國的高中生雖然還是 18 歲畢業，但是因為沒有像中國這般嚴苛的中考和高考，學生的課業壓力相對較低，所以他們可以利用中學時間參與有興趣的課外活動，比如計算機編程。還有很多人在中學期間就選修了大學的課程，比如計算機科學、經濟學等。正因為如此，諸如比爾·蓋茨、朱克伯格之類的 IT 領袖，可以在大學尚未畢業時就開始創業，前提就是他們在中學期間已經完成了很多大學課程，還有大量時間從事電腦編程等課外活動。可見，只要教育方法得當且教育效率提升，16 歲就開始大學學習完全可行。

　　還有人擔心，20 歲就本科畢業了是不是太早了。我們覺得這正是整個改革方案的優點。根據現代經濟和就業的特點，大學本科主要是掌握學習方法的通識教育，真正的技能要在工作中和研究生階段學到。讓大學生早點學會基本的學習方法，進入社會，對於整個社會的活力和創新都是有幫助的。現在創新和創業的難度越來越高，既要有 30 歲才能掌握的專業知識和組織管理技能，又要有 20 多歲人的冒險精神和身體，如果中國的年輕人能夠每人減少兩年為高考而學習的時間，中國人力資源的供給將得到巨大提升，說不定也會有更多中國式的朱克伯格湧現出來。

　　有人覺得，多工作兩年，只不過是在 60 歲退休前多了兩年的工資，相對於大多數人一生中平均 40 年左右的工作時間，似乎僅僅多了兩年時間，增幅只有區區 5%。其實這是一種錯覺，僅僅比較了工作年限的"數量"，卻忽略了不同年齡段所具有的"質量"。提前兩年踏上工作崗位，其實際效果絕不是延遲兩年退休可以比擬的。

實際上，在人的整個職場生涯中，20 歲出頭的年齡正是智力、體能乃至創業慾望都處於巔峰的"黃金時間"。如果能夠增添兩年的"黃金時間"，其對人生產生的價值可能遠超 5%，甚至直接改變整個人生行進的方向。

對於一般白領來說，剛畢業的大學生起薪是比較低的。隨著能力的提升，其工資會在 40 歲以前有較快速度的增長，40 歲以後會趨於平緩，50 歲以後的增速會遠低於平均水平。40 歲以前的增長速度往往遠超平均水平，我們假設年增長速度是 10%，那麼早兩年完成學業，就意味著多漲了兩年工資，跟年齡相同但晚兩年畢業的人相比，工資就要多出 21%。這種優勢，在三四十歲尤其明顯，因為企業內部很多中高層職位的晉升，會優先考慮年齡在三四十歲的幹部，早工作兩年的人對於晉升中高層有著很大的年齡優勢。

對於創業來說，早畢業的優勢也很大。我們在研究過程中發現，35 歲前是最佳的創業期。攜程旅行網創立之初，幾個合夥人也都是 30 歲剛出頭的年紀。所以，如果 22 歲畢業，那麼黃金創業期只有 13 年（=35-22）。如果 20 歲畢業，那麼黃金創業期就多了兩年，達到了 15 年，相比原有方案的增幅超過了 15%。

創業如此，創新也是如此，科學家最具創造力的年齡也是在 35 歲之前，大部分諾貝爾獎得主的科研成果都是他們 35 歲以前就形成的。現在的知識大廈越建越高，要做科研創新，博士（甚至博士後）成了標配。如果把博士畢業到 35 歲之間的年齡段視為創造力的黃金期，那麼一個 22 歲唸完大學、27 歲唸完博士的人只有 8 年的黃金創新期，而一個 20 歲唸完大學、25 歲唸完博士的人則有 10 年的黃金創新期，整整多出了 25%。

早畢業對於高學歷女性的好處更多，因為她們原本面臨生育和事業的雙重時間擠壓。對於高學歷女性來說，大多會在學業完成後再考慮結婚生子。如果學業完成到 35 歲之前是黃金生育期，那麼在原有的方案下，一名女性從 22 歲大學畢業、24 歲碩士畢業到 35 歲，期間只有 11-13 年的黃金生育期。如果提前兩年上大學，那麼一個 20 歲大學畢業、22 歲碩士畢業的女性，就有 13-15 年的黃金生育期。所以，在新方案實施的情況下，生育率有可能提升 10%-20%。現在中國城市裏高學歷女性的生育率還不到 1，未來面臨比日本還嚴重的低生育率危機，縮短中學教育也是緩解人口危機的良方。

我們認為，縮短中學學制的改革還是相對容易的。只要取消中考、淡化高考，把 19-20 歲時大學畢業後的能力考試或者之後的研究生學歷，作為年輕人求職就業的能力依據，就能大幅度提高基礎教育的效率，為中國的創新和創業注入新的活力，同時也能夠緩解少子化的人口危機。

移民政策

在前面的章節中，我們已經論述了移民政策是人口政策的重要組成部分。很多國家都把移民作為吸引人才、增加創新活力的重要手段。從 2000-2013 年，中國的國際移民總量增長了超過 50%。截至 2013 年，中國的海外移民存量已達 933.4 萬人，成為全球第四大移民輸出國。根據 2015 年中國國際移民年度報告，目前全世界有 6,000 萬名海外華人。

中國有大量人口移居國外，卻很少有外國人移居中國。造成這種現象的原因是外國人要取得中國永久居留權非常困難。1985 年通過的《中華人民共和國外國人入境出境管理法》把外國人在華居留分為"短期居留""長期居留"和"永久居留"三類。公開資料顯示，1985-2004

年，中國共授予 3,000 多名外國人在華定居的權利，獲得永久居留權的
卻只有 50 人。中國加入世貿組織後，放寬永久居留權門檻的進度才大
幅加快。2004 年，中國出台法規，首次採用國際通行做法，實施永久
居留證制度，也被人們稱為“中國綠卡”。但這個制度還是跟不上形勢
的發展，統計數據顯示，自實行“綠卡”制度以來，中國“綠卡”年
均發放量僅有 248 張，而這一時期入境的外國人多達 2,700 萬。而美國
過去 5 年就發放了 525 萬張“永久居民卡”（綠卡），年均超過 100 萬。
據印度政府統計，到 2012 年已有 1,187 萬人海外印度人持有“印度裔
卡”，到 2013 年印度已發放 137 萬張“海外印度公民卡”，兩者合計超
過 1,300 萬人。

　　中國目前的移民遷入有相當一部分為海外移民回流，但條件極其
嚴格，根據公安部和外交部 2004 年聯合發佈的《外國人在中國永久居
留審批管理辦法》，對申請在中國永久居留的外國人設置了高門檻。

　　由於長期實行計劃生育，中國社會普遍視人口為負擔而非貢獻
者。但無論從經濟發展、科技進步、國力競爭還是文化傳承來看，一
個國家最寶貴的資源，就是對其擁有認同感和歸屬感的人民。各種證
據顯示，中國早已進入超低生育率階段，未來人口的極度老齡化和急
劇萎縮，將是中國發展的最大挑戰。根據各國經驗，適度引進移民有
助於緩解人口危機。當然，吸引海外華裔回國定居遠比讓其他族裔流
入更為合理。

　　中國人不僅僅指在中國定居的人，也包括居住在海外的華人。長
期以來，海外華人是我國現代化進程的重要力量。他們廣泛傳播中國
文化，擴大了中國國際影響力，並強化了中國與世界的聯繫。在辛亥
革命、抗日戰爭等歷史關頭，海外華人更為祖國立下了不朽功勳。改
革開放後，中國經濟社會的快速發展，也得益於海外華人在資金、市

場、人才、科技、文化交流等方面的巨大貢獻。

然而，中國現行《中華人民共和國國籍法》（以下簡稱 "《國籍法》"）不承認雙重國籍，迫使一些海外華人失去中國國籍。該法第九條規定："定居外國的中國公民，自願加入或取得外國國籍的，即自動喪失中國國籍。" 對此，全國政協常委李嵐在 2016 年全國 "兩會" 上提交提案，認為：該條款損害民族凝聚力。很多人取得外國國籍是出於現實生活的考慮。如果在取得外國國籍後能保持中國國籍，海外華人更能維持與中國的情感紐帶和對中國的認同，並能將其延續到後代。大部分國家並不要求入籍移民放棄原國籍，保留中國國籍也可以讓海外華人名正言順地為中國爭取利益。此外，該條款也不利於人才引進。在出國留學並在海外長期工作的人中，不少是中國建設急需的人才。其中取得外國國籍而喪失中國國籍者，無法方便地回流國內；即使回國工作，也多有候鳥心態，少有真正將家安於國內做長久打算的。因此，李嵐建議修改《國籍法》，並規定：本人、配偶、父母、祖父母曾擁有中國國籍者可自動獲得中國國籍。除非本人正式宣佈放棄，否則中國國籍永遠有效。

目前世界各國都在鼓勵高技能移民遷入，一個國家內部的不同城市中，也非常歡迎外地的高技能人才入住。因為高技能移民的遷入，不僅可以增加僱用他們企業的競爭力，而且可以緩解貧富差距。中國要創新發展，尤其是成為創新中心，需要開放的土壤，要把人放在第一位，使其不僅願意來工作，更願意在這裏安居樂業，繁衍後代。移民普遍比本土人更願意冒險，更勤勞，更具創新力。引進外國高層次人才可以在我國科研、教育、產業創新等各個領域中發揮積極作用，並促進國際化。

生育政策

中國作為人口大國，移民對於改善人口結構的效果相對有限。人口結構的改善根本上還是要靠提高生育率。

1. 生育政策的歷史變遷

新中國成立之初，美國國務卿艾奇遜把中國發生革命歸因於人口太多難以養活，對此毛澤東駁斥道："世間一切事物中，人是第一個可寶貴的。"他認為生產力的發展受到生產關係的制約，倡導解放生產關係會推動生產力的發展，最終解決"人口問題"。但在計劃經濟體制下，特別是在面臨供應配給壓力時，龐大的人口規模很容易被當成發展的負擔而非優勢。隨著政治和經濟形勢的演變，中國的人口思想和政策也在不斷改變。

自 1949-1954 年，在毛澤東的人口觀和保護婦女健康的宗旨下，生育政策體現在對節育進行限制，包括嚴格限制機關部隊婦女墮胎，嚴格限定絕育手術和人工流產的條件，要求節育藥具銷售報備，禁止生產和進口避孕用具和藥物。1953 年年底，劉少奇主持召開座談會，明確節育的方針，放鬆之前限制節育的措施。雖然毛澤東在 1957 年曾主張提倡節育，但在 1958 年則提倡破除"人多了不得了，地少了不得了"的迷信，指出"人口十億也不怕"，節育活動中止。到 1962 年，在周恩來的再次倡導下，節育活動再度興起；20 世紀 60 年代城市出生率有所降低，但農村仍然維持著高出生率。

1971 年 7 月 8 日，國務院批轉《關於做好計劃生育工作的報告》，首次把控制人口增長納入國民經濟社會發展計劃，之後的政策體現為"晚稀少"，即提倡晚婚晚育，拉長生育間隔，只生兩個孩子。1971-1979 年，中國生育率從 5.81 直線下降到接近更替水平的 2.75，但之後中國的生育政策並未放鬆，而是轉變為更加嚴厲的"一胎化"。

1978 年，導彈專家宋健在歐洲接受人口控制論後回國，與一些理工學者進行人口預測並提出"一胎化"方案。1980 年 2 月，新華社公佈了宋健等人的《中國人口百年預測報告》。該報告聲稱，如果生育趨勢不變，中國人口到 2050 年將達到 40 億，引起震動。時任總理華國鋒提出："要普遍提倡一對夫婦只生育一個孩子，以便把人口增長率盡快控制住，爭取全國總人口在本世紀末不超過 12 億。" 1980 年 9 月 25 日，《中共中央關於控制我國人口增長問題致全體共產黨員、共青團員的公開信》發表，確定了"一胎化"基調。該政策最終穩定下來的規定是，除部分少數民族外，城鎮家庭普遍只可以生育一個孩子，而在大部分省區，農村家庭在第一個孩子為女孩時可生育二孩。

1982 年，中共十二大確定計劃生育為基本國策，但在嚴厲的生育限制政策下，生育率並未延續之前的下降趨勢，而是出現反彈並在 20 世紀 80 年代徘徊在更替水平以上，這背後是平均生育年齡的大幅提前。有學者認為，這是因為嚴厲政策的恐慌引發不少年輕女性搶生。實際上，當年人口學界確實有人提議在 20 年內採取一切措施確保人口進入負增長，建議每隔 5 年實行一個"無嬰年"。

到 20 世紀 90 年代初，中國的生育率降至更替水平以下，但計劃生育工作更趨嚴厲，要求一把手對人口與計劃生育問題不僅要親自抓，而且要負總責。1990-1999 年，中國年出生人口急劇萎縮 40% 以上。2002 年 3 月 10 日，時任國家主席江澤民在中央人口資源環境工作座談會上強調："人口問題是制約可持續發展的首要問題，是影響經濟和社會發展的關鍵因素。" 穩定低生育率水平成為人口與計劃生育工作的重點。

2001 年 12 月 29 日，《中華人民共和國人口與計劃生育法》公佈，並於 2002 年 9 月 1 日起施行，計劃生育政策上升為國家法律。儘管 2000 年人口普查中抽樣調查的原始數據顯示總和生育率已經降到 1.23 的超低水平，但計劃生育部門以漏報嚴重為由，把大幅調高後的生育率 1.8 作為人口政策的基本依據。

2003 年 12 月 10 日，時任國家總理溫家寶在哈佛大學發表演講提道："不管多麼小的問題，只要乘以 13 億，那就成為很大很大的問題；不管多麼可觀的財力、物力，只要除以 13 億，那就成為很低很低的人均水平。" 2004 年 3 月 10 日，時任國家主席胡錦濤指出："未來幾十年人口總量仍將持續增加，勞動就業的壓力越來越大。提高人口素質的任務十分艱巨，人口老齡化問題日益突出。資源緊缺的矛盾日益突出，一些關係國計民生的礦產資源特別是石油嚴重短缺。"

2006 年 12 月 17 日，《中共中央國務院關於全面加強人口和計劃生育工作統籌解決人口問題的決定》發佈，提出千方百計穩定低生育水平，到 "十一五" 期末，全國人口總量要控制在 13.6 億人以內；到 2020 年，人口總量要控制在 14.5 億人左右，總和生育率穩定在更替水平以下。文件強調必須堅持計劃生育基本國策和穩定現行生育政策不動搖，黨政一把手親自抓、負總責不動搖。

2013 年 11 月，十八屆三中全會通過的《中共中央關於全面深化改革若干重大問題的決定》提出："堅持計劃生育的基本國策，啓動實施一方是獨生子女的夫婦可生育兩個孩子的政策，逐步調整完善生育政策，促進人口長期均衡發展。"

2. 獨生子女政策的終止

近年來隨著互聯網，特別是社交網站的迅速發展，各種批評計劃生育的文章頻繁出現在各類社交媒體上。我和其他學者的研究成果與政策建議吸引了很多人的關注。我和我的合作者黃文政、李建新，出版了《中國人可以多生！》，這是當時中國大陸出版的直接指出獨生子女政策存在不合理性的第一本書（Liang et. al, 2012）。2014 年以後，主流媒體和學術界大多已經改變了過去認為人口多的慣性思維，贊同應該廢除獨生子女政策。社會各界的呼籲促使中國政府於 2015 年，停止了實行了 30 多年的一胎政策。

2015 年 10 月 29 日發佈的中共十八屆五中全會公報提出："促進人口均衡發展，堅持計劃生育的基本國策，完善人口發展戰略，全面實施一對夫婦可生育兩個孩子政策，積極開展應對人口老齡化行動。"

2015 年 12 月 31 日，中共中央、國務院發佈《關於實施全面兩孩政策改革完善計劃生育服務管理的決定》，強調："實施全面兩孩政策、改革完善計劃生育服務管理，是促進人口長期均衡發展的重大舉措，有利於優化人口結構，增加勞動力供給，減緩人口老齡化壓力；有利於促進經濟社會持續健康發展，實現全面建成小康社會的奮鬥目標；有利於更好地落實計劃生育基本國策，促進家庭幸福與社會和諧。各級黨委和政府要充分認識實施全面兩孩政策、改革完善計劃生育服務管理的重要性，增強責任感和使命感，用法治的思維、創新的精神和務實的作風，不斷探索新形勢下落實計劃生育基本國策的體制機制和方式方法，使計劃生育成為惠及億萬家庭的甜蜜事業。"

這是長期以來，中央綱領性文件有關人口政策的表述中，第一次把"促進人口均衡發展"而非"堅持計劃生育基本國策"置於段落之首。這種順序的調換表明，人口的均衡發展才是人口政策的目標，而計劃生育只是實現這個目標的手段。

特別值得注意的是，十八大以來，中央各種綱領性文件已經摒棄"人口多、底子薄"等隱含人口控制思想的各種表述，即不再狹隘地看待人口與土地、資源、環境、經濟的關係，這與過去 30 多年來的政策性文件形成鮮明反差。

2017 年 1 月 25 日，國務院發佈《國家人口發展規劃（2016-2030 年）》。該規劃提出的主要目標是，總和生育率逐步提升並穩定在適度水平，2020 年全國總人口將達到 14.2 億人左右，2030 年將達到 14.5 億人左右。此前的人口規劃只是給出人口總量不得逾越的控制目標，而這次規劃則是確定人口總量要達到的預期目標。上述差異反映了決策者已經否定了人口越少越好的思路，而且認為目前生育率過低，需要提升。這體現了以人為本的理念和確保我國人口均衡發展的決心。

新一代領導人也在各種場合一再強調中國眾多人口的優勢，並表達對低生育率的擔憂。比如，2016 年 9 月 4 日，二十國集團（G20）領導人第十一次峰會在杭州開幕。習近平主席在開幕辭中強調："主要經濟體先後進入老齡化社會，人口增長率下降，給各國經濟社會帶來壓力。"這個表述，明確把老齡化和人口增長率下降看成各國經濟社會的壓力，這反映了對低生育率各種後果的憂慮。又如，2017 年 3 月 25 日，李克強總理在出席澳大利亞華僑華人舉行的歡迎晚宴上致辭說："儘管面對國際不穩定不確定因素增加等困難和挑戰，但中國發展迴旋餘地大，特別是我們有 13 億多人口，受過高等教育和擁有專業技能的人才眾多，這是巨大的人力資源優勢。"這些表述反映了人口觀念的逐步轉變。

低生育率陷阱

由於長期計劃生育政策的宣傳，中國人口太多的觀念已根深蒂固，加上中國是世界上人口最多的國家，很多人想當然地認為中國人特別能生孩子。但實際上，所有留存下來的民族都擁有頑強的生育文化。中國地域遼闊，歷史悠久，不同部落融合匯聚才成就了統一的華夏民族，之後社會經濟結構相對穩定，農業發達，這些都是促進繁衍生息和人口增長的有利因素。在過去兩千多年中，除戰亂時代外，中國人口佔世界的比例通常都在 20% 以上。

近代以來，中國人口增長速度遠低於世界平均水平。中國人口佔世界人口的比例從 1820 年的 36.6%，降到 1900 年的 25.6%，再降到 1950 年的 21.8%。這期間，中國戰亂頻發、內憂外患，與其他國家相比，當時的整體環境顯然不利於休養生息。而西方在經歷了工業革命後，醫療衛生條件的改善大幅降低了死亡率，導致人口增長遠快於其他地區，這一趨勢直到兩次世界大戰才得以逆轉；1820-1900 年，再到 1950 年，歐洲裔人口佔世界人口的比例從 22.6% 升至 33%，再降至 29.6%；歐洲裔人口佔世界人口的比例在第一次世界大戰前夕的 1913 年一度達到 33.9%，如果再包括拉丁美洲則達到 38.4%。

很多人以為，中華人民共和國成立後的前 30 年生育太多導致人口增長過快。但實際上，中國人口佔世界人口的比例在 1950 年、1980 年、2015 年分別為 21.8%、22.1%、18.7%。從 1950 年到 1980 年，中國人口所佔比例僅上升 0.3 個百分點，而從 1980 年到 2015 年則下降了 3.4 個百分點；後 30 多年下降速度是前 30 年上升速度的 10 倍。此外，前 30 年中國人口的增長速度只是快於曾經歷人口暴漲的美國、日本和東歐國家，卻遠遠慢於幾乎所有發展中國家。況且，前 30 年微幅增長的主要原因之一還是中國人均預期壽命從 40 歲左右增長到 66 歲。實際上，雖然中國 2015 年的 13.75 億人是 1950 年 5.52 億的 2.49 倍，但 2015 年出生的 1,655 萬人要遠遠低於 1950-1954 年平均每年出生的 2,100 多萬人。如果中國人均預期壽命一直維持在 20 世紀 50 年代的水平，中國現在的總人口甚至可能低於 20 世紀 50 年代初期的水平。

　　過去 30 多年來，中國年出生人口整體大幅萎縮。根據 2010 年人口普查數據，80 後、90 後、00 後的人口分別是 2.19 億、1.88 億、1.47 億。從 80 後到 00 後不到一代人的時間，出生人口萎縮了 33%。儘管全面二孩政策會帶來出生人口短暫而有限的堆積反彈，但在此之後，由於處於 22-30 歲的生育高峰年齡的女性在未來 10 年將萎縮 40% 以上，即便全面放開甚至大力鼓勵生育也無法避免出生人口的斷崖式墜落。

　　衡量生育水平的一個最重要指標是總和生育率，即各年齡別生育率的總和，可通俗理解為女性平均生育孩子數（見圖 10-11）。總和生育率處於更替水平意味著，孩子的數量與父母輩大致持平。如果總和生育率長期低於更替水平，人口總量將不斷衰減。發達國家的更替水平約為 2.05。由於中國的出生男女比例和女孩的死亡率都高於發達國家，中國的更替水平要更高。根據近年數據估算，中國的更替水平應在 2.2 左右，即每個家庭平均需要生育至少 2.2 個孩子，才能保持孩子的數量與父母輩相比不衰減。

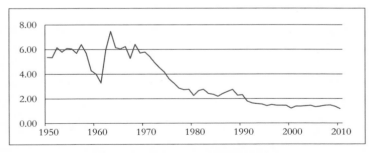

圖 10-11　　1950-2010 年中國總和生育率

資料來源：國家統計局，中國生育率趨勢，2010 年。

　　中國近年來的總和生育率是多少？國家統計局每年進行人口抽樣調查，大約每 10 年進行一次人口普查。儘管抽樣調查可能低估實際生育率，但由 2010 年人口普查數據回測可驗證，2001-2010 年的 10 年中，抽樣調查的低估幅度從未超過 10%。2010-2015 年，國家統計局各年的抽樣總和生育率分別為 1.18、1.04、1.26、1.24、1.27、1.05，平均不到 1.20。即便這 6 年抽樣調查對總和生育率低估了 15%，實際總和生育率平均也不到 1.4。這意味著每隔一代人，年出生人口將減少 36.4%，兩代人將減少超過 60%。

　　不少人看到身邊的孩子有兄弟姐妹，會覺得生育率沒有數據顯示的那麼低。但實際上，直覺往往會誤導人們極大地高估生育率。假想全社會生一孩、二孩、三孩的家庭各佔 1/3，家庭平均生育孩子數是 2，再考慮 1/8 不孕不育的比例，平均生育孩子數只有 1.75，遠低於更替水平。但在此情況下，每 6 個孩子中，來自一孩、二孩、三孩家庭的孩子分別是 1 個、2 個、3 個。在這個假想的情形下，獨生子女僅佔全社會孩子的 1/6，來自三孩家庭的孩子卻佔到一半，給人的感覺生育率很高，人口會膨脹，但實際生育率只有 1.75。在 2.2 的更替水平下，這意味著每隔一代人，出生人口減少 20.5%。

　　有人看到很多"超生"的孩子，就覺得中國生育率仍然很高，其實這是一種錯誤，甚至一些人口學家也被這種錯誤蒙蔽，覺得調查出來的生育率與直觀感受不符。但如上所述，即便很少的孩子是獨生子女，一半孩子來自三孩家庭，生育率仍遠低於更替水平，人口規模最終會持續衰減。實際上，當人們感覺來自三孩、四孩家庭的孩子非常普遍時，生育率才剛剛處於更替水平；當人們感覺來自二孩家庭的孩子很多時，生育率已經遠低於更替水平了；當人們感覺到處都是獨生子女時，生育率則處於極低水平了。因此，需要很多三孩、四孩，甚至五孩、六孩才能彌補一些人的不婚、不孕、不育和很多家庭只生 1 個孩子所造成的虧缺。

　　這也意味著，全面二孩政策遠不足以維持人口的正常更替。由於總有部分人不願或無法生育，或只想生育 1 個孩子，少數人生育大量孩子對維持民族可持續繁衍至關重要。在一個正常的社會中，不同家庭的生育意願千差萬別，意願生育孩子數可能會呈現出類似如下的分佈：6、3、2、2、1、1、0。如果每個家庭都能夠成功實現自己的意願，那麼 7 個家庭將生育 15 個孩子，生育率為 2.14，勉強達到更替水平。但在全面二孩政策下，生育數量最多為 2、2、2、2、1、1、0。這樣，7 個家庭總共才生育 10 個孩子，生育率僅為 1.43。就算出生男女性別比趨於正常致使更替水平降至 2.15，1.43 的生育率也意味著每代人減少 33.5%，每兩代人減少 55.8%。如果生育率一直處於這個水平且人均壽命基本穩定，那麼總人口將以每 50 年減少一半的速度衰減。

　　直觀高估生育率也許還有心理上的因素。在城市的一胎化政策下，人們傾向於把只生 1 個孩子當成常態，看到 2 個孩子的家庭會覺得不正常，看到 3 個孩子的家庭甚至會詫異。這種潛意識反應可能會強化多孩家庭對生育狀態判斷的心理衝擊。雖然中國農村的獨生子女也都比西方普遍，但很多人依然相信中國的生育率不低。

　　在歷史上，中國人並不比世界其他民族更能生孩子，而近幾十年的生育水平更是遠遠低於世界平均水平。實際上，中國所處的東亞文化圈目前就是全球生育率最低的區域。根據世界銀行和台灣地區 2014 年的數據，東亞各地的生育率分別是：朝鮮 1.98、越南 1.96、泰國 1.51、日本 1.42、韓國 1.21、新加坡 1.25、中國香港地區 1.23、中國台灣地區 1.07、中國澳門地區 1.24。與此對應，法國 1.99、英國 1.83、美國 1.86、俄羅斯 1.70、德國 1.39。

　　這表明，東亞各地的生育率都在更替水平以下，其中華人社會墊底。通常來說，社會經濟發展水平越高，生育率越低。但與中國文化較近，社會經濟發展水平不如中國的泰國、越南，其生育率卻分別低於俄羅斯、法國。而中國台灣地區、中國香港地區、新加坡等華人社會的生育率都在 1.0-1.3，比日本、韓國更低。此外，在有海外華人的國家，華人生育率也普遍低於主流民族。比如，即使排除教育水平的差異，美國的華人生育率也顯著低於白人。

　　為何東亞文化圈的生育率現在全球墊底呢？主要原因可能是，東亞比較注重孩子的教育，這加重了養育孩子的現實和情感負擔，既增加孩子的學業壓力，又使父母無力養育更多孩子。如果不能給孩子提供好的條件，有些人寧願不要孩子。此外，西方國家近年生育率沒有太低可能與非婚孩子比例的增加也有關係。根據美國人口普查局 2012 年的數據，美國、法國的非婚出生的孩子分別從 1980 年的 18.4%、11.4% 增加到 2008 年的 40.6%、52.6%，英國則從 1980 年的 1.5% 增加到 2006 年的 43.7%。在這些國家中，很多女性沒有結婚卻有自己的孩子。這在東亞則非常罕見，比如 2006 年日本非婚出生孩子的比例僅為 2.1%。

中國未來人口趨勢

　　決定未來人口趨勢的關鍵因素是生育水平。由於 20 世紀 70 年代以前的生育率較高，中國人口結構是老人和小孩少，中年人多。雖然現在每年出生的孩子已經很少，卻依然多於走入生命終點的老人，所以人口總量還在緩慢增長。可以預料，中國人口將在 10 年之內步入負增長，然後不斷加速萎縮。從長期來看，就算全面放開並大力鼓勵生育，可以把生育率長期維持在比 2000-2014 年國家統計局公佈的生育率平均值高出 25% 的水平，年均出生人口也將在 2050 年前後萎縮到約 800 萬人，而屆時年死亡人數將達約 2,300 萬，這意味著，中國每年將減少約 1,500 萬人。除非將生育率提升到更替水平附近，否則人口的快速萎縮將一直持續下去。

這種變化從世界視角來看更讓人觸目驚心。中國人口佔世界人口的比例在 1820 年、1900 年、1950 年、1980 年分別為 36.6%、25.6%、21.8%、22.1%，總體上在大幅下降，雖然到 2015 年還佔世界人口的 18.7%，但每年新生兒不到世界新生兒的 12%。如果中國在 2050 年前後每年僅出生約 800 萬人，也只相當於屆時世界人口的 5%。中國要將生育率提升到世界平均水平可能再需要兩三代人的時間，等到最終穩定下來，中國每年新生兒佔世界新生兒的比例可能跌破 3%。

由於聯合國人口署長期嚴重高估中國人口，這種偏差並沒有普遍出現在對其他國家人口的預測上。因此，我們對其他國家的未來人口採用聯合國所做的預測，而對中國未來人口採用我們基於中國生育走勢判斷所做的預測。在我們的預測中，假設中國立即全面放開生育，而且生育率在經歷堆積反彈後，恢復到比過去 10 年實際生育率高出 25% 的水平，之後的生育率將隨經濟社會發展遵循東亞其他國家和地區的軌跡演化。

除了未來數量急劇萎縮，中國人口趨勢的另一個表現是嚴重的少子化和老齡化，即總人口中少兒比例大幅下降和老人比例大幅上升。從人口統計來看，可把 0-14 歲佔人口的比例稱為少子化程度，比例越低少子化越嚴重；把 60 歲以上佔人口的比例稱為老齡化程度，比例越高老齡化越嚴重。從 1982 年到 2000 年，再到 2015 年，中國 0-14 歲人口佔總人口的比例從 33.6%，降到 22.9%，再降到 16.5%，而 60 歲及以上的人口比例則從 7.63%，升到 10.5%，再升到 16.1%。

　　少兒比例降低和老人比例上升有兩個原因：一是預期壽命延長，二是長期低生育率。根據聯合國人口展望數據 2015 年版，在所列的全球 201 個國家和地區中，中國的預期壽命排在第 71 位，僅屬中上水平，但少子化程度和老齡化程度分別排在第 45 位和第 65 位，都高於預期壽命的位次。這說明，與其他國家相比，導致中國如此嚴重的少子化和老齡化的原因是長期低生育率，而非壽命延長。

　　值得一提的是，聯合國人口展望數據對其他國家估算相對準確，卻一直嚴重高估中國的生育水平。該報告 2015 年版本列出的中國 2015 年的 0-14 歲人口所佔的比例為 17.23%，高於中國官方的 16.5%；其所列的中國 2015 年 60 歲以上的人口所佔的比例為 15.2%，低於中國官方的 16.1%。如果將中國官方數據與該報告 2015 年其他國家的情況進行比較，中國的少子化程度將排在第 38 位，而老齡化程度則會排在第 62 位，中國在這兩個指標上的位次更是超出中國預期壽命的位次。

　　中國 2015 年 0-14 歲人口所佔的比例為 16.5%，不僅遠遠低於世界的 26.07%、印度的 28.79%，也要低於美國的 18.95%、法國的 18.48% 和英國的 17.77%；中國 2015 年 60 歲以上人口所佔的比例為 16.1%，也大大高於世界的 12.26%。中國目前屬於中高收入國家，但除中國以外的其他中高收入國家在 2015 年 0-14 歲和 60 歲以上人口所佔的比例分別為 25.64% 和 10.94%，少子化程度和老齡化程度都要遠低於中國。更重要的是，中國如此嚴重的少子化和老齡化還僅僅只是開始，未來會進一步大幅加深。可以預料，未來中國 0-14 歲的人口所佔的比例會繼續走低至 10% 以下，而 60 歲以上人口的比例會直線上升到接近 40% 的水平。中國將成為全球少子化和老齡化最嚴重的國家。

　　中國人口正在接近峰值，而人口數量在峰值前後的十幾年上升和下降得都非常緩慢，讓一般人很難認識到長期低生育率所意味的雪崩式衰減。簡單來說，如果預期壽命基本穩定，人口的變化基本可以由過去很長一段時間的某種平均生育率來決定；人口是增長還是萎縮取決於這個平均生育率是高於還是低於更替水平。正是在這種人口慣性下，雖然中國的生育率低於更替水平已經超過 20 年，但由於 20 世紀 80 年代以前的生育率較高，這種平均生育率目前還是高於更替水平，所以總人口依然在增長，讓一般人感受不到低生育率的長遠影響。

等到高生育率時出生的人口走到生命終點後，人口數量的變化將由低生育主導，其衰減速度將觸目驚心。比如，生育率維持在 1.5，這意味著年出生人口每一代人將萎縮 28.5%，每兩代人將萎縮 49%。如果生育率一直維持在 1.5，這不僅是出生人口的萎縮速度，也是總人口的萎縮速度，即每五六十年的時間裏，總人口將減半。在這種生育率下，如果中國人口在 2100 年是 6 億，那麼到 2150 年將萎縮到 3 億，到 2200 年將降到一億多（見圖 10-12）。

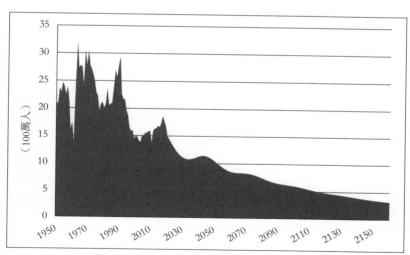

圖 10-12　1950-2150 年中國每年出生人口預測

資料來源：基於中國第六次人口普查和中國統計年鑒預測。

鼓勵生育刻不容緩

從宏觀上看，中國人口政策的長期目標應該是，保持每年出生人口的基本穩定，並最終將生育率穩步提升至更替水平附近。中國應盡量在人口規模上保持優勢，確保中華民族擁有能夠取得並維持在全球的主導地位的人口基數，最有效地維護中國的長期穩定和繁榮。從微觀上看，應該把養育身心健康的孩子作為民族復興的戰略基礎。具體措施應該是，在稅收、教育、醫療、就業等各個方面切實減輕養育家庭的負擔，讓普通家庭願意生、敢於生、樂於生、生得起、養得起、養得好。為此，關於未來人口政策的建議如下。

（1）**全面放開生育，取消徵收社會撫養費，取消生育審批制度。**

生育權是公民基本人權之一，生育權應該屬於家庭。無論在人類歷史上，還是世界範圍內，自主生育幾乎都是常態。全國人大關於《中華人民共和國人口與計劃生育法釋義》明示：「我國已加入的國際公約規定：所有夫婦和個人都有自由和負責任地決定生育數量和間隔並為此獲得信息、教育和手段的基本權利。公民依法行使生育權應當受到法律保護。」該文件表明，自主生育是國家承認的基本權利。

（2）**對養育家庭給予財力支持，可以按孩子數量抵稅，對養育家庭的補貼也可按孩子實行累進制，鼓勵家庭生育更多孩子。**

對養育孩子的家庭來說，孩子接受免費的公立義務教育，相當於家庭享受了政府的教育補貼，但孩子長大後繳納的用於支持社會養老的社保等稅金，則相當於這個家庭未來對社會養老體系的補償。綜合世界中高收入國家的情況來看，政府的教育投入一般佔 GDP 的 5%，而養老支出佔 15%。因此，相對於個人收入，養育一個孩子意味著從政府獲得了 5% 的教育補貼，但未來則貢獻了 15% 來支持社會養老體系。從公平角度來看，政府對每個小孩應該補貼人均收入的 10%（=15%-5%）才足以補償養育家庭對社會的付出。所以，從公平角度看，應該補償多孩家庭。

生育補貼是發達國家普遍執行的一項鼓勵生育的政策。但是如果要取得效果，需要耗費巨大的政府財政預算（5%），幸好中國現階段正處於經濟高速增長階段，政府的財力還相對充裕。完全有能力實行大力度的生育財政補貼。如果現在還不推出鼓勵生育的政策，等到再過 10 年，中國經濟放緩，養老負擔加重，政府財力就會捉襟見肘，鼓勵生育就可能力不從心了。

（3）把學前看護納入免費的義務教育範疇，也就是說政府提供免費的托兒所和幼兒園，讓常住當地的家長只要有意願就可以將孩子送入。

大量年輕人不敢多生孩子的一個重要原因是，看護孩子的時間和精力成本高昂，這特別體現在孩子入托、入幼、入學的困難上。特別是在很多大城市中，外地戶籍就業者已經佔到工作人口的一大部分，但不少城市只是根據戶籍人口規模來規劃配置教育資源，導致非戶籍孩子入幼、入托、入學困難。重物輕人的城市化，更讓許多農村孩子成為留守兒童。雖然很多外地戶籍的人口在大城市工作和繳稅，但他們的孩子不能享受同等的教育福利。其後果是，不少到了結婚生子年齡的年輕人，面臨著要麼離開城市，要麼讓孩子回鄉成為留守兒童的兩難選擇。不少人也被迫推遲生育計劃，甚至放棄養育小孩。

實際上，城市完全有能力為此提供足夠的看護和教育孩子的資源。此外，對整個社會來說，這是一項高回報的投資。中國很多行業投資過度、產能過剩，但對人力資源的投資嚴重不足。可以設想，如果農村的留守兒童，能夠轉移到城市的學校來接受良好的教育，這些孩子將成為未來中國社會的巨大財富。為此，我們建議，看護和教育資源應按維持常住人口更替水平的孩子數量來規劃和配置。

研究顯示，對社會來說，學前教育具有極高的回報價值。但我國的托兒所和幼兒園整體上數量遠遠不夠，這甚至也造成本地戶籍家長看護孩子的困難。因此，我們建議把學前看護納入免費的義務教育範疇，也就是說政府提供免費的托兒所和幼兒園，讓常住當地的家長只要有意願就可以將孩子送入。如果政府暫時無法做到這一點，也應充分放開民營機構提供這類服務。其實，就算這些民辦托兒所、幼兒園、學校的質量不如公辦機構，那也遠比讓外地戶籍孩子離開父母成為農村留守兒童要好。

讓外來人口真正留在城市生活，並讓他們的孩子方便地就近入托、入園、入學，不僅是促進經濟社會可持續發展的必由之路，也是提升生育率的重要措施。除此之外，現有學校也應為家長供更多的便利服務，如放學後托管學生的服務等。對於那些無力撫養孩子的父母，政府甚至也可以考慮設立免費的機構，收養他們的孩子，等到父母的條件成熟後再領回孩子撫養。

（4）在法律和法規上取消對非婚生育的歧視，充分保障非婚孩子的合法權益。

隨著女性教育水平和職業發展的提升，很多職業女性不願或者未能婚配，導致各國的結婚率在逐年降低。日本近幾年的結婚率已降低到70%，而中國的一些城市似乎也在步其後塵。這些趨勢也會嚴重影響未來生育率。假設女性不婚的比例達到30%，而且不婚女性都不生孩子，即使結婚的70%的婦女平均生育兩個孩子，總和生育率也只有1.4。

北歐國家的女性結婚率比日本還低，卻維持了較高的生育率。實際上，兩地已婚女性的生育率並沒有太大的差異，總和生育率的差異主要體現在婚姻以外生育狀況的不同。在北歐國家中，大約有 40%-60% 的孩子來自婚姻以外，而這個比例在日本僅有 2% 左右。這可能是因為北歐國家對非婚生育比較寬容，而政府又提供了豐厚的養育福利，讓很多單身女性願意且有能力獨立生育和撫養小孩。

　　毫無疑問，我們並不鼓勵非婚生育，但認為那些有能力和意願去獨立撫養小孩的女性，也應該公平地享受生育的權利和福利。

　　（5）取消大城市人口控制政策，充分發揮大城市的引領作用。

　　大城市的優勢體現為集聚效應，更多的高素質人口聚集在一起，就會有更旺盛的創造力，更多相同和不同行業的企業集聚在一起會創造更多的機會，並提升效率。大城市是創新和創業的熱土，吸引了大量新的企業。大城市有優質的教育、醫療等公共資源，所以能吸引全球最頂尖的人才。

　　中國最大的優勢，是具有世界第一的市場規模和人才規模。然而，要把這樣的人口規模優勢發揮出來，就必須把大城市建設成為規模最大、環境優良、交通便利，並且有充足的教育和醫療資源的人才聚集地，讓更多年輕人到大城市去生活和創業。到那時，這些城市不僅是世界上規模最大的城市，也將會成為充滿活力的創新中心。

中國的人口創新優勢能夠保持多久？

　　中國大學在校學生人數在 2012 年為 3,325 萬，而印度在 2011 年為 2,750 萬，美國在 2012 年為 1,993 萬。中國目前居世界首位，但在低生育率趨勢下，這種優勢難以維持。2008-2016 年，中國大學報考人數已經減少了 10.5%，這首先會降低大學生的整體質量，最終也會降低大學的入學人數。這背後是生育率長期低迷導致報考適齡人口的大幅萎縮。適齡人口的萎縮將持續到 2023 年左右，接著會有一個 10 多年的平坦期。如果現在不開始大力鼓勵生育,平坦期後適齡人口又將經歷斷崖式墜落。

中國人聰明、勤勞、語言相通、尊師重教、追求世俗成功。如果中國維持世界 20% 的人口,在市場規模和人才數量上保持絕對優勢,在強大經濟實力的支撐下,中國的技術乃至科學將快速進步,這反過來又會進一步強化和鞏固中國的經濟地位。再加上恢復民族自信心,在全球經濟達到均衡之後,依靠加速規模和聚集效應,中國很可能成為世界經濟和科技的中心,把人類文明推向新的高度。但在難以逆轉的低生育率趨勢下,中國的人口規模在達到頂峰後將持續性地加速萎縮,與此相伴的是世界最嚴重的老齡化。

從 2040 年起,中國經濟將遭受快速老齡化的衝擊。印度將超越中國,成為人口最多、經濟增長最快的國家。美國由於其無與倫比吸引外來人才的能力,將在短暫落後於中國後,於 21 世紀後半期重新奪回其創新領導者的地位。

結　　論

在本書中，我論證了：一個國家的創新能力從根本上取決於人口，包括人口規模、地理聚集程度和人口年齡結構。縱觀歷史，人口對創新的影響始終在發揮作用。所以，我推測，歷史上東西方文明的交替上升，可以部分歸因於由地緣政治和運輸技術限制的人口因素。

然而直到近期，人口對創新的影響才被重視，部分原因是此前過於關注表面上人口對資源和環境造成的負面影響。馬爾薩斯是最著名的經濟學家和人口學家之一，他的理論成為許多發展中國家 20 世紀七八十年代嚴控生育運動的理論基礎。因為老齡化最近才出現在日本等少數幾個發達國家中，所以老齡化現象沒有受到重視。

展望未來，我認為人口結構對創新的影響將日益突出，原因如下：

（1）隨著能源領域的技術進步超過人口增長，資源／環境瓶頸正在消失。馬爾薩斯關於人口過多的擔憂將逐漸消失，經濟學家將越來越多地關注大規模人口的積極影響，尤其在創新方面。

（2）服務和信息產業的出現會擴大人口規模的優勢。與製造類企業相比，服務和信息產業的創新者需要接近客戶，這類公司可以從龐大的本地市場上獲得更多利益。此外，在人工智能和機器人技術領域中，市場範圍廣的公司可以通過大量數據訓練機器學習算法來獲益。

（3）即使日常工作和程序可以在互聯網上進行，創新仍然需要面對面的溝通，因為創新涉及研究人員、供應商和客戶之間豐富而強烈的交流碰撞。儘管全球貿易額的增長速度放慢，但航空旅遊，特別是國際航空業近年來在全球範圍內加速發展（International Air Transport Association, 2017）。世界級超級大城市將成為高科技和高附加值的服務行業的創新中心。

（4）儘管有強力支持生育的政策，生育率在許多國家仍將持續下降，這主要是由於女性的教育水平和就業水平的上升造成的。因此，老齡化問題將擴散到許多發達國家和包括中國在內的中等收入國家。老齡化對經濟的負面影響，特別是在創新和創業方面會更加明顯。

三個重量級國家——美國、中國、印度，將是創新的主要國家。在創新方面，中國將會在2030-2040年超過美國，但2040年後中國的創新能力會因老齡化而下降。到2050年，美國可能會恢復領先地位，主要歸功於其發揮全球人才庫的無敵能力。中國和美國的大都市將持續吸引最有創造力的創新者和企業家。這場中國和美國之間的競爭讓人拭目以待。在網絡效應的作用下，創新中心的重要性越來越高。得益於龐大的人口數量，印度將成為未來幾年經濟增長最快的國家，在後半個世紀中，印度也將在創新方面成為中國重要的競爭對手。

創新的競爭將會是一場人力資本發展的競賽。贏家是那些可以培養和吸引大量高技能人才的國家或城市。為了穩定呈下降趨勢的生育率，大多數國家需要制定和推行大力鼓勵生育的政策。教育部門需要用最新科技和終身學習的趨勢來提高學習的效率，更快地培養更多潛在的創新者和企業家。

此外，國家或城市之間的創新競賽會像選美比賽一樣吸引高技能移民。因為英語已經成為學術和研究團體的通用語言，高技能人才會在國家內部和國家之間更頻繁地流動。因此，吸引人才的競爭將會非常激烈，但這是好事，因為政府將努力改善公共服務、基礎設施和環境，以吸引人才。在某種意義上，每個政府就像一家物業公司，通過其政策和經濟制度來爭奪客戶（創新者）。

最後，我的觀點是，全球化將會持續，與其說是通過商品交易，不如說是通過創新的跨境合作。目前由不同國家的發明人聯合申請的專利佔比越來越高（Alexandra Witze, 2016）。任何限制了人才、思想或資本在國際間流動的國家，將承擔被隔離的風險。因此，在創新越來越重要且國際化的情況下，孤立主義和民粹主義的代價會越來越高。當然，民粹主義和反全球化情緒總會偶爾出現，但是國家之間對人才的競爭將會起到有效的平衡作用。

雖然從中短期看，中國經濟的前景很樂觀，但是從長期來看，中國的人口形勢非常嚴峻。中國的創新力和經濟競爭力，很大程度上取決於未來的人口和人才政策。完全開放生育是必須的，但還遠遠不夠。中國應盡早推出各種鼓勵生育的政策，包括為生育提供財政補助，使教育便利化並徹底取消戶籍制度和限制大城市發展的政策。同時，中國也應及時推出吸引高技能人才尤其是海外華人的移民政策，以及推進教育制度改革。總之，雖然中國擁有世界第一的人力資源，但是由於低生育率和人才外流，中國必須加緊加大人口和人才政策改革的力度，才能在未來全球的創新競爭中立於不敗之地。

後記

人口、創新和文明的競爭

　　創新和文明進步的關鍵要素，是巨大的商品交換市場和思想創意的海量碰撞。正因為如此，創新中心將位於商品和人員流動的樞紐核心。縱觀歷史，由於運輸和通信方面的技術進步，這些中心的位置發生了遷移。由技術進步引致的樞紐位置之變，可以用來解釋包括西方崛起在內的主要文明興衰。

　　三千年前的原始航海技術時期，歐亞大陸的地理中心是埃及和中東。這兩個地區成為最先進文明和創新中心的家園，同時也是世界主要宗教的誕生地。後來，隨著航海技術的發展，地中海成為商品和人員流動的高速公路。希臘和羅馬恰恰位於地中海區域的中心，因而成為商品、人員流動的樞紐，也是當時的創新中心。

　　比較羅馬帝國和漢代中國的規模。羅馬帝國的人口峰值估計為8,000萬，大於漢朝約6,000萬的人口規模。人口為100萬的羅馬，也比人口為50萬的長安大得多。因此，羅馬帝國的人口最多、貿易量最大，是當之無愧的世界創新中心。

　　後來，羅馬帝國和漢朝相繼解體，四分五裂為人口和貿易量都很小的諸多小國。在黑暗的中世紀，歐洲仍然分崩離析，而中國在歷經一段時期的分裂後，終於在唐宋時期重新統一。據估計，唐朝人口為8,000萬至1億，宋朝人口估計有1.2億，這比歐洲任何一個國家的人口規模都更為龐大。宋朝不僅有最大的國內市場，還與東南亞各國進行廣泛的貿易。宋朝有20多個通商口岸，關稅收入一度佔財政收入的15%以上。當時中國在技術創新方面領先於世界，典型例證是火藥和雕版印刷術的發明。

15世紀，海上航海技術的進一步發展，使得橫跨大西洋不再是妄想。西歐位於大西洋與非洲和美洲之間貿易路線的前沿，重要的戰略性地位使其成為世界中心。中國在15世紀的航海技術實際上更為先進，但還不足以跨越比大西洋更廣闊的太平洋。可惜的是，中國的著名航海家鄭和沒能領先於歐洲探險家發現美洲大陸。再之後，中國皇帝奉行閉關鎖國的政策，完全隔斷與外部世界的商品貿易和人員往來。

西歐在成為世界貿易中心後，位於該地區的國家競相成為世界領導者。通常的模式是，短期內小國可以取得新技術或組織形式的突破，發揮引領作用。然而，從長期看，大國會實現技術趕超，取而代之成為領導者。起初，僅有數百萬人口的葡萄牙和西班牙是領軍國家，後來被擁有幾千萬人口的英國和法國所取代，再後來，又被人口更多的德國趕超。最終，人口超過1億的美國取代了德國之位。

第二次世界大戰後，只有印度、中國和蘇聯三個國家的人口規模超過美國。這時，1億人口的日本異軍突起，在創新競賽中僅次於美國，位居第二，但受制於人口老齡化，日本很快被甩到了後面。俄羅斯繼承了蘇聯衣缽，但是人口只有蘇聯人口的一半，生育率又低，不具備與美國展開創新競爭的實力。即使以歐盟為例，歐洲國家由於語言和文化不同，迄今仍然不是真正意義上的單一市場。此外，許多歐洲國家特別是南歐國家，飽受嚴重的低生育率和人口老齡化之苦。唯一有機會與美國競爭的國家只剩下了中國和印度。

　　時至今日，得益於現代通信和航空技術的襄助，跨國旅行也不過一天航程，因此當今世界已經不存在自然地理中心的概念。競技場上呈三足鼎立態勢的國家分別是印度、中國和美國。雖然中國和印度的人口規模大於美國，但美國的獨特優勢是能夠吸引全世界最具天賦的創新者。這 3 個國家的人口之和接近世界人口的一半，如果中國、印度和美國都成為創新中心，世界將會大不同。近一半的世界人口將在創新的競爭中相互學習，人類文明也將隨之提升到新高度。

參 考 文 獻

1   Acht J, J Stam, A R Thurik, I Verheul. "Business Ownership and Unemployment in Japan" [D]. Discussion Papers on Entrepreneurship, Growth and Public Policy No. 0904. Max Planck Institute for Research into Economic Systems, 2004.

2   Chua A. *Battle Hymn of the Tiger Mother* [M]. Penguin Press, 2011.

3   Karlin A. "The Entrepreneurship Vacuum in Japan: Why It Matters and How to Address It" [J/OL]. Knowledge at Wharton, Wharton Digital Press, 2013.

4   Becker G, K Murphy, R Topel. "On the Economics of Climate Policy" [J/OL]. 10 B.E. Journal of Economic Analysis & Policy 1, 2011.

5   Whittaker D, Robert E. *Recovering from Success: Innovation and Technology Management in Japan* [M]. Oxford University Press, 2006.

6   Coulmas F, Conrad H, Schad-Seifert A, Vogt G. *The Demographic Challenge: A Handbook about Japan* [M]. Brill, 2008.

7   Becher G, Posner R. "Yes, the Earth Will Have Ample Resources for 10 Billion People" [J/OL] The Becker-Posner Blog: http://www.becker-posner-blog.com/2011/05/yes-the-earth-will-have-ample-resources-for-10-billion-people-becker.html, 2011.

8   Miyoshi H, Nakata Y. *Have Japanese Firms Changed? The Lost Decade* [M]. Palgrave Macmillan UK, 2011.

9   Liang J, Li J, Huang W. *China Needs More Babies* [M]. China Social Science Publishing, 2012.

10   Hunt J. *Skilled Immigrants' Contribution to Innovation and Entrepreneurship in the United States* [M]. Open for Business Migrant Entrepreneurship in CECD Countries, 2010 : 261-262.

11   Bergh J Rietveld. "Reconsidering the Limits to World Population: Meta-analysis and Meta-prediction" [J]. BioScience, Volume 54, Issue 3, 2004, 54(3): 195-204.

12   Jones F. "Age and Great Invention" [J/OL]. Review of Economics and Statistics, Volume 92, Issue 1, 2010, 92(1): 1-14.

13   Lazear E. "Entrepreneurship" [J/OL]. Journal of Labor Economics, 2005, 23: 649-680.

14   Humphreys M, J D Sachs, J E Stiglitz. *Escaping the Resource Curse* [M]. Columbia University Press, 2007.

15   Ming L. *Great State Needs Bigger City* [M]. Shanghai People's Publisher, 2006.

16   Porter M E. *Competitive Advantage* [M]. Free Press, 1985.

17   Porter M E. *The Competitive Advantage of Nations* [M]. Free Press, 1990.

18   Thomas P. *Capital in the Twenty-First Century* [M]. Belknap Press, 2014.

19   Paul M. *Endogenous Technological Change* [M]. The University of Chicago Press, 1990.

20   Schumpeter J. *Socialism and Democracy* [M]. 3rd ed. Harper Perennial Modern Classics, 1950.

21   Adam S. *An Inquiry into the Nature and Causes of the Wealth of Nations* [M]. University of Chicago Press, 1776.

22   Kerr W, Lincoln W. "The Supply Side of Innovation: H-1B Visa Reforms and US Ethnic Invention" [D]. Harvard Business School, 2008.

責任編輯 ── 張　娟

書籍設計 ── a＿kun

書　　名 ── 人口創新力：大國崛起的機會與陷阱

作　　者 ── 梁建章　黃文政

譯　　者 ── 李君偉

出　　版 ── 三聯書店（香港）有限公司

　　　　　　香港北角英皇道 499 號北角工業大廈 20 樓

　　　　　　Joint Publishing (H.K.) Co., Ltd.

　　　　　　20/F., North Point Industrial Building,

　　　　　　499 King's Road, North Point, Hong Kong

香港發行 ── 香港聯合書刊物流有限公司

　　　　　　香港新界大埔汀麗路 36 號 3 字樓

印　　刷 ── 美雅印刷製本有限公司

　　　　　　香港九龍觀塘榮業街 6 號 4 樓 A 室

版　　次 ── 2020 年 1 月香港第一版第一次印刷

規　　格 ── 大 32 開（142 × 210 mm）320 面

國際書號 ── ISBN 978-962-04-4547-7

　　　　　　© 2020 Joint Publishing (H.K.) Co., Ltd.

　　　　　　Published & Printed in Hong Kong

原著作名：《人口創新力：大國崛起的機會與陷阱》

作者：梁建章　黃文政

譯者：李君偉

本書經北京華章圖文信息有限公司正式授權，同意經由三聯書店（香港）有限公司

在香港、澳門、台灣地區獨家出版、發行中文繁體字版。